Discipulado por Jesús

Revisado y Expandido

Hal y Debbi Perkins

Discipulado por Jesús

Versión dos.

Foto de portada @ etc.

A menos que se indique el contrario, las Escrituras son de la Nueva Versión Internacional.

Impreso en USA.

ISBN: 978-0-9997895-6-8

Table of Contents

Recomendaciones

DR. CRAWFORD HOWE, SUPERINTENDENT DE DISTRITO, JUBILADO

"Cuando primero escuché a Hal Perkins presentar el núcleo de este libro, mi primera respuesta fue 'Esto es demasiado enorme como para limitarse a una iglesia local'. Es altamente relacional, profundamente simple, fácil para aprender, contagiosamente reproducible, y contiene los elementos fundamentales del Cristianismo. Estas cinco preguntas el Padre a través de nuestro Señor le preguntó a los primeros discípulos aún son relevantes e invitan a los seguidores de Cristo a rendir cuentas diariamente. Como un supervisor de múltiples iglesias, he sido testigo de transformación positiva sobre varios años en las vidas de individuos, familias, iglesias locales y comunidades donde los principios en estas páginas fueron implementadas. El mensaje de Discipulado por Jesús se está esparciendo a múltiples naciones y continentes. No, no es otro currículo. En vez de eso es un proceso bíblico y enfocado en relaciones que cualquiera puede poner en práctica desde el primer día. Una vez que lea este libro tendrá ganas de unirse al movimiento".

DR. MATT FRIEDEMAN, PROFESOR DE EVANGELISMO Y DISCIPULADO, WESLEY BIBLICAL SEMINARY, JACKSON, MISSISSIPPI

"He leído todos los libros (tal parece) y he sido aconsejado por algunos de los mayores hacedores de discípulos de nuestra tradición. También, he recibido un doctorado en discipulado y escrito una tesis sobre el tema tanto como publicado unos libros usando este tema. Pero siempre me he sentido algo frustrado que no haya encontrado el método de hacer discípulos en un grupo o en un formato de uno a uno que en realidad funcionara, se sintiera agradable para mí y para otros con el paso del tiempo y que pudiera duplicarse.

El método "Discipulado por Jesús" parece haber aliviado eso. Lo estoy utilizando con mi esposa y mi hijo, con un grupo de hombres en nuestra iglesia en las mañanas tempranas y promoviéndolo en la educación de nivel posgrado de seminario donde también lo estoy utilizando actualmente.

Funciona, es algo que los discipulados puedan en cambio usar con otros y se puede utilizar de varias formas para proveer una frescura a cada reunión. Estoy de acuerdo con Hal Perkins quien dice que un laico que usa este proceso responsablemente para discipular grupos podrá tener más impacto en diez años que la mayoría de pastores tendrá en cuarenta. Esa es una declaración audaz - y creo que una declaración cierta. Para que funcione el discipulado, una metodología efectiva debe ser utilizada. He encontrado que "Discipulado por Jesús" cumple con los requisitos para mi ministerio como ninguna otra cosa intentada a través de los últimos treinta años de mi carrera".

PASTOR ANDY DAYTON

"Jesús nos dio la misión de hacer discípulos. La iglesia ha estado intentando averiguar cómo hacerlo, pero con poco éxito. En este libro Hal and Debbi Perkins eliminan la ambigüedad y la reemplazan con 5 preguntas simples basadas en modelos bíblicos. La mejor parte es que... ¡*Funciona*! Si lee y pone en práctica el contenido de este libro, usted puede ser discipulado por Jesús y hacer discípulos de Jesús".

TANYA WERON, DISCIPULADORA EXTRAORDINARIA DE SUS HIJOS Y ESTUDIANTES DE ESCUELA PÚBLICA

"Jamás volveré a ser la misma. Me he encontrado con Jesús como una Persona de verdad que me ama, me cuida y desea una relación conmigo. Puedo escucharlo y responderle a Él como lo haría con un padre querido, pero aún más de cerca. He sido equipada para reunirme diariamente con Jesús, siendo discipulada por Él. Todo esto lo he aprendido sentada alrededor de la mesa utilizando las enseñanzas del Pastor Hal Perkins, que se presentan claramente en este libro. ¡*Verdaderamente le cambia la vida*!"

DR. WOODIE STEVENS, DIRECTOR GENERAL DE ESCUELA DOMINICAL Y MINISTERIOS INTERNACIONALES DE DISCIPULADO, IGLESIA DEL NAZARENO

"¿Alguna vez ha escuchado que un cristiano diga, '¡Nunca he sido discipulado!'? Hal Perkins claramente demuestra por qué y cómo esto no tiene que ser el caso en su obra, 'Discipulado por Jesús'. En su estilo caluroso y personal, Hal poderosamente representa cómo cada seguidor de Jesús puede ser discipulado a través del Espíritu, Palabra y Cuerpo de Jesús. Los cimientos sólidos bíblicos se ponen con cuidado y se exploran minuciosamente en esta obra de inspiración que aborda los deseos más profundos de un seguidor de Cristo auténtico. Oh, el poder ser como Él en nuestras vidas diarias. La vida personal de Hal y su caminar con Jesús rebosa de sus escritos y nos ayudan a crecer en el entendimiento de cómo está trabajando Dios en nosotros. Esta obra nos provee un modelo poderoso de cómo se ve y siente tener comunión con el Maestro en la intimidad que el Padre tiene con el Hijo y el Hijo con los hijos tan amados de Dios. Este libro es una bendición y una extensión significativa del ministerio de Hal Perkins a través de la página impresa. No estará decepcionado".

Sección A:
Discipulado por Jesús: ¿Por qué?

CAPÍTULO 1

Poner Buenas Metas Desde El Comienzo

¿El objetivo de este libro es ayudar al implementador de su contenido ser discipulado personalmente por Jesús y ser transformado? Absolutamente. Muchos han testificado que han sido transformados a través de ser discipulados por Jesús como se enseña y demuestra en estas páginas.

¿El objetivo de este escrito es que millones de personas confundidas, infinitamente valiosas para Jesús, pero perdidas, se arrepientan y se unan con la familia eterna de Dios? No, ese no es el objetivo. Mi objetivo — la visión — no es llegar al mundo. Sin embargo, en la medida en que se cumpla el objetivo principal de *Discipulado por Jesús*, los perdidos se encontrarán... exponencialmente.

O, ¿el objetivo es un pueblo santo? ¿La iglesia siendo verdaderamente santificada, de modo que la semejanza a Cristo, la justicia, el amor proactivo, la moral bíblica y la integridad creíble impregnan a las iglesias? ¿Y que esta santidad de corazón y vida conduzca a familias piadosas y sanas, y que la iglesia sea verdaderamente sal y luz en la comunidad? ¿Es ese el objetivo? ¿Es esa la visión? No, pero nuevamente, en la medida en que se realice el objetivo real de *Discipulado por Jesús*, esto sucederá.

¿Es el objetivo que también haríamos lo que Jesús hizo, como alimentar a las multitudes, curar a los enfermos, liberar a los oprimidos? Jesús dijo que aquellos con fe en Él harían estas y otras cosas mayores. Pero no, ese no es el objetivo — la visión. Sin embargo, estos signos y maravillas profetizados también son el fruto, el subproducto, del objetivo de este libro. Y, nuevamente, en la medida en que el objetivo del libro se actualice, creo entusiastamente que los milagros se verán en y a través del cuerpo de Jesús.

¿Cuál es el objetivo? Simplemente esto: Que los dos se convierten en Uno[1]. Que la iglesia de Jesús se une con Él[2]. El objetivo es que Jesús y su Novia sean de manera tangible y material Una carne... el Verbo haciéndose carne - de nuevo... unidos y uno en visión, pasión, misión y comisión, incluyendo que el esfuerzo para cumplir esta unidad sea el trabajo normal de la iglesia, no la excepción. La obra central, no la periférica. En otras palabras, que Jesús y su

---

[1] Efesios 5:31-32
[2] Filipenses 2:1

Novia en proceso de madurar sean cada vez más igual, teniendo el mismo corazón — pensando los mismos pensamientos, queriendo y deseando los mismos resultados, y compartiendo de todo corazón el mismo yugo — Su yugo.

Todo esto es posible prácticamente si la Novia de Jesús recibe más que solo enseñanza. Debe ser *entrenada* a cooperar eficazmente con la presencia del Espíritu de Jesús que mora en ella. Su Espíritu está hablando directamente a su Novia y a través de su Palabra a su Novia. Su Espíritu está obrando en y através de cada miembro de su Novia. Si su Novia puede ser entrenada mejor para reconocer y responder a lo que el Espíritu le dice a las iglesias, ella puede arrepentirse y lo hará, una y otra vez[3], porque sí ama a Jesús. Ella creerá y obedecerá, si puede ser entrenada a desacelerarse y usar sus oídos. El resultado: ¡unidad con Jesús! ¡Por esto oro y en esto creo!

Otra forma críticamente importante de enfocar el objetivo es esta. La Iglesia de Jesús puede y debe ser resuelta en que Él, Jesús, sea nuestra visión. Nada más ni menos. Debo mantener mis ojos fijos en Jesús. Cuando estoy con ustedes, no puedo dejar de verlos, pero, por fe, debo ver a Jesús aquí con nosotros. ¡Lo está! Y mi misión es mover la distancia desde donde estoy en mi pensar y en mi deseo hasta donde está Jesús. Es decir, mi misión es recorrer la distancia en mi corazón perpetuamente desde donde están mis pensamientos a los pensamientos de Jesús, desde mis deseos a los deseos de Jesús, para que mis palabras y obras puedan ser Sus palabras y obras. Entonces los dos se han convertido en uno, y cuando los dos se vuelven uno, los pensamientos, palabras y obras de la Novia de Jesús son suyos. En cualquier circunstancia dada, misión cumplida - para esa circunstancia. Y luego a la siguiente circunstancia.

El *proceso* por el cual los dos se convierten en uno puede ocurrir al ser *discipulado por Jesús*.

Este objetivo se realizará en la medida en que Jesús tenga discípulos que estén decididos, como su Señor, a no pensar, no decir nada y no hacer nada aparte de Él. Y cada vez cumplan con su determinación. Así es como los dos pueden convertirse en Uno. Jesús lo hizo con su Padre[4], y lo quiere para su Novia, para el bien de todos. Los discípulos de Jesús están determinados a vivir de esta manera porque es exactamente como vivió Jesús. Yo le doy gracias — de antemano — a nuestro Señor por mover este objetivo hacia la realidad.

---

[3] Apocalipsis 2 y 3
[4] Juan 5:19, 30, 8:28-29, 12:49-50, etc.

El mundo se relaciona entre sí y con la vida *horizontalmente* — de un lado para otro. Tratan a Dios como si no existiera o no importara (incluyendo a muchos asistentes a la iglesia). Así, la mayoría o todo el tiempo, ignoran a Dios.

Jesús nunca se relacionó con las personas o la vida de esa manera... horizontalmente. Nunca.

En privado, Jesús vivió *verticalmente*, quiero decir, Él pasó mucho tiempo a solas con su Padre, en oración. Jesús usó gran parte de su "precioso" tiempo limitado para orar. Cuando estaba despierto y "solo", nunca estaba solo. "Mi Padre siempre está conmigo". No hizo juicios por su cuenta, por lo que si parecía estar solo, realmente no lo estaba, porque conversaba continuamente con su Padre. Tuvo muchos pensamientos pero no juzgó — sin comunión y unión con su Padre. Vivió una vida de oración privada. Vertical.

En público, Jesús vivió *vertizontalmente*.[5] Él siempre vivió por fe en su Padre, estando tan consciente de la presencia de su Padre (piense vertical) como lo fue de las personas y las circunstancias. Cuando estaba en público, con la gente, Él no dejó a su Padre en el armario de la oración, o sinagoga. Miró a los ojos de Nicodemo, escuchando con sensibilidad, pero nunca reaccionó ni respondió a Nicodemo como si estuviera solo — independientemente, horizontalmente. De un lado a otro. Siempre dependía de otra Persona que estaba presente, su Padre, y antes de que Jesús respondiera a Nicodemo, rápidamente se fue vertical (a su Padre) para encontrar y seguir lo que el Padre quisiera. Luego le dio a Nicodemo las palabras y obras de su Padre (vertizontal), en la forma en que su Padre las daría. Nunca fue de un lado a otro — horizontalmente — pero escuchó, fue vertical, recibió dirección y luego dio palabra y voluntad del Padre a los con quienes se relacionaba — así vertizontal. Él nunca se *resistió*. El siempre *se extendió* y luego *entregó*. ¿Qué entregó? Lo que su Padre le dio para entregar. Él fue la persona más discipulada que ha andado por el planeta, ya que solo hacía, decía y juzgaba por lo que recibía del Padre. Fue el mejor Seguidor de todo el tiempo. Él nunca guió; Él siempre siguió — a su Padre. Cuando otros lo seguían, estaban siguiendo a su Padre, porque Jesús solamente y siempre siguió a su Padre. Aunque igual a su Padre, Él siempre fue la "segunda Persona", nunca la primera. Escuche a la gente (no se resista); escuche al Padre (extiéndase); entregue a la gente sólo lo que el Padre indique entregar. Vertizontal.

Los discípulos de Jesús, quienes pueden llegar a sobresalir al vivir horizontalmente antes de convertirse en sus discípulos, deben ser (y pueden ser) entrenados para vivir vertizontalmente... si llegarán a madurar como los discípulos

---

[5] Mi palabra inventada para describir cómo vivió Jesús, y cómo he sido llamado a vivir. Se explicará más adelante.

de Jesús, porque así vivió Él. Deben ser discipulados (enseñados, entrenados, probados) para vivir vertizontalmente: al pasar la vida, los discípulos de Jesús no se resisten. Más bien se extienden, buscan encontrar y estar de acuerdo con Jesús, luego entregan las obras y palabras de Jesús a las personas. ¡Vivir vertizontalmente!

Ser discípulo de Jesús es **conocerlo** a través de la oración formal, y seguirlo cada vez más en público a través de la oración informal. Resultado: llegar a ser cada vez más **como** Él, desde el centro hacia afuera, y por lo tanto, ser más capaces de **reproducirlo** informalmente y formalmente haciendo discípulos de Él.

¿Qué requiere esto? Primero, Jesús debe tener discípulos contemporáneos. Estos discípulos, quebrantados por dolor u orgullo cuando finalmente vienen a Jesús, tendrán que ser discipulados intensamente por el Cuerpo de Jesús para madurar y ser discipulados por la Palabra de Jesús y por su Espíritu (que inicia cada parte de este proceso). Y estos discípulos contemporáneos pueden serlo. De hecho, es el plan del Padre y del Hijo que sean tan discipulados... su plan normal. Trágicamente, se ha perdido en su mayoría. ¿Se puede restaurar? ¡Sí! Ese es el objetivo... el sueño y la esperanza. Por el Espíritu de Dios, los discipuladores y discípulos de todo el mundo escuchan el mensaje de ser y hacer discípulos y discipuladores semejantes a Cristo. Este libro busca agregar una contribución pragmática y manejable a la conversación.

Sueño con miles de pequeñas bandas de seguidores de Cristo bien discipulados y multiplicados que se reúnen para ayudarse mutuamente a convertirse en Uno con Jesús... conocer, ver, escuchar, amar, obedecer y creer en Jesús. Como Jesús está centralizado en lugar de ser marginado en las prácticas centrales de su iglesia, su bondad y dirección pueden capturar suficientemente algunos corazones para dar el tiempo necesario para ser discipulado por Él. Luego harán tiempo para ayudar a otros a convertirse en sus discípulos y discipuladores. Un Pedro o Juan, o María o Marta, o Zaqueo a la vez, nuestro mundo puede y debe ser cambiado.

Jesús le **ordena** a su iglesia que sea discipulada, lo que incluye que amen proactiva y específicamente a algunos de los miles de millones de ovejas perdidas que Jesús ama. Estos discípulos de Jesús deben revelar su bondad y su evangelio - buenas noticias - a las ovejas perdidas, y discipular a todos los que responden desde los discípulos principiantes hasta la madurez. Estos, a su vez, deben hacer discípulos para que la **calidad** de la iglesia se **multiplique**, ya que ella se parezca cada vez más a Jesús en gracia, verdad y poder... para que el Reino de Dios se vuelva tangible en poder como lo fue cuando la Palabra originalmente se hizo carne.

¿Puede ser alcanzado el objetivo? ¡Sí! ¿El costo? Un pastor o padre o trabajador de la construcción o estudiante (o cualquier otra persona) a la vez, siendo mejor *discipulado por Jesús* (su Espíritu, Palabra y Cuerpo). Estos *discípulos* maduros pueden *hacer discípulos* al ayudar a otros a ser discipulados por Jesús y luego ayudarles a ser *creadores de discípulos* ellos mismos. Por lo tanto, multiplicamos la calidad, lo que resultará en la suma de la cantidad que anhelamos ver. Este es el objetivo y el fruto de *Discipulado por Jesús*. Por esto oro y confío en nuestro Rey para establecer su Reino en la tierra, mucho más como es en el Cielo.

EL PUNTO DE PARTIDA

Jesús, la Palabra de Dios que se hizo carne,[6] desea discipular a sus seguidores del siglo XXI tanto como discipuló a Pedro, Santiago y Juan hace miles de años. El objetivo de este libro es validar bíblicamente esta verdad y cómo Jesús mismo intenta discipular a sus seguidores hoy.

Permítanme preparar el escenario para entender *cómo* y *cuánto* pretende proponer Jesús a sus seguidores del siglo XXI contando una historia, una parábola.

UNA PARÁBOLA

Piense conmigo en la leyenda de Camelot con el Rey Arturo y sus caballeros/consejeros de la mesa redonda. Imagine la pompa y la dignidad a medida que cada miembro entra y coloca su espada en la posición correcta en la mesa redonda. Todos los miembros de la mesa redonda daban su opinión sobre el gobierno del reino, pero ninguno de estos consejeros tomaba la decisión final. Los consejeros tuvieron influencia, y el rey Arturo escuchaba atentamente. Pero Arturo era rey. Fue responsable de aprobar todas las decisiones finales y fue responsable de ver que las decisiones se implementaran. El rey era responsable.

Lo que sigue sorprenderá a algunos seguidores de Cristo. Hay un reino en su *corazón*, y usted, como un verdadero seguidor de Cristo nacido de nuevo, *todavía* es el rey. Usted es el pequeño rey. Puede invitar al Rey Jesús a entrar en su vida, a capturar su corazón, a gobernar y a reinar. Él le servirá con gracia y le ayudará, incluso de maneras totalmente desconocidas para usted. Pero Él muy rara vez, si acaso, lo dominará o dominará su *voluntad*. Usted, creado para ser el pequeño rey de su vida, debe elegir persistentemente honrarlo como su Rey, incluso someterse al gobierno de su Reino. Él no hará unilateralmente por usted lo que le dice que haga. Él no lo dirige a hacer una tarea con

---

[6] Juan 1:14

la intención de que le pida que lo haga por usted.[7] Hay una parte necesaria que Él juega en el gobierno, y una parte que usted juega. Se propone la colaboración mutua en el gobierno. Esto lo veremos.

Regresamos a una reunión de crisis que ocurrió en su corazón un día.

Pequeño Rey Voluntad: "Bienvenidos a la mesa, mis amigos y consejeros. Es hora de comenzar la reunión en nuestro corazón para determinar cómo reinar y gobernar nuestro pequeño reino, nuestra vida. Estoy seguro que tienen mucho que aportar para nuestra consideración y determinación.

"Hmm… Todos se ven muy apenados esta noche, hasta preocupados. ¿Qué pasa?"

Consejero 1: "Pequeño Rey Voluntad, en realidad tuvimos una conversación en preparación para nuestro encuentro con usted. Estamos muy, muy preocupados por la condición de nuestra vida".

Pequeño Rey Voluntad: "¿Se reunieron sin mí? ¡Eso podría ser traición!"

Consejero 2: "Le rogamos que nos perdone. De hecho, un día estuvimos juntos y discutimos abiertamente que nuestra vida ha ido de mal en muy mal, y que algo estaba terriblemente mal".

Consejero 3: "No estábamos tratando de causar problemas, señor. Honestamente, estábamos tratando de descubrir cómo ayudarlo a administrar su reino".

Consejero 1: "Le honramos, nuestro rey. Y nunca le haríamos daño. Hemos considerado todas nuestras opciones. Parece que nuestra mejor opción para salvar nuestra vida es, bueno, sé que va a ser difícil escuchar esto, pero… bueno, em… pensamos que deberíamos…"

Pequeño Rey Voluntad: "Vamos, hombre. ¡Dígame qué piensa!"

Consejero 1: "Bueno, pensamos que lo mejor para usted y para todos sería que… este… cambiemos de rey".

Consejero 1 estaba preparado a que el Pequeño Rey Voluntad perdiera los estribos con rabia. En vez de responder con enojo, el Pequeño Rey Voluntad dejó caer la cabeza y sus ojos se quedaron mirando la mesa.

---

[7] Colosenses 2:6. Gradualmente identificaré, desde mi perspectiva, uno de los errores grandes del cristianismo evangélico occidental contemporáneo, que es aceptable, hasta normal, aceptar a Jesús como Salvador y después, si lo deseamos, "hacerle" Señor.

Pequeño Rey Voluntad: "Estás en lo cierto. He intentado no admitirlo, pero nuestra vida *sí* está en ruinas y, en última instancia, soy responsable. Debo estar haciendo un trabajo terrible para ayudarnos a tomar las decisiones correctas o para hacer cumplir las decisiones que tomamos. Por lo tanto, necesito su consejo. En su conversación sin mí, ¿se les ocurrió alguna idea que pudiera resolver los problemas que tengo al gobernar nuestra vida?"

Consejero 3: "Oh, sí. ¡Sí señor! Hemos oído hablar que hay otro Rey que es muy fuerte".

Consejero 2: "Y él es inteligente. ¡Hemos escuchado que sabe absolutamente todo!"

Consejero 1: "Sí, y no va a creer esto, Pequeño Rey Voluntad, pero se dice que este Rey es absolutamente bueno. No es egoísta ni cruel. Él realmente se preocupa por todo en su Reino. Él es amable, atento, humilde. ¡Oímos que Él ama a todos!"

El Pequeño Rey Voluntad se rió en voz alta.

Pequeño Rey Voluntad: "Están bromeando. ¿Un Rey que es todopoderoso, lo sabe todo, que puede hacer lo que quiera y no es egoísta? ¿Humilde y amable? ¿Ama a todos? Nunca ha habido un Rey así y nunca lo habrá. Creo que ustedes, mis consejeros de confianza, han sido totalmente engañados".

Consejero 1: "Bueno, lo único que sabemos es que todos aquellos que han invitado a este Rey a sus corazones y que han tenido la fe suficiente para honrarlo y obedecerlo como su Rey, dicen que *Él les ha salvado sus vidas al cambiar sus corazones*".

Pequeño Rey Voluntad: "¿En serio? ¿Quién es este Rey? ¿Cómo se llama él?[8]"

Todos los consejeros del Pequeño Rey Voluntad casi gritaron: "*¡El Rey Jesús!*"

Pequeño Rey Voluntad: "Oh, he oído hablar de Él. ¿Creen que nos puede salvar la vida? Nuestra vida es un lío. ¿Qué tenemos que hacer?"

Consejero 2: "Hemos escuchado que debemos invitarle a nuestro corazón, permitirle sentarse a nuestra mesa e incluirlo en las discusiones y decisiones sobre manejar nuestra vida".

---

[8] El nombre de él — pequeña e, Pequeño Rey Voluntad aún no sabía que era Jesús

Así que el Pequeño Rey Voluntad decidió hablar con el Rey Jesús sobre invitar a "este Rey" a entrar a su corazón como su nuevo Rey.

Pequeño Rey Voluntad: "Rey Jesús, he escuchado que tú entrarás en mi corazón y que puedes salvarme la vida. ¿Es cierto?"

Rey Jesús: "Sí, puedo hacerlo y entraré a tu corazón".

Pequeño Rey Voluntad: "¡Guau! Eso sí me da esperanza porque he hecho un lío total de mi vida".

Rey Jesús: "Lo sé".

Pequeño Rey Voluntad: "¿Lo sabes?"

Rey Jesús: "Oh, sí. He estado aquí todo el tiempo. Te he estado observando hacer un lío de tu vida. Quería tanto ayudar. De hecho, he estado hablando contigo, pero estabas tan distraído haciéndote el pequeño rey de tu vida que no me ponías atención".

Pequeño Rey Voluntad: "De ninguna manera. Nunca te escuché".

Rey Jesús: "Oh, sí me escuchaste. Simplemente no reconociste mi voz".

Pequeño Rey Voluntad "¿En serio? ¿Estabas ahí todo el tiempo... hablándome?"

Rey Jesús: "Oh, sí. Pero seguiste cediendo a todo y a todos los demás además de mí. Estabas haciendo todo a tu manera".

Pequeño Rey Voluntad: "Y eso sí que fue un montón de malas decisiones. Bueno, he decidido que ya no quiero ser rey. Odio ser rey. No es todo lo que se cree. Quien sea rey es responsable, y cuando las cosas no van bien, todos culpan al rey. Y las cosas no han ido bien, y estoy harto de ser rey. Entonces, ya que tú eres un Rey, mis consejeros y yo hemos decidido invitarte a nuestro corazón para salvar nuestra vida. De hecho, me quitaré el sombrero de rey, mi corona, y se lo daré a ti, Rey Jesús. Aquí lo tienes. Ya no quiero ser rey. Quiero hacerte rey. ¡Aquí, te entrego mi corona!"

Todo sonaba tan bien. El Pequeño Rey Voluntad se levantó de la mesa, caminó hacia donde estaba sentado Jesús, le entregó su corona y se inclinó ante el Rey Jesús.

El Rey Jesús esperó un momento, luego puso su dedo bajo la barbilla de Pequeño Rey Voluntad y levantó la cabeza hasta que los dos hicieron contacto visual. Rey Jesús sonrió cálidamente a Pequeño Rey Voluntad, y luego le guiñó un ojo y habló.

Rey Jesús: "Oh, Pequeño Rey Voluntad. Aún no me conoces muy bien. Aprecio tus intenciones, pero no **necesito** tu pequeña corona para hacerme Rey. Ya soy rey. Rey de Reyes. Siempre lo he sido y siempre lo seré. Ahora soy el Rey de todos los reyes pequeños, lo reconozcan o no. Un día, cada persona me reconocerá como el Rey y toda rodilla se doblará ante mí.[9] Pero no obligo a las personas a ingresar a mi Reino ni a someterme a mi gobierno. Gobierno principalmente por el amor y la verdad... por ahora".

Pequeño Rey Voluntad: "¿De verdad? ¿Un Rey con todo el poder que gobierna principalmente por amor y verdad?"

Rey Jesús: "Sí. Tengo todo el poder para hacer cualquier cosa... si se ajusta a lo que soy y lo que sé que es mejor. Te hice a ti, ya todos, para una verdadera relación. Una relación que se cuida mutuamente y que madura en el amor y en la pareja al llegar a la Verdad — mi Verdad — juntos, en tu corazón alrededor de tu mesa. Las relaciones de cariño no obligan, dominan ni intimidan. Por favor, sé que me preocupo por ti como nunca lo has experimentado. De hecho, me importa tanto que di mi vida para salvarte de todo tipo de mal, ahora y eternamente. Escúchame con mucho cuidado: te salvaré **si mantienes la suficiente fe en mí** para escucharme y seguir lo que te digo. Esto requiere un cambio completo de mentalidad sobre quién **gobierna** tu vida; se llama arrepentimiento.[10] Te habrás arrepentido, Pequeño Rey Voluntad, cuando hayas cambiado de opinión de hacer lo que piensas o quieres, y has **establecido tu voluntad** de hacer mi voluntad. Si me conoces lo suficiente como para poner tu fe en mí tanto, es decir, suficiente fe para seguirme, entraré en tu corazón y comenzaré a salvar tu vida. ¿Pondrás tu voluntad en mi ser Rey de tu vida y te comprometerás a hacer mi voluntad? ¿Es esto lo que tenías en mente cuando me ofreciste tu corona?"

Pequeño Rey Voluntad: "Creo que sí. Y puedo comprometerme a esto porque tengo fe en que tú puedes sacarme de este lío que hice. Me cuesta creer que te preocupes tanto por mí — soy un desastre, pero intentaré creer que lo haces. Es fácil para mí creer que sabes lo que es mejor para mí. Y creo que tú me dirás qué es lo mejor".

Rey Jesús: "Es suficiente. Has descubierto lo que muchos extrañan: la fe en mí inevitablemente lleva a comprometerse a hacer lo que te pido que hagas. Si

---

[9] Filipenses 2:9
[10] El cambio de mente requerido para ser cristiano: el arrepentimiento

me invitas a tu corazón, pero no me escuchas, en realidad no tienes fe en mí. ¿Cierto?"

Pequeño Rey Voluntad: "Sí, eso tiene sentido".

Rey Jesús: "Pero date cuenta de esto, Pequeño Rey Voluntad. Te hice a mi imagen. Te hice como yo, para una auténtica relación personal conmigo. Te hice con un corazón muy parecido al mío, incluyendo una voluntad. Esto requiere que no te quite tu libertad o tu fuerza de voluntad. Por eso me niego a quitarte tu corona. Te hice con la capacidad, la libertad, por lo tanto, la responsabilidad de relacionarte conmigo y asociarte conmigo".

Pequeño Rey Voluntad: "¿Ser tu socio?"

Rey Jesús: "Sí. Tengo la intención de que algún día reinas y gobiernas conmigo.[11] Creo galaxias fácilmente. Tengo el poder de hacer cualquier cosa que mi amor y sabiduría consideren mejores. Por todas esas razones y más, me niego a quitarte tu corona. Me niego a convertirte en un robot. Aquí está tu corona. Póntela de nuevo. De hecho, *he determinado soberanamente que no tienes otra opción... sino que tomar decisiones*. Y si realmente quieres que te salve, debes elegir incluirme en tus conversaciones alrededor de la mesa en tu corazón para descubrir qué es lo mejor y buscar hacer lo mejor. Una y otra vez.

"No has gobernado bien porque confiaste en ti mismo, confiando en tu propio entendimiento. Tú no tuviste fe en mí, ni me reconociste ni me remitiste. Pero todo eso puede cambiar ahora si me recibes como tu Rey. Retendrás tu propia voluntad, Pequeño Rey Voluntad, con la verdadera responsabilidad de encontrar y sinceramente comprometerte a hacer mi voluntad. Debes ser más fuerte para asegurarte de que nada gobierne excepto yo".

Pequeño Rey Voluntad se puso renuentemente una vez más su corona. Luego volvió a hablar.

Pequeño Rey Voluntad: "Entonces, Rey Jesús, ¿en verdad tomarás el lío que he hecho de mi vida y me salvarás?"

Rey Jesús: "Todo depende de cuánto confías en mí".

Pequeño Rey Voluntad: "Oh, eso será fácil".

Rey Jesús: "¿Estás seguro?"

---

[11] Apocalipsis 22:5

Pequeño Rey Voluntad: "Bueno, todo lo que tengo que hacer es dejarlo ir y dejar que lo manejes, ¿verdad? ¿No es así como se ve la confianza?"

Rey Jesús: "No tan rápido. Hay innumerables personas que dicen que tienen fe en mí pero, en verdad, no la tienen. Me invitan a su corazón para salvarlos, y luego me *ignoran* la mayor parte del tiempo.

"Ellos están confundidos. Algunos ponen su confianza en una o dos ideas acerca de mí. Otros en cambiar algunos problemas de estilo de vida. Algunos piensan que dominaré su voluntad y manejaré su vida sin que se asocien conmigo. Algunos tienen la idea de que su salvación depende *totalmente* de mí.

"Estos son en parte correctos. No pueden salvar sus vidas sin mí, pero no salvaré sus vidas sin ellos. ¡Los creé a ellos, y a ti, para relación! Piensan que los salvé al imponer independientemente mi voluntad en sus vidas, porque me dieron permiso para hacerlo. Pero no hice que tú o ellos fueran un instrumento impersonal como robot para que yo los controle unilateralmente. No obligo ni manipulo mi voluntad sobre y a través de ti.

"Ellos no entienden que cumplo mi voluntad y — por lo tanto, los guardo — *principalmente* hablando con ellos. Si confían en mí lo suficiente como para escuchar, creer y obedecer, yo los guío y capacito perfectamente. Al principio, les enseño y entreno para que escuchen y aprendan a obedecerme, como un buen padre con un hijo. A medida que nuestra relación madura, es más como una relación matrimonial... dos parejas amorosas, claro, con diferentes roles y habilidades, pero cada uno busca lo que es mejor para el otro. Cuando nuestra asociación está en su mejor momento, mis seguidores son mucho mejores para depender de mí, casi con una fe infantil.[12] Han aprendido a buscarme de manera proactiva y agresiva *antes* de juzgar, hablar o comportarse, de modo que cada vez más los 'dos se vuelven uno'.[13] Realmente *me siguen*, encontrando y siguiendo mi voluntad, en lugar de adelantarse y obligarme a seguirlos.

"La mayoría no entiende todo esto antes de invitarme a su corazón. No se dan cuenta de que entro a sus corazones para salvarlos al discipularlos... nunca los dejo, siempre cuidándolos y deseando aumentar la relación con ellos, siempre con gracia y gradualmente guiándolos a toda la verdad. Me siento a la su mesa en su corazón para ayudarlos.

"Antes de que se bautizaran, se les debería haber enseñado y probado para ver si entendían que se estaban convirtiendo en mi discípulo y yo en su

---

[12] Mateo 8:3
[13] Efesios 5:32

Discipulador. Pero, la mayoría de ellos no fueron enseñados así. Por lo tanto, pueden decir que tienen fe en *mí*, pero realmente no confían en mí. Casi nunca me buscan, o me escuchan. Ellos no saben que es normal escucharme, entonces no aprenden *cómo* escucharme. Al hacerlo, funcionalmente no tienen su voluntad de encontrar y seguir lo que sé y digo. Si no buscan escucharme y buscan hacer lo que digo, no tienen el tipo de fe en mí que los salva.

"Volviendo a tu pregunta original: "Confiar en mí incluye creer que podemos tener una relación posible gracias a mi muerte sacrificial en tu lugar, sin duda. Pero morí para que podamos tener una relación. Ten en cuenta que tiene muchos años de malos hábitos, incluyendo una vida de confiar y depender de tu propio entendimiento. Para que aprendas a confiar en mí para discipularte será bastante difícil. Debes aprender una nueva forma de vivir. Habrá dos de nosotros en tu corazón, no solo tú. Ya no dirás "yo"; tendrá que ser "nosotros". Esto se llama "el trabajo de creer".[14] Mi siervo Pablo lo llamó una 'lucha'.

"Pequeño Rey Voluntad, puedo y te salvaré si tienes suficiente fe en mí para comprometerte a relacionarte conmigo. Esto significa *compromiso* para escucharme, creerme y obedecerme. El confiar y obedecer comienza en tu corazón al escuchar. Crece cada vez más a ser una vida transformada. A través de esto, te salvo. ¿Me crees? ¿De verdad tienes fe en mí?"

Pequeño Rey Voluntad: "Verdaderamente quiero tener fe en ti".

Rey Jesús: "Es bueno que quieras creerme. *Puedes* comprometerte a creerme. Recuerda, no quise ni querría quitarte tu poder de elección. La pregunta es esta: porque puedes comprometerte a creerme, ¿te comprometerás, establecerás tu voluntad, pondrás tu fe en mí? ¿Quiero decir fe auténtica, suficiente fe para escucharme y seguirme?"

Pequeño Rey Voluntad: "¡Lo haré!"

Rey Jesús: "Perfecto. Ese es tu nombre... *Voluntad*, y esa es tu tarea: mantener tu voluntad fija para tener fe en mí, no solo para el perdón, sino en mí como tu Rey para salvar tu vida. Este es el punto de partida.

"Veo tu corazón, Pequeño Rey Voluntad. Haz lo que te creé a hacer: ***mantener tu voluntad fija para tener fe en mí.*** A toda costa, mantente comprometido a creer en mí. Ten mucho cuidado de no ser engañado para que creas que tienes fe en mí si no fijas tu voluntad para confiar en mí... para ser mi discípulo, escuchando lo que digo y tratando de hacerlo. Hay muchos, muchos que dicen que tienen fe en mí, pero que me prestan muy poca atención, que hacen

---

[14] Juan 6:29

principalmente lo que piensan y quieren, y terminan arruinando sus vidas. ¿Estás seguro de que confías lo suficiente en mí para aprender a prestarme atención y dejar que mi voluntad sea tu voluntad? Antes de invitarme a tu corazón, debes contar el costo de tener un nuevo Rey".[15]

Pequeño Rey Voluntad: "Sí, Rey Jesús. Fijo mi voluntad para escucharte a ti y a hacer todo lo que digas porque ya no confío en mí mismo. Confío en tí".

Rey Jesús: "Maravilloso. Bienvenido a mi Reino. Prometo salvarte ahora y eternamente. Debes fijar tu voluntad para encontrar y cumplir mi voluntad.[16] No serás perfecto, ni de cerca. Pero yo veo y juzgo tu corazón — tu voluntad. Y te daré todo lo que necesitas para mantener tu voluntad fija para conocerme y seguirme. Y con mi ayuda, puedes hacer eso. No hay duda. Sin embargo, esta será una nueva forma de vivir para ti, porque tienes toda una vida de no buscarme a mí ni a mi voluntad. Pero te ayudaré a hacer un progreso perpetuo y vital".

---

[15] Lucas 14:25-35, Mateo 16:24-26
[16] Colosenses 1:23

CAPÍTULO 2

¿Cristianos O Discípulos?

La discusión del Pequeño Rey Voluntad con Jesús crea una pregunta inicial: "¿Puedo ser un cristiano pero no ser discípulo de Jesús?" O... "¿Ser un discípulo auténtico de Jesús es necesario para ser cristiano?"

He escuchado a muchos decir varias versiones de lo siguiente: "El discipulado es opcional. No tengo que ser discípulo de Jesús para ser cristiano. El regalo de la vida eterna es *gratis* sin ningún tipo de compromiso. Vivir como discípulo de Jesús es mi regalo para Jesús, si así lo elijo. No es requerido".

Entonces, pregunto: ¿El ser discípulo de Jesús es opcional para los cristianos o ser el discípulo de Jesús es el significado mismo de ser cristiano? Empecemos por considerar la gran comisión de Jesús.

LA GRAN COMISIÓN

"Se me ha dado toda autoridad en el cielo y en la tierra. Por lo tanto, vayan y *hagan discípulos* de todas las naciones, bautizándolos en el nombre del Padre y del Hijo y del Espíritu Santo, y enseñándoles a obedecer todo lo que les he mandado a ustedes. Y seguramente, estaré con ustedes siempre, hasta el fin del mundo".[17]

¿Quiénes deben ser bautizados? ¡*Ellos*! ¿Quiénes son "ellos"? *Discípulos*. Cada persona bautizada debe ser un *discípulo*.

¿Qué les ordenó Jesús a sus discípulos que hicieran? ¡Hacer *discípulos*! ¿Dónde le dice Jesús a sus seguidores que *hagan* "escapadores del infierno" simplemente repitiendo "la oración del pecador"? ¿O para *hacer* "conocedores de doctrina"? ¿O para *hacer* "asistentes a la iglesia"?

Entonces, Jesús ordenó a sus discípulos que "hicieran discípulos". Nada más ni menos. Los discípulos de Jesús debían hacer y bautizar a *discípulos*. El bautismo es para aquellos que están comprometidos (han hecho pacto) con la calidad de la relación con Jesús que llamamos "un discípulo".

---

[17] Mateo 28:18-20, Juan 17:3,

¡Hagan discípulos y bautícenlos! Claro, discípulos nuevos, principiantes, inmaduros, pero completamente entendiendo que en su bautismo están formando un pacto[18] formal y eterno con Jesús para ser su discípulo.

¿QUÉ ES UN DISCÍPULO?

Un discípulo es aquel que ha sido seleccionado e invitado a una amplia cantidad y calidad de entrenamiento relacional con un mentor o entrenador, normalmente un experto. ¿El propósito? Estar con y ser como el hacedor de discípulos, en última instancia, poder reproducir la vida y las obras de él. En esta *relación* discipulador-discípulo, el discípulo observa y aprende, y es observado y entrenado por el discipulador. Un discípulo está en una relación intencional como entre jugadores y entrenadores, incluso en una *relación* de tipo niño-padre con el discipulador.

Por supuesto, la oración del pecador, una mano levantada o una carta firmada, o una profesión de fe, etc., no son malas, siempre que estas acciones no sustituyen lo que realmente debe ocurrir: un cambio intencional de todas las otras formas de vida a aprender una vida completamente nueva de estar con Jesús,[19] todo el día... estar a solas con Él, aprender de Él, caminar con Él, seguirlo como Líder, como Entrenador, como Experto en la vida... es decir, ser su discípulo.

SER DISCÍPULO DE JESÚS ES SER DISCIPULADO POR JESÚS

Lógicamente, para ser un discípulo de Jesús es necesario ser discipulado por Jesús. Gran parte de este libro busca enseñar y mostrar cómo entrenar discípulos dispuestos a ser discipulados por Jesús. Los seguidores de Jesús están dotados con el Espíritu de Jesús, su Palabra y su Cuerpo. Estos dones divinos, cuando se asignan según lo previsto, empoderan a Jesús mismo[20] a discipular efectivamente a sus seguidores, desde la muerte espiritual hasta la infancia espiritual y la madurez adulta - haciendo discípulos y discipuladores.

¿Qué *escucharon* Pedro, Santiago, Juan y los otros discípulos de Jesús cuando Jesús les dijo que "hicieran discípulos"? No escucharon "hacer que la gente levante la mano" o "hacer una oración". Escucharon a su Discipulador decir, "Así como he trabajado contigo y te he entrenado, ahora debes trabajar con y entrenar a personas perdidas hasta que sepan lo suficiente sobre mí como para comprometerse conmigo así como la primera vez que te invité a abandonar tu antigua vida para conocerme y seguirme. Luego criarlos como padres

---

[18] Pacto: compromiso, alianza, promesa
[19] 2 Corintios 5:17
[20] Se explicará más adelante por qué se identifican como "Jesús mismo" el Espíritu, Palabra y Cuerpo de Jesús

(adoptar, entrenar, discipular) hasta que estén tan apegados a mí que estén comprometidos y progresando en obedecer **todo** lo que he ordenado".

Los conversos de hoy deben tener un apego al corazón de Jesús tanto como Pedro cuando Jesús lo llamó.[21] Este apego a Jesús es tan largo como la eternidad y comienza en la conversión. Es establecer la voluntad de conocer, creer y obedecer a Jesús. Este apego al corazón ayuda al nuevo discípulo a ser entrenado para estar con Jesús en privado y entrenado para caminar y hablar con Jesús en público... todo el día... conociéndolo, confiando en Él y madurando para obedecer todo lo que Jesús ordenó.[22]

Beethoven fue un maestro músico; si desea ayuda seria para convertirse en músico, puede ver si Beethoven tiene algunas vacantes en su escuela de discipulado. Rembrandt fue un artista maestro. ¿Quiere ayuda con el arte? Eche un vistazo a los vacantes de Rembrandt. Jesús fue y es el Maestro en vivir la vida como se espera. Si vamos a ser discípulos de Jesús, debemos hacer con Jesús al menos lo que los discípulos de Beethoven o Rembrandt habrían hecho con sus discípulos: pasar tiempo en cantidad y de calidad con el Maestro, el Discipulador. **Podemos** ser enseñados por el Espíritu de Jesús directamente, y por medio de Su Palabra y Cuerpo. Se nos **puede** pedir que expliquemos lo que hemos aprendido de alguien que nos está discipulando. **Podemos** comprometernos con cambios y actos específicos y dar informes a nuestro discipulador para asegurarnos de que estamos progresando en el conocimiento, la creencia y el hablar de las palabras y en la obra de Jesús.[23] Esto es mucho **más** que escuchar sermones y cantar canciones (por más esenciales que sean), y estar informado de los "sistemas de creencias y comportamiento" de la iglesia, asegurar una expresión de acuerdo y decir que es bueno.[24]

Durante un viaje misionero en Israel, fue un placer para mí bautizar a algunas de nuestras personas en el río Jordán. Justo en lo alto de la colina, donde ocurrieron los bautismos, había una instalación similar a una torre. El propósito de esta torre nos fue explicado: la ejecución. Bautizarse en la iglesia primitiva era, a menudo, violar el dictado del emperador romano reinante. La penalización en esta área geográfica fue una decapitación de tipo guillotina. La decapitación sucedía en la torre. Aquellos que fueron bautizados sabían que podían ser llevados a esa torre de inmediato (o tan pronto como se descubriera su bautismo) y perder su vida temporal por ser bautizados en la familia eterna de

---

[21] Que este apego puede ocurrir, y una forma de hacerlo, seguirá más adelante en este libro.
[22] Mateo 28:20
[23] Juan 14:12
[24] Nosotros, los pastores, generalmente hemos hecho lo mejor que sabemos hacer. Este libro busca movernos en la dirección del progreso en ser y hacer discípulos de Jesús, conociendo por experiencia los desafíos involucrados.

Jesús. Para ellos, el bautismo significaba una posible ejecución. ¡No debe ser trivial para nosotros!

Los bebés humanos, cuando reciben el cuidado parental normal, tienen el código genético básico para crecer a la edad adulta hacia lo que fueron concebidos a ser: seres humanos. Los cachorros crecen para ser perros, no gatos. Las bellotas crecen para ser robles, no plantas de maíz. El significado de ser un discípulo de Jesús debe ser cuidadosamente comunicado y probado para su comprensión como parte de la *concepción* espiritual. La falta de plantar semillas de la Verdad (la verdadera "genética" de la naturaleza de ser discípulo de Jesús) en la concepción espiritual ha condenado a muchos de los "nacidos de nuevo" a la nominalidad, confusión, desilusión e incluso destrucción.[25] Jesús espera que las personas perdidas escuchen las buenas nuevas de que a través de *la fe suficiente en Él para convertirse en su* discípulo (viviendo y siendo entrenado por su Espíritu, su Palabra y su Cuerpo), Él los salvará, ahora y eternamente. Esta calidad de relación debe ser entendida y comprometida antes del bautismo formal.[26]

Los discípulos recién nacidos deben comprender claramente lo que Jesús ha hecho y harán por ellos. Por eso es que eligen convertirse en su discípulo. También deben comprender claramente su papel para convertirse en discípulos de Jesús, es decir, invertir mucho tiempo intencional con Jesús a través de su Palabra y su Cuerpo, y con entrenamiento, progresando en ser guiados por su Espíritu momento a momento. Deben comprender claramente su necesidad de una relación real, tanto con Jesús como con su Cuerpo. Entienden que la buena noticia del Evangelio es que Jesús ha hecho posible, a un costo personal extremo, una cantidad y calidad de *relación* que salva con Él mismo.

Deben estar dispuestos a entrar en una relación de eternidad de alianza, como el matrimonio. ¡Tal relación está disponible y destinada! Debemos hablar con Jesús, escucharlo, ser consolados por Él, ser enseñados por Él, vivir y trabajar y jugar con Él, porque por Su Espíritu siempre está con nosotros. Él es una Persona real con pensamientos reales, sentimientos reales, deseos reales y respuestas reales en este momento con quien algún día nos encontraremos cara a cara. ¡Podemos realmente conocerlo! ¡Él nos conoce ¡Él habla! ¡Él ayuda! Tarde, o mejor temprano, los futuros discípulos deben entender su necesidad de ser entrenados por el Cuerpo actual de Jesús, de la misma manera que Él entrenó a sus discípulos, incluso saber y hacer todo lo que hizo y ordenó. Les ayuda a conocer el alto nivel de eternidad que da forma a la madurez

---

[25] Destrucción: responder a una caricatura del evangelio, y estar decepcionado y desilusionado, tirar la caricatura, nunca haber experimentado lo real y auténtico que salva, o ser engañado y engañado, basado en la falsa seguridad de la relación salvífica con Jesús

[26] Mateo 8:18-22, 16:24, Lucas 14:25-35. Esta explicación debe incluir la naturaleza de gracias, fe auténtica, obediencia de corazón y otros asuntos de los capítulos 1-10.

a la que Jesús intenta llevarlos, incluso a toda la medida de la plenitud de Cristo[27], incluyendo madurar para hacer discípulos y hacedores de discípulos.

Estos futuros discípulos deben entender que necesitan relaciones comprometidas con otros discípulos de Jesús (dos o más reunidos en su Nombre: padres espirituales) de manera similar a lo que Pedro, Santiago y Juan se habían comprometido a estar con Jesús.[28] Deben ser discipulados *por* el Cuerpo de Jesús para encontrarse *con* Jesús y caminar *por* su Espíritu, para que Jesús realmente los discipule.

¿Cuántos asistentes regulares de la iglesia entienden y viven como discípulos de Jesús? El estilo de vida y las conversaciones de estos asistentes a la iglesia crean grandes desafíos para informar eficazmente a los futuros discípulos sobre la naturaleza del cristianismo bíblico. ¿Por qué? Muchos cristianos que se perciben a sí mismos alrededor de estos nuevos discípulos no entienden que ser cristiano es ser discípulo de Jesús. Por lo tanto, se debe ayudar claramente a los nuevos discípulos a comprender la diferencia entre la asistencia a la iglesia y ser el discípulo de Jesús, y esa fe salvadora incluye el arrepentimiento genuino, la obediencia del corazón y la sumisión a Jesús como Señor, El Rey de su Reino.[29]

¿POR QUÉ CONVERTIRSE EN DISCÍPULO DE JESÚS?

¿Por qué? Este tipo de relación con Jesús (convertirse en su discípulo) conduce a la vida abundante y eterna, y en última instancia honra y glorifica al Creador del universo.

La vida abundante y sobrenaturalmente buena que Jesús ofrece a *sus discípulos* "funciona" en esta vida, precisamente porque sus propios discípulos *están siendo discipulados*, entrenados, guiados y capacitados por el propio Genio mismo, quien creó la vida y sabe cómo funciona la vida. No soy un discípulo de Jesús saludable si no estoy siendo discipulado por Jesús, enseñado, entrenado y guiado por su Espíritu, Palabra y Cuerpo.[30] Debo convertirme y seguir siendo el discípulo de Jesús para experimentar la vida abundante y prometida.[31]

Esta vida prometida se experimenta a través de recibir y responder a Jesús mismo, una Persona, que mora dentro de nosotros. Su presencia residente no es barata; le costó a Jesús su vida. Tampoco se compra barato; nos cuesta nuestra independencia auto-soberana. Tampoco se experimenta a bajo

---

[27] Efesios 4:11-16
[28] Marcos 3:14
[29] Creo que las buenas nuevas del evangelio incluye una clara conciencia de estos temas. Por lo tanto, son el tema de varios capítulos en este libro.
[30] Ciertamente hay raras excepciones.
[31] Juan 15:1-9

precio; nos cuesta sensibilidad, aprender a reconocer y seguir la voz de Jesús. Pero los beneficios temporales y eternos superan infinitamente los costos. Y debe recordarse que: el costo del no discipulado es infinitamente más alto, tarde o temprano, no solo para el no discípulo, sino para todos aquellos en los que influye el no discípulo.

Todos están siendo discipulados por alguien. Los beneficios de ser un discípulo de Jesús son muy superiores al costo. Los discípulos de Jesús serán salvos en esta vida y para la vida eterna. Soy el menor de los que menores que Jesús está discipulando, pero testifico sin temor alguno que sin Jesús como mi Discipulador, mi vida hubiera sido un desastre absoluto, y porque me ha discipulado en la medida en que lo permití, mi vida es bueno más allá de decirlo - maravillosamente abundante.

RELACIÓN CASUAL CON JESÚS — NO MÁS

En la medida en que nos acerquemos a Jesús, Él se acercará a nosotros[32]. Aquel que es Vida se entrega a quienes verdaderamente responden a su invitación a ser su discípulo. Él invita a todos; algunos responden. Al responder y perseverar, reciben mucho más que una vida abundante temporal; ellos reciben la vida eterna. Todo comienza respondiendo a la Vida misma.

Los futuros discípulos de Jesús deben comprender lo suficiente que están siendo invitados por Jesús a una relación de alianza eterna similar a la del matrimonio. Debemos hacer votos de matrimonio para someternos, confiar y amar al Rey de todos los reyes. Pero para muchos, tal vez la mayoría, hubo muy poca comprensión y compromiso con un eterno "pacto matrimonial" para iniciarse y mantenerse a través de "vivir juntos" durante esta vida. Ellos no entendieron eso o cómo "los dos se convertirían en Uno" con Jesús como "Cabeza de la relación"[33]. Esto debe cambiar.

El mandato de hacer discípulos obviamente proclama el amor y la muerte de gracia del Rey por los pecados y la culpa real de todos aquellos creados a su imagen. Al morir, abrió de par en par la cortina que había separado a los humanos quebrantados, maltratados, ignorantes, indiferentes, independientes, arrogantes, rebeldes y pecadores de un Dios santo. Al morir como el Cordero de Dios sin pecado, hizo posible una relación que antes era imposible.

Lo que no se ha articulado bien es que Jesús no murió para darnos permiso para continuar siendo *muy casual* en nuestra relación con Él. Incluso los

---

[32] Santiago 4:8
[33] Efesios 5:31-32, 1:22, 4:15, Colosenses 1:18, 2:10

demonios creen. Jesús murió para que podamos vivir una **nueva vida** con Él como nuestro nuevo Rey y Señor.

- *"«Vayan —les dijo —, preséntanse en el templo y comuniquen al pueblo todo este mensaje de vida»."* Hechos 5:20

- *"Por tanto, mediante el bautismo fuimos sepultados con él en su muerte, a fin de que, así como Cristo resucitó por el poder del Padre, también nosotros llevemos una vida nueva."* Romanos 6:4

- *"Y Él murió por todos, para que los que viven ya no vivan para sí, sino para el que murió por ellos y fue resucitado."* 2 Corintios 5:15

- *"Por lo tanto, si alguno está en Cristo, es una nueva creación. ¡Lo viejo ha pasado, ha llegado ya lo nuevo!"* 2 Corintios 5:17

Muchos detalles bíblicos que identifican el alcance de la conversión de un no discípulo perdido a convertirse en discípulo de Jesús se identificarán más detalladamente en los siguientes capítulos.

¡A LOS DISCÍPULOS DE JESÚS SE LES DIO UN NOMBRE NUEVO!

- *"Fue en Antioquía donde a los discípulos se les llamó "cristianos" por primera vez."*[34]

Cristiano significa "pequeño Cristo". Considerablemente, después de que Jesús ascendió, aquellos que antes se conocían como **discípulos de Cristo** tomaron una nueva descripción, un nuevo nombre: **cristiano**. ¿Por qué? Se parecían a su Mesías, ¡el Cristo! El nuevo nombre era una descripción de su naturaleza transformada.

Más de doscientas veces los seguidores de Jesús fueron llamados "discípulos" antes de esta pequeña nota en Hechos 11:26. La iglesia estaba bien establecida antes de que se escribiera Hechos 11:26, y aquellos que formaban parte de la comunidad que Jesús había iniciado tenían un nombre bien conocido: discípulos de Cristo. "Cristiano" se convirtió en su **apodo**; su nuevo nombre. Lo seguían y **se parecían** tanto a Jesús que se les dio un nuevo nombre: "pequeños Cristos".

Solamente otras dos veces en el Nuevo Testamento son llamados cristianos los seguidores de Jesús:

---

[34] Hechos 11:26

- *"...por el pagano rey Agripa, quien se pregunta si Pablo está tratando de persuadirlo para que se convierta en uno de estos 'pequeños Cristos'"* Hechos 26:28

- *"...por Pedro cuando preparaba a los cristianos para estar listos para la persecución y el sufrimiento por lo que se habían convertido."* 1 Pedro 4:16

Dado que los seguidores de Jesús se llaman redundantemente sus discípulos, ¡es el punto lo suficientemente obvio como para ser cristiano **por lo menos** es ser discípulo de Jesús, y ser discípulo de Jesús es ser discipulado por Jesús! Resultado: creciente semejanza con Jesús, y un nuevo nombre: "Pequeño Cristo"... ¡Cristiano!

Nuestro "Maestro", el Maestro Jesús, no tiene requisitos previos ni calificaciones para los que Él invita. "Vengan a mí, *todos*..." Él invita a cualquiera y a todos, sin ningún requisito de experiencia o potencial, pero simplemente (1) confianza en Él (su vida, muerte y resurrección) para restaurar la relación real con Él a través de la fe en Él que inevitablemente conduce a (2) con humildad, persistentemente, dedicando tiempo a desarrollar la relación inmerecida, siendo discipulado POR ÉL y su Cuerpo. ¡Eso es simplemente lo que hacen los verdaderos discípulos! Jesús ama tanto a sus discípulos que quiere estar con nosotros, más por nuestro bien que por el suyo. Mientras se encuentra con Jesús, el discípulo lo observa humildemente y aprende de Él para que los dos sean cada vez más Uno. El discípulo está siendo entrenado por la Palabra, el Espíritu y el Cuerpo de Jesús durante toda la vida.[35] Jesús no llama a los discipulados, sino que discipula a los que responden a su llamado. *¿No está dispuesto a ser discipulado? Compruebe los acuerdos de relación originales!*

Los que habían sido discipulados por Jesús, el gran Maestro de todos los maestros, fueron comisionados a hacer por otros lo que Jesús había hecho por ellos.[36] Sin duda, como su Discipulador, predicaron, enseñaron y realizaron ministerios de compasión. Pero en el centro de sus responsabilidades estaba la misión conjunta de Jesús: "haz por los demás lo que yo he hecho por ti: discipúlalos y luego ayúdalos a hacer lo mismo por los demás".

Entonces, todos en la nueva comunidad eran discípulos, incluyendo Jesús, el Discípulo Principal. Nadie fue mejor discípulo que Jesús, quien pasó mucho tiempo con su Padre siendo discipulado por su Padre.[37] Además, no hizo, dijo o juzgó nada aparte de la sensibilidad y el acuerdo con su Padre.[38] Fue

---

[35] Mateo 11:28-29
[36] Mateo 28:18-20
[37] Lucas 3:21, 4:42, 5:16, 6:12, 9:18, 11:1, etc.
[38] Juan 5:19, 30, 8:28-29, 12:49-50

discipulado todo el día, todos los días, por el Espíritu de su Padre.[39] Nadie ha sido capaz de reclamar una relación de discipulado tan estrecha y discipular como la que Jesús afirmó y demostró con su Padre.

El nombre principal de los que siguieron a Jesús fue "discípulo". Así es hoy. Llamarse cristiano es decir: "Soy un *discípulo* de Jesús, el gran Maestro, y me encomiendo a Él, incluyendo todo el tiempo que Él quiere conmigo para disfrutar, enseñarme y entrenarme para vivir ahora y prepararme para la eternidad ". ¿Cómo puede alguien afirmar ser un discípulo de Jesús si no está siendo discipulado por Jesús? Eso es simplemente una contradicción. ¡No es posible!

EL COSTO DE SER DISCÍPULO DE JESÚS

- *"»Entren por la puerta estrecha. Porque es ancha la puerta y espacioso el camino que conduce a la destrucción, y muchos entran por ella. Pero estrecha es la puerta y angosto el camino que conduce a la vida, y pocos son los que la encuentran." Mateo 7:13-14*

- *"Muchos me dirán me dirán en aquel día: "Señor, Señor, ¿no profetizamos en tu nombre, y en tu nombre expulsamos demonios e hicimos muchos milagros?" Entonces les diré claramente: "Jamás los conocí. ¡Aléjense de mí, hacedores de maldad!'" Mateo 7:22-23*

- *"»Vengan a mí todos ustedes que están cansados y agobiados, y yo les daré descanso. Carguen con mi yugo y aprendan de mí, pues yo soy apacible y humilde de corazón, y encontrarán descanso para su alma." Mateo 11:28-29*

- *"«Si alguno viene a mí y no sacrifica el amor a su padre y a su madre, a su esposa y a sus hijos, a sus hermanos y a sus hermanas, y aun a su propia vida, no puede ser mi discípulo. Y el que no carga su cruz y me sigue, no puede ser mi discípulo." Lucas 14:26-27*

- *"He sido crucificado con Cristo, y ya no vivo yo sino que Cristo vive en mí. Lo que ahora vivo en el cuerpo, lo vivo por la fe en el Hijo de Dios, quién me amó y dio su vida por mí." Gálatas 2:20*

- *"Y él murió por todos, para que los que viven ya no vivan para sí, sino para el que murió por ellos y fue resucitado." 2 Corintios 5:15*

- *"Luego dijo Jesús a sus discípulos: —Si alguien quiere ser mi discípulo, tiene que negarse a sí mismo, tomar su cruz y seguirme. Porque el que quiera*

---

[39] Lucas 4:1

salvar su vida, la perderá; pero el que pierda su vida por mi causa, la encontrará. ¿De qué sirve ganar el mundo entero si se pierde la vida? ¿O qué se puede dar a cambio de la vida?" Mateo 16:24-26

Para mí, negarme a mí mismo significa decir "no" a lo que pienso, siento y deseo para poder decir "sí" a Jesús, porque confío en Él. ¿Qué significa para ti?

EL COSTO DE NO SER DISCÍPULO DE JESÚS

Se debe contemplar el costo de no ser discípulo de Jesús.

Estoy tratando de imaginar el costo si no hubiera respondido al llamado de Jesús a ser su discípulo. No puedo hacerlo. No tengo forma de contar o imaginar el costo de no ser discipulado por Jesús... para mí, para mi familia y para algunos otros con los que he caminado a través de la vida. La rápida contemplación del costo: dolor relacional, separación, hostilidad, ansiedad, inutilidad, tristeza, odio, conflicto, remordimiento, vergüenza, culpa, miedo, soledad, actividades insensatas e insalubres que conducen a un desastre físico, mental, social y financiero, la pérdida inimaginable de las bendiciones de Dios, y así sucesivamente. Esos son algunos de los aspectos negativos.

No ser discipulado por Jesús resultaría en la **pérdida de todos los beneficios** de su vida abundante ahora: relaciones amorosas y significativas con Jesús, familia, camaradas — amor recibido y experimentado, amor dado, paz, alegría, propósito, pasión, significado, seguridad, por no decir nada de... podría seguir y seguir.

¿El mayor costo de no ser discípulo de Jesús? Si no estuviera siendo discipulado por Jesús, escucharía sus aterradoras palabras: "Apártate de mí, no te **conozco**."[40] ¡Un costo aterrador! Y me faltaría, "Bien hecho, siervo bueno y fiel. Entra..."[41] ¡Un costo tremendo!

Lo único que lamento es no haber sido mejor discípulo... para la mejora de todos.

Finalmente, verse a sí mismo como un discípulo de Jesús, pero no priorizar el tiempo significativo solo con Él para ser discipulado formalmente, y **no** estar **determinado** a relacionarse y seguirlo cada vez más con Él todo el día, es una negación seria de lo que significa ser su discípulo. Para estar con Jesús para siempre, debe haber una genuina determinación del corazón al apego auténtico, una relación de discipulado, un conocimiento genuino de Él **ahora**.

---

[40] Mateo 7:23
[41] Mateo 25:23

Aunque al principio somos muy infantiles, Él nos llama a entablar una relación de tipo matrimonial. Él nos llama a venir a Él. Él nos llama a sí mismo. El discipulado no es opcional.

Usted dice: "Esto es imposible. Tan irrazonable".

Oh no. Es muy razonable, excepto para la mente *mal* discipulada, sobre lo que significa ser un cristiano. Y es muy posible. Un príncipe bebé crea grandes líos, pero con la crianza cuidadosa, el entrenamiento, el discipulado, el príncipe se convierte en un rey. Fue concebido con genes reales, como Pequeño Rey Voluntad.

CAPÍTULO 3

El Rey Jesús Discipula Nuestro Corazón

¿Puedo ser discipulado por Jesús?

Antes de observar cómo el Rey Jesús discipula a Pequeño Rey Voluntad en su nueva vida con Jesús, debemos considerar algunas realidades importantes sobre el corazón humano, que es la morada del Espíritu Santo, Cristo en nosotros, que desea y tiene la intención de discipularnos.

Jesús realmente nos dice a cada uno de nosotros (incluyendo a usted, el lector): "Yo, Jesús, quiero discipularte... para ser tu entrenador de vida".

Pero usted dice: "¿Está bromeando? ¿Yo? ¿Discipulado por Jesús?

Probablemente nunca se ha sentado y se ha preguntado si Jesús mismo querría discipularlo. ¿O sí? Tal vez, como yo, deseaba secretamente poder pasar el rato con Jesús alrededor de las fogatas o verlo calmar las tormentas en el mar, como lo hicieron Pedro y Juan.

¿Se ha preguntado alguna vez cómo sería que Jesús lo discipulara? ¿Acerca de cómo Él podría hacerlo? Podría estar pensando: "Eso solo podría suceder cuando Jesús estuvo aquí en la carne, como lo fue con Santiago y Juan".

¿Está seguro?

Muchos cristianos piensan que Jesús tuvo solo 12 discípulos, incluyendo a Pedro, Santiago y Juan. No se han percibido a sí mismos como discípulos de Jesús, ni que ser discipulado por Jesús sea una posibilidad. Probablemente dirían que es ridículo pensar que ellos mismos podrían ser discipulados *por el mismo* Jesús.

Acompáñeme en abordar y responder bíblicamente estas preguntas:

- *"¿Ser discípulo de Jesús es opcional o necesario para los cristianos?"*[42]

- *"¿Puede alguna persona en el siglo XXI ser discipulado por Jesús?"*

---

[42] Capítulo 2

- *"¿Puedo ser cristiano sin ser discipulado por Jesús?"*

- *"Si es posible ser discipulado por Jesús ahora, ¿cómo lo hace Él?"*[43]

Afirmo que la comprensión bíblica de estar correctamente relacionado con Dios a través de Jesús incluye ser un discípulo de Jesús. (**Capítulo** 2) Si esto es cierto, ¿los discipula Jesús? ¿Cómo? ¿Sin saberlo? ¿Ocurre "a la carrera"? ¿Jesús hace todo automáticamente **sin** su ayuda? ¿Independiente de ellos? O, ¿tienen los discípulos de Jesús algo que ver con ser discipulados por Él? ¿Si es así, cómo? ¿Cuánto cuesta? ¿Cuándo? ¿Dónde?

Si los cristianos contemporáneos deben ser discipulados **por** el mismo Jesús, ¿por qué no hemos escuchado mucho al respecto? ¡Todas son buenas preguntas, a las que responderemos más adelante!

Primero, ¿puede alguna persona en el siglo XXI ser discipulado **por** Jesús?

RESUMEN: 3 MANERAS EN LAS QUE JESÚS DISCIPULA A SUS SEGUIDORES HOY

1. *Por su Espíritu — Juan 14-16*

   El Espíritu de Jesús mora en todo aquel que se ha arrepentido de verdad y fijado su voluntad en conocer y seguirle a Él.[44] *Jesús, por su Espíritu, habla directamente a sus seguidores muchas veces al día, guiando, recordando, enseñando, corrigiendo, convenciendo e inspirando personalmente tanto como lo hizo con Pedro hace mucho tiempo. Su voz es normalmente experimentada como un pensamiento o idea o impresión.*

2. *Mediante su Palabra — 2 Timoteo 3:16*

   Jesús mismo nos habla al nosotros leer con cuidado la Biblia que Él inspiró personalmente hace mucho tiempo. Lo podemos oír hoy y ser discipulado por Él, al hablarnos a través de su Palabra, tan claramente como si Él mismo nos enviara un correo electrónico.

3. *A través de su Cuerpo — 1 Corintios 12:27*

   Debido a que el Espíritu de Jesús mora en cada creyente verdadero, cada vez que un miembro de la iglesia de Jesús actúa o habla, puede ser que estén respondiendo al Espíritu Santo. En ese caso, lo que vemos

---

[43] Capítulos 10-19
[44] Romanos 8:9

y oímos son las obras y las palabras de Jesús mismo que se hizo carne en y a través de su iglesia. Jesús habla y actúa (incluso haciendo discípulos) a través de su Cuerpo post-Pentecostés. Reconocer a Jesús hablar y actuar a través de su Cuerpo es normal.

Jesús está presente en sus auténticos seguidores por medio de su Espíritu, hablando a través de su Palabra y viviendo a través de su Cuerpo, para discipular a quien esté dispuesto a ser discipulado por Él.

Jesús sin duda **puede** discipularnos ahora.[45] Empecemos con examinar su proceso inesperado — Pablo lo llama un misterio[46] — para discipularnos: su Espíritu Santo en nuestros corazones.

¿EL ESPÍRITU DE JESÚS EN NOSOTROS O AL LADO DE NOSOTROS?

Al derramar su Espíritu Santo en nuestros corazones, Jesús hace posible que seamos discipulados por Él.[47] El Espíritu de Dios, el Espíritu de Jesús, el Espíritu de Cristo y el Espíritu de su Hijo son uno y el mismo Espíritu.[48] (En todo lo que sigue, recuerde que es el Espíritu de Jesús quien mora en nosotros. En este libro, a menudo me refiero al Espíritu Santo que mora en Jesús como "Jesús").

Note las palabras impactantes de Jesús a sus discípulos originales:

> "Pero les digo la *verdad*: es ***mejor para ustedes*** que yo me vaya. Porque si no me voy, el Defensor no vendrá para estar con ustedes; pero si me voy, yo se lo enviaré."[49]

Jesús dijo sin ambigüedades que es mejor que Él, por su Espíritu Santo, esté en nosotros *espiritualmente* en lugar de estar *físicamente* a nuestro lado como lo fue con sus doce originales. Estoy absolutamente convencido de que Jesús lo dijo en serio.

En el centro de este libro se encuentra la profunda convicción de que muchos, tal vez la mayoría, de los cristianos son considerablemente ignorantes (no enseñados) o no disciplinados (no enseñados, no entrenados, sin ser probados) en cómo ser guiados por el Espíritu.[50] Esto incluye a muchos que afirman con confianza que son "nacidos del Espíritu", incluso "llenos del Espíritu".

---

[45] Mateo 19:26
[46] Colosenses 1:27
[47] Romanos 5:5, 8:9, Gálatas 4:6
[48] Hechos 16:7, Romanos 8:9-10, Colosenses 1:27, Gálatas 4:6
[49] Juan 16:7, DHH
[50] Lucas 4:1, Gálatas 5:18,25

Los discípulos de Jesús deben haberse sorprendido cuando dijo: "Es para su beneficio que me vaya". Puedo imaginarlos pensando, tal vez incluso murmurando unos a otros: "¿Cómo puede ser bueno que Jesús nos deje? ¿Que haremos? Dejamos todo para seguirlo, ¿y ahora nos está dejando? Esto es terrible, no ventajoso".

Y luego Jesús continuó. "Porque si no me voy, el Consolador no vendrá para estar con ustedes; pero si me voy, yo se lo enviaré".[51]

Personalmente he pensado muchas veces: "Jesús, sé que tienes razón, pero es casi imposible para mí creer que es mejor tener tu Espíritu en mí que tenerte a mi lado. Si estuvieras a mi lado, podría verte. Podría escucharte audiblemente. La relación sería fácil. Podría hacerte preguntas y no tener que preguntarme si te estoy escuchando con precisión. Podría verte y aprender de ti. ¿Por qué dijiste que es para mi ventaja que nos des tu Espíritu que para que estés con nosotros de manera tangible, encarnada?"

JESÚS: "LOS DISCIPULO POR MI ESPÍRITU"

Tome nota de todas las maneras en que Jesús nos dijo que su Espíritu Santo que vivía en nosotros nos ayudaría. En particular, tenga en cuenta que la mayoría de estas ayudas vienen de su manera de hablarnos, lo que significa que su presencia se basa fundamentalmente en la comunicación: ¡*Relación*!

- *"Y yo le pediré al Padre, y él les dará otro Consolador para que los **ayude** y los **acompañe** siempre: el Espíritu de **verdad**." Juan 14:16-17*

- *"Pero el Consolador, el Espíritu Santo, a quien el Padre enviará en mi nombre, le **enseñará todas** las cosas y les hará **recordar todo** lo que les he dicho." Juan 14:26*

- *"»Cuando venga el Consolador... el Espíritu de **verdad** que procede del Padre, él **testificará** acerca de mí." Juan 15:26*

- *"Y cuando él venga, **convencerá** al mundo de su error en cuanto al pecado, a la justicia y al juicio..." Juan 16:8*

- *"Pero cuando venga el Espíritu de **verdad**, él los **guiará** a toda la verdad, porque no hablará por su propia cuenta sino que **dirá** sólo lo que oiga y les*

51

*anunciará las cosas por venir. Él me **glorificará** porque tomará de lo mío y se lo dará a conocer a ustedes." Juan 16:13-14*

Para comprender mejor cómo Jesús nos discipula por medio de su Espíritu, debemos considerar la ***naturaleza*** o la ***composición*** tanto del Espíritu Santo como de nuestros ***corazones***, donde el Espíritu Santo mora y hace su trabajo principal. Esto ayudará a aclarar la afirmación de Jesús de que es mejor para Él estar en nosotros por medio de su Espíritu que físicamente a nuestro lado.

Material E Inmaterial

El Espíritu Santo y nuestros corazones[52] son ambos inmateriales, pero los dos verdaderamente importan. Nuestros cuerpo físicos son ***materiales***; nuestro corazón (bíblico) es ***inmaterial***.

La cultura occidental puede ser la cultura más materialista de toda la historia. Lo que nuestra cultura valora, lo que importa para nuestra cultura, es material... cosas que puede tocar, ver, oler, saborear, escuchar... la materia. ¡Somos una sociedad materialista porque lo que más nos importa es la materia! La materia importa.

A modo de contraste, note lo que queremos decir en la cultura occidental cuando usamos la palabra inmaterial. En nuestra cultura lo inmaterial significa no ***importante***. Si algo es inmaterial, no importa. Si un buen empleado tiene una debilidad evidente - un punto ciego - y el jefe dice: "Es irrelevante", el jefe significa que la debilidad no es tan importante. No importa.

Pero la verdad es que es lo inmaterial lo que ***más*** importa. Tiene un pensamiento. Es inmaterial... es decir, no es cosa. No importa. No podría abrir la cabeza, agarrar su pensamiento, ponerlo en una caja y llevarlo bajo un microscopio para examinarlo... o en una balanza para pesarlo. Pero aunque su pensamiento es inmaterial, es real, muy real y muy ***importante***. En serio importa. Sus pensamientos y otros componentes inmateriales de su corazón existirán para siempre. Es su mente ***inmaterial***, sus emociones y sus deseos... sus valores inmateriales, sus actitudes, sus motivos, incluyendo su voluntad inmaterial, lo que determina la mayor parte de su vida actual. Normalmente, no es tanto su capacidad natural, o lo que le sucede, lo que determina su vida, sino la forma en que responde a todo lo que experimenta. Su respuesta está determinada por su componente inmaterial que la Biblia llama su ***corazón***.

LA IMPORTANCIA DE NUESTRO CORAZÓN PARA LA VIDA ETERNA

---

[52] persona eterna, no corazón físico

Es su corazón, el componente inmaterial de usted, el que determina tanto su destino eterno como su experiencia presente. Su mundo inmaterial es más real que su mundo material, e infinitamente más importante. Es en su mundo inmaterial, su corazón, donde el Espíritu Santo inmaterial mora y trabaja para discipularle.

Dios ama tanto a cada persona en el mundo que dio a su Hijo unigénito para que todo aquel que creyera en Él no se pierda, sino que tenga vida eterna.[53] Pero la mayoría están pereciendo. ¿Por qué? ¿Porque el plan motivado por el amor de Dios y el trabajo demostrado están fallando? No. La gente está pereciendo porque la *condición* de sus corazones se resiste a la obra del Espíritu de Dios. ¿Se da cuenta de lo importante que es su corazón? Determina su destino eterno.

Dios envía a su Espíritu Santo para convencer a todos de pecado y justicia y juicio.[54] ¡Todo el mundo! Pero la mayoría no responde al Espíritu Santo. ¿Está fallando el Espíritu Santo? ¡No! ¿Por qué tantos no responden al Espíritu Santo? ¡La *condición* de su corazón!

LA IMPORTANCIA DE NUESTRO CORAZÓN PARA LA VIDA ABUNDANTE

La condición de nuestros corazones también determina la calidad de vida que experimentamos ahora. La vida pasa, tanto buena como mala. Algunos responden con fe y amor, lo que resulta en bondad, alegría, paz y gran bendición. Más responden con egoísmo, orgullo, miedo, ira, odio, etc. Todas estas respuestas conducen a dolor mental, emocional y social... y conflicto. ¿Por qué las diferentes respuestas a la vida? La *condición* del corazón. ¿Qué tan importante es nuestro corazón? Determina la abundancia de su vida ahora.

Estas consecuencias eternas y temporales basadas en la *condición* de nuestro corazón son las razones por las cuales somos amonestados, sobre todo, a proteger nuestros corazones. ¿Por qué?

> *"Por sobre todas las cosas cuida tu corazón, porque de él mana **todo** lo que haces."*[55]

¿Todo? ¡Está escrito! Todo lo que hacemos fluye de la condición de nuestro corazón, incluida nuestra sensibilidad y capacidad de respuesta al Espíritu de Dios.

---

[53] Juan 3:16
[54] Juan 16:8
[55] Proverbios 4:23

No debemos ser engañados. Nuestros corazones determinan todo lo que hacemos. ¡Esa es una advertencia extremadamente fuerte! Eso ayuda a explicar por qué hay una gran batalla por nuestro corazón. Es una batalla momento a momento. Es una batalla por las atenciones y los afectos del corazón. Mi corazón. Su corazón. El corazón de todos. Jesús murió, en gran parte por el privilegio de entrar en nuestro corazón, de "sentarse a la mesa de nuestro corazón" y discipular nuestros corazones por medio de su Espíritu. ¿Por qué? Él nos ama y desea ayudarnos a ser más que vencedores en las batallas de la vida.

Entonces, esta gran necesidad de escuchar y ser influenciado por Jesús ocurre principalmente en el componente inmaterial de nuestras vidas llamado nuestro corazón. En la medida en que nuestro corazón sea discipulado (influenciado, enseñado, entrenado) para *reconocer* y *responder* a la voz de Jesús, y así poder ser discipulado por Él, nuestras vidas pueden ser como su vida. Resultado: Jesús nos salvará, tanto temporal como eternamente. Además, Jesús vivirá su vida a través de nosotros, bendiciendo e incluso salvando a otros.

ENTENDER NUESTRO CORAZÓN

Bíblicamente, nuestro corazón se compone de pensamientos, emociones, deseos y mucho más. Un estudio superficial de la Biblia revela que nuestros corazones funcionan en docenas de formas "*inmateriales*". En nuestros corazones pensamos, deseamos, meditamos, recibimos recordatorios, confiamos, tememos, experimentamos tristeza, guardamos rencor, perdonamos, buscamos, reímos, sentimos dolor, apreciamos, odiamos, buscamos, amamos, adoramos y así sucesivamente.

Jesús promete que el Espíritu Santo nos hablará. Experimentamos la mayoría de las promesas de Jesús de que el Espíritu Santo nos ayudará como *pensamientos*. Las Escrituras afirman que "como un hombre *piensa* en su corazón, así es él". Bíblicamente, pensamos en nuestros corazones. Así, experimentamos la voz del Espíritu Santo en nuestros corazones, como pensamientos.

En nuestros corazones tenemos una voluntad. Podemos hacer compromisos, es decir, establecer nuestra voluntad. Todas las actividades de nuestro corazón informan e influyen en el corazón de nuestro corazón, la voluntad. Como personas hechas a la imagen de Dios, tenemos la capacidad de recopilar información, de identificar nuestro futuro preferido y de establecer nuestra voluntad para lograr lo que se ha concebido en nuestros corazones. Por lo tanto, debemos cuidar con sumo cuidado nuestro corazón, porque de él vivimos o perecemos, tanto temporal como eternamente.

La mayoría no guarda cuidadosamente sus corazones, ni siquiera se da cuenta de la necesidad de hacerlo. Cada uno de nuestros corazones ya ha sido grandemente discipulado por todas las influencias que hemos experimentado. Nuestros corazones serán continuamente discipulados, por alguien o algo.

Cuando una persona perdida realmente se arrepiente, esa persona "nace del Espíritu". Jesús, por su Espíritu, entra en el corazón de la persona arrepentida de manera inmaterial pero *segura*. Esto no es un cuento de hadas. La segunda mitad de la parábola del Pequeño Rey Voluntad ilustra nuestra provisión muy real, dada por Dios, para la transformación de la vida. "¿Estoy escuchando y respondiendo al Rey Jesús?" En el lenguaje de Pablo, "¿Me guío por y ando en el Espíritu?"

Debido a que (1) nuestra vida eterna, (2) nuestra calidad de vida ahora, y (3) nuestra influencia en los demás están en juego, debemos, a cualquier costo, entregarnos a ser discipulados por Jesús. Ser discipulado por Jesús tiene que ver con cómo Él, Jesús, habla a nuestros corazones por medio de su Espíritu, su Palabra y su Cuerpo *para transformar lo que está en* nuestro *corazón por lo que hay en* su *corazón*. Se trata de escuchar intencionalmente y ser gobernado por Jesús en lugar de todas las otras voces que penetran e influyen en nuestros corazones.

Cómo Jesús nos discipula por medio de su Espíritu se explica y demuestra en el siguiente capítulo mientras el Pequeño Rey Voluntad luchará con las "otras voces" de su corazón.

CAPÍTULO 4

El Corazón Del Pequeño Rey Voluntad: Mente, Emoción, Deseo

Comenzamos nuestro viaje afirmando que Jesús, el Verbo de Dios hecho carne,[56] desea y tiene la intención de discipular a sus seguidores del siglo XI tanto como discipuló a Pedro, Santiago y Juan hace dos mil años.

Nos reunimos con Pequeño Rey Voluntad, junto con algunos de sus consejeros, que viven con él en su corazón. Estos asesores le aconsejaron que asegurara un nuevo rey. A través de la conversación posterior de Pequeño Rey Voluntad con el Rey Jesús, Pequeño Rey Voluntad se arrepintió. Respondió a la verdad del Rey Jesús y se dispuso a creer en que Jesús lo salvaría. Él *cambió de rey*, el Rey Jesús entró en su corazón y Voluntad entró al Reino de Dios (cap. 1 - 3).

Ahora continuamos la parábola. El Rey Jesús está sentado junto a los otros consejeros y Pequeño Rey Voluntad alrededor de la mesa en el corazón de Pequeño Rey Voluntad.

Rey Jesús: "Comencemos en mi trabajo de salvarte. Primero, crees que tus problemas provienen del exterior... como tu jefe, la economía, el gobierno o el clima. De hecho, incluso te he oído culpar de tus problemas a tu familia. No es así. Tus batallas son principalmente desde el interior".[57]

"Para estar seguro, podría arreglar fácilmente todo lo que ya ha sucedido. Además, podría evitar que todas las cosas malas sucedan en el futuro. De hecho, solo podría hacer que sucedan cosas buenas. Pero para hacer todo lo que tendría que imponer mi voluntad a todos y todo lo demás, cosa que no haré... al menos no en este momento.

"No, la forma en que te salvaré, Pequeño Rey Voluntad, es trabajar contigo en tu ser interior... tu corazón. Sobre todo, necesitas aprender a proteger tu corazón, porque todo lo que haces proviene de ello.[58]

---

[56] Juan 1:14
[57] Santiago 4:1, Proverbios 4:23
[58] Proverbios 4:23

Pequeño Rey Voluntad: "¿Sobre todo? ¿Todo?"

Rey Jesús: "¡Sí! Es aquí, en tu corazón, alrededor de esta mesa, que todos tus palabras y actos están determinados. Tu corazón determina tu vida, y eres responsable de todo lo que sucede en tu corazón. Tu vida es un desastre porque tu corazón es un desastre. ¿Conoces la verdadera causa de todos tus problemas de corazón?"

Pequeño Rey Voluntad: "Ni idea".

Rey Jesús (señalando a los consejeros de Pequeño Rey Voluntad, que están sentados a la mesa en su corazón): Ellos. Tus consejeros. Los mismos ayudantes que te di. Es por esto. Sin mí en tu corazón, comenzaron en la oscuridad y empeoraron continuamente. Ellos son la mayor parte de tu problema".

Pequeño Rey Voluntad: "¿La mayor parte?"

Rey Jesús: "Sí. Tú, Pequeño Rey Voluntad eres el resto de tu problema de corazón. Tú voluntariamente has dejado que tus consejeros tengan tu camino. Nunca tuvieron la intención de gobernar tu reino. Porque los dejas gobernar, tu vida está siendo arruinada.

"Sin mí, estabas enfermo, y fue de mal en peor a medida que avanzaba la vida. No sabías lo que estabas haciendo y permitiste que tu vida se convirtiera en un gran desastre. Entonces, he venido a tu corazón, entre otras razones, para ayudarte a limpiar el desorden. Soy tu ayudante. ¿Empezamos?"

Pequeño Rey Voluntad: "Suena un poco amenazante, pero está bien".

Rey Jesús: "Empecemos con el consejero sentado a tu lado, a tu izquierda. Desde muy temprano en tu vida, lo has escuchado. Nunca se ha perdido una reunión. En la reunión, él habla... y habla... y habla. Piensa que lo sabe todo. Casi nunca deja de hablar. Siempre tiene una opinión. De hecho, él piensa que lo sabe todo. Incluso cuando intentas dormir por la noche, él sigue hablando, a menudo te mantiene despierto gran parte de la noche. ¿Sabes quién es él?"

Pequeño Rey Voluntad: "Me es un enigma. ¿A quién te refieres?"

MENTE

Rey Jesús: "Tu mente. Le llamaremos Mente. Lo creé. Él está destinado a ser un poderoso ayudante para ti. Él es uno de mis mayores regalos para ti. Pero como no estaba en tu vida desde el principio, Mente no estaba iluminado; no tenía luz. Todo lo que pensó solo vino de la oscuridad y, por lo tanto, fue parcial o totalmente engañado. Me dejó fuera de su pensamiento porque me ignoraba. Pero no podía dejar de pensar ni de decirte lo que estaba pensando. La mayoría de sus pensamientos no eran buenos ni perfectos, porque sus pensamientos no eran mis pensamientos. Esto se convirtió en un problema grave para ti, porque escuchaste a Mente, que no me escuchaba. Lo que sea que te dijo no incluía mis pensamientos, porque Mente me ignoraba a mí y a mis caminos.

"Y no sabías nada mejor que escucharlo y seguir su consejo. Confiaste en él. Tú pusiste tu fe en él. La mayoría de las veces, hiciste lo que él decía, porque era tu Mente y lo que dijo tenía perfecto sentido para ti. Mente habló, y dijiste: "Bien". Por lo tanto, Mente, como uno de sus asesores principales, gobernó gran parte de tu vida, porque lo que te recomendó fue aprobado. Tenía sentido para ti. Sin mí y mi Verdad en Mente, todo lo que él pensó y recomendó me dejó afuera, y, por lo tanto, se distorsionó en el mejor de los casos y, por lo general, se equivocó y, por lo tanto, fue mortal. Incluso hablé con él, pero él no sabía que era yo. La mayor parte de lo que te dijo no era mi perspectiva. Lo que te recomendó, lo aprobaste. Y dañó seriamente tu vida.

"Mente es muy arrogante. Siempre piensa que tiene razón. Por supuesto, le creíste. Tu confiaste en él, no en mí.

"¿Sabes cómo puedes decir cuánto confiaste en Mente? Aquí es cómo se puede saber. ¿Cuántos miles de veces te he escuchado decir: "Bueno, *yo creo*..." Luego, cada vez que hiciste o dijiste lo que dijo Mente, fuiste gobernado por Mente. Tú abdicaste la responsabilidad. Dejaste que Mente fuera el rey. ¿Cómo te salió eso?"

Pequeño Rey Voluntad: "Bueno, lo que decía Mente tenía perfecto sentido en ese entonces, pero ahora veo el dolor que experimenté al tomar su consejo. Dejé que Mente hiciera de mi vida un desastre".

Rey Jesús: "Recuerda, no quité y no te quitaré tu "poder de voluntad". Quiero, Voluntad, que te pongas fuerte en relacionarte y responderme. Esto es lo que debes hacer. Debes establecer tu voluntad para no dejar que Mente se salga con la suya. Así como no te quitaré tu voluntad, tampoco quitaré Mente, tan oscuro y confuso que sea. Incluso en la vejez, Mente se confundirá y presionará por lo que piensa.

"Sin embargo, tengo muy buenas noticias sobre Mente. Ahora que estoy en tu corazón, y estás decidido a escucharme, hablaré directa y persistentemente a Mente. Lo que digo será muy diferente de lo que él piensa. Por un tiempo, rara vez me reconocerá. Pero si se discipula bien, él me reconocerá cada vez más.

Lo que digo comenzará a tener sentido para él, y él estará cada vez más de acuerdo conmigo. Así, con el tiempo, te dirá algo muy cercano a lo que pienso y lo que le he dicho. A lo largo del camino, se convertirá en una maravillosa ayuda para ti al hablarte de las mismas cosas que le he hablado. De hecho, serás transformado porque Mente está siendo renovada.[59] Pero hasta que me conozca mejor, continuará diciéndote principalmente lo que piensa, no la verdad que le estoy diciendo. Entonces, debes desarrollar un poco de músculo".

Pequeño Rey Voluntad: "¿Músculo? ¿Qué? ¿Cómo?"

Rey Jesús: "Mente no dejará de hablar. Debes ser fuerte para no dejar que te gobierne. En el pasado, él lo ha hecho. Hasta que no lo dejes gobernarte, él será tu rey funcional, ya que estás siendo gobernado por lo que él aconseja".

Pequeño Rey Voluntad: "¿Cómo evito que Mente gobierne mi vida?"

King Jesús: "No puedes evitar que él hable, pero debes frenarlo. Sé amable con él. Él realmente tiene la intención de ser su ayudante. Disminuya la velocidad sosteniendo su mano, y con suavidad pero con determinación, dile "Calma..." Luego, toma lo que Mente estaba diciendo, toma la idea y trae ese pensamiento - cada pensamiento - a mí. De hecho, tu objetivo es tomar cautivo todo pensamiento para que me sea obediente.[60] Para esto debes ser entrenado. Debes confiar en mí con *todo* tu corazón y *no* apoyarte en tu propia comprensión. En todos tus caminos, debes aprender a reconocerme, es decir, descubrir lo que pienso y llegar a un acuerdo conmigo. Esto es unirte conmigo, y los dos se convierten en Uno.[61] Cuando tú y yo estemos realmente de acuerdo, harás mucho progreso al decir y hacer lo que pienso y deseo. Esto funcionará mucho mejor para ti. Y te prometo esto: Yo dirigiré tus caminos.[62]

"Entonces, porque confías en mí, y antes de que dejes que Mente te gobierne pasivamente, ¡fortalécete! Cuando Mente habla, ¡pon los frenos! Ve más despacio. Toma lo que dice Mente y tráeme su pensamiento. Descubre lo que pienso. Inclúyeme, como si mi opinión fuera importante. Si no estoy de acuerdo, no lo digas ni lo hagas. Si estoy de acuerdo, dilo o hazlo. Así es como creces al confiar en mí y poner en práctica tu fe en mí. Esto es vivir por fe en mí... establecer tu voluntad para encontrar, pensar y hacer lo que yo diga".

Pequeño Rey Voluntad: "Eso suena bien, pero imposible".

---

[59] Romanos 12:1-2
[60] 2 Corintios 10:5
[61] Efesios 5:32
[62] Proverbios 3:5-6

Rey Jesús: "Por ti a solas lo es. Pero yo estoy contigo, y yo te recordaré y te ayudaré por mi Espíritu, Palabra y Cuerpo. Conmigo, todo lo es posible.[63]

"Debido a que todo esto es tan nuevo para ti, a menudo te olvidarás de traerme lo que dice Mente antes de dejar que se salga con la suya. Cuando Mente se da cuenta de que seguiste su consejo, y que ninguno de los dos recuerda haber consultado conmigo primero, podría decirte que tanto tú como él son fracasos. Es posible que te diga que seas muy impaciente contigo mismo, o que te comprometas, o te pongas excusas, o que culpes a los demás. O incluso podría sugerir que renuncies a caminar conmigo y te des por vencido. Más adelante hablaremos acerca de dónde podría estar obteniendo esas ideas.

"Por ahora, debes aprender a llevar esos pensamientos de auto-rechazo o condena de Mente a mí para descubrir lo que pienso, porque, una vez más, Mente está hablando sin escucharme primero. Nunca me sorprende tu inmadurez, y seré perfectamente paciente contigo y con Mente. Entiendo lo difícil que es esta nueva vida. Buscando incluirme en las conversaciones en tu mesa es muy nuevo. Probar tus pensamientos conmigo antes de que los dejes gobernar requiere nuevo músculo. Ánimo. Te ayudaré. Tarde o temprano, Mente se dará cuenta de lo emocionado que estoy de estar en tu corazón, asociándome para salvarte, a pesar de tus viejos hábitos de escuchar sus consejos impíos.

"¿Crees esto, especialmente sobre aprender a no apoyarte en tu propia comprensión de ti mismo cuando te equivocas?"

Pequeño Rey Voluntad: "Espero que sí. Todo es tan nuevo para mí".

King Jesús: "Por supuesto que lo es. Eres una creación completamente nueva. Soy una presencia totalmente nueva en tu corazón. Has decidido que eres responsable de que yo gobierne tu corazón y tu vida. Incluirme antes de actuar o hablar es una forma de vida totalmente nueva.[64] Tus hábitos de por vida de hacer lo que piensas son extremadamente difíciles de romper. Recuerda, *juntos*, podemos hacer esto. Debes ser paciente contigo mismo, pero tenazmente persistente. Soy paciente y siempre lo seré. Debes aprender a *pensar siempre lo que estoy pensando de ti*. De nuevo, cuídate con esmero de lo que Mente te dice que pienses sobre ti mismo. Nunca olvides, estoy encantado contigo y tu corazón comprometido a conocerme y seguirme. Morí para darte nuestra creciente relación. Y no me sorprende lo más mínimo lo difícil que es para ti aprender a traerme Mente antes de actuar.

---

[63] Marcos 10:27
[64] 2 Corintios 5:17

"¿Estás listo para seguir adelante y hablar sobre algunos de sus otros consejeros del corazón?"

Pequeño Rey Voluntad: "Supongo que sí. ¿Los otros serán tan difíciles de tratar como Mente?"

Rey Jesús: "Te dejaré decidir. El próximo consejero del que debemos hablar es casi un gemelo siamés para Mente, pero no del todo. Pero están estrechamente conectados. Mente habla y habla. Tu próximo consejero no habla; él grita. En las reuniones, él golpea la mesa. Él es ruidoso. ¿Recuerdas cómo permitiste que Mente te *influenciara*? Bueno, continuamente dejas que este consejero te *domine*. Grita y grita y golpea la mesa. Dejas que él te mande y se salga con la suya. Tendrás que ponerte fuerte, Pequeño Rey Voluntad, porque este consejero en tu mesa está gobernando y a menudo arruina tu vida".

Pequeño Rey Voluntad: "¿Así de malo es? ¿Quién es? ¿Cómo se llama?"

EMOCIÓN

Rey Jesús: "Su nombre es Emoción. Al igual que Mente, lo hice, y él es bueno... cuando está funcionando como yo pretendo que funcione. Él es, de hecho, tu consejero más leal y honesto. Mente a veces piensa cosas que no te dice. Pero él *siempre* le dice a Emoción. Emoción siempre sabe lo que Mente está pensando. Y Emoción no puede guardar el secreto. Lo que Mente piensa, Emoción siente. Y esos sentimientos vienen gorgoteando o gritando al frente en tus reuniones de corazón.

"Emoción casi arruina tu vida porque has cedido a su presión tanto. Él es muy, muy persistente. Lo sientes en casi todas las circunstancias, buenas o malas. No siempre es ruidoso; a veces se esconde más silenciosamente en el fondo, pero incluso así, afecta mucho la expresión de tu cara o el tono de tu voz. Pero a menudo lo sientes tan poderosamente que domina completamente tus palabras y actos. Solo piensa cuantas veces te ha gobernado. Él se enojó y tú hiciste cosas que lamentaste con mucha pena. ¿Sabes cuánto te domina Emoción?"

Pequeño Rey Voluntad: "Supongo que no. ¿Cómo puedo reconocerlo?"

Rey Jesús: "Para empezar, nota otra frase que oigo que dices, una y otra y otra vez. "*Siento*..." está constantemente en tus labios. Viene directamente de Emoción. Cada vez que dices, 'Bueno, *siento*...' probablemente estás a punto de dejar que Emoción te gobierne o que sea una excusa para algo perjudicial que acabas de hacer.

"Esto es lo que debes aprender sobre Emoción. Nunca ha tenido un pensamiento original en su vida. Pero por supuesto. Él no puede pensar. Él es Emoción. Cada vez que él es emocional es porque ha estado escuchando a Mente. Cada vez que Mente tiene un pensamiento, se inclina hacia su izquierda y le dice a Emoción. Y Emoción siente, profunda y a menudo en voz alta, todo lo que Mente le dice. Si Mente le dice a Emoción de algún peligro, Emoción siente miedo, pánico. Si Mente susurra a Emoción de alguna injusticia, Emoción arde de ira. Si Mente le dice a Emoción de una pérdida en la familia, Emoción se lamenta profundamente. En resumen, lo que piensa Mente, Emoción oye y siente. Dado que gran parte de lo que Mente pensó antes de que entrara en tu corazón no era exacta (porque me dejó fuera de sus pensamientos), Emoción ha sentido y dado gran energía a las perspectivas erróneas de Mente. ¿Te das cuenta de lo que haces con la salvaje ira y los temores de Emoción y el dolor y la vergüenza, etc.?"

Pequeño Rey Voluntad: "No. ¿Qué hago?"

Rey Jesús: "Dejas que Emoción te gobierne, te mande. Piensa con qué frecuencia dices "*me siento*..." y luego haces las cosas más locas solo porque "sientes". No eras tan fuerte como debías ser. Emoción gritó, y dejaste que él te gobernara. Se enojó, y dejaste que su ira te gobernara y te metiera en un lío enorme".

Pequeño Rey Voluntad: "¿Que se supone que debo hacer?"

Rey Jesús: "Bueno, así como debes ser lo suficientemente fuerte como para no dejar que Mente te gobierne, tampoco puedes dejar que Emoción gobierne lo que haces.

"Cuando Emoción grita (y él lo hará), tú eres responsable de entender lo que está sucediendo. Mente ha estado hablando con Emoción, como siempre. No dejes que Emoción se salga con la suya. Levanta la mano hacia Emoción y dile: "Cálmate. Quédate quieto." Tranquilízalo de la mejor manera posible, lo antes posible. **No hagas nada** hasta que logres que Emoción se calme. Luego, dirígete a Mente y di: 'Has estado hablando con Emoción nuevamente. Él está gritando. ¿Qué le dijiste esta vez?'

"Haz que Mente te diga lo que le dijo a Emoción. Entonces, tráeme lo que Mente te diga. De nuevo, debes aprender a hacer que cada pensamiento cautivo me obedezca. De esta manera, Emoción se convierte en un "soplón" muy saludable porque *la mayoría* de tus emociones dolorosas rápidamente te hacen consciente de que Mente ha estado pensando en algo diferente de lo que pienso y quiero. Así como le di a tu cuerpo dolor físico para mostrarte cuando algo está físicamente mal, también te di los sentimientos dolorosos de Emoción para hacerte ir a Mente. Averigua qué está pensando Mente y tráeme esos pensamientos.

"Aquí están las muy buenas noticias. Mientras trabajo en Mente para que piense más y más de la manera que pienso, Mente le estará contando a Emoción mi perspectiva y verdad. Entonces Emoción sentirá cada vez más paz, alegría y amor. Si proteges a Mente y sigues trayendo lo que él me dice, Emoción pronto te ayudará a darte un maravilloso y fuerte sentido positivo de bienestar. Siempre quise que rutinariamente experimentaras esta paz, incluso la alegría, especialmente el amor. Es el subproducto o fruto de tu escucharme y creerme. Eso es parte de lo que quiero decir cuando digo que 'la Verdad te hará libre'."

Pequeño Rey Voluntad: "Esto se está poniendo muy emocionante. ¿Quién más me ha estado aconsejando?"

Rey Jesús: "Bueno, este próximo personaje en tu corazón es realmente alguien. Puedes saber cuándo Mente está a punto de gobernar cuando te escuchas a ti mismo diciendo: "Pienso". Puedes saber cuándo está a punto de gobernar la emoción cuando dices, "Siento".

DESEO

"Regresa a la frecuencia con la que dices otra frase: "Quiero". Te he oído decir "Quiero" muchas, muchas veces, casi incontables veces. De hecho, "Quiero" fue casi tu primera frase. "Quiero" fueron sin duda sus palabras más repetidas. Vienen de otro de tus consejeros que te di: Deseo. Él te ha dominado como ningún otro desde el día en que naciste".

Pequeño Rey Voluntad: "¿Deseo? Él *es* fuerte. Muuuy fuerte. Supongo que Tú lo has observado que él me gobierna en muchas ocasiones".

Rey Jesús: "Tú dímelo. ¿Con qué frecuencia dices, '¡*Yo quiero*!'?"

Pequeño Rey Voluntad: "Eeh… probablemente la mayoría del tiempo. ¿Quizás demasiado tiempo?"

Rey Jesús: "Una vez más, ¡te dejaré a ti decidir! Deseo en y por sí mismo no es *necesariamente* malo. A veces quiere lo que es bueno, es decir, lo que yo quiero. Pero Deseo es muy inmaduro. Él es como un niño de 1 año que preferiría tener una barra de chocolate que un billete de cien dólares. Él quiere estar cómodo, y cuanto antes mejor. Él desea placer, y su deseo de placeres es muy inmaduro y temporal hasta que llega a conocerme. A veces quiere lo que es malo para él, y otros, pero no se da cuenta.

"Deseo es prepotente. Ten mucho cuidado de ceder ante él.[65] El problema es que la mayoría de las veces quiere cosas que, aunque agradables, duran solo unas horas, días o años, pero no para siempre. En su inmadurez, suplica implacablemente lo que quiere. A menudo llama a lo que quiere una "*necesidad*". Realmente no lo necesita; él solo lo quiere. Por lo general, es todo acerca de sí mismo.

Lo que es peor, porque te entregaste a él tantas veces, llegó a asumir y esperar que debería tener lo que quiere, como si realmente fuera el rey de todos los reyes. Así como Mente no me escuchó, y, por lo tanto, era innatamente orgullosa y arrogante, Deseo, sin conocerme, no solo quiere su propio camino sino que presume que tiene derecho a hacerlo. Te lo entregué por muchas buenas razones, pero sin mí como Rey de tu corazón, Deseo normalmente se convierte en un desastre enorme. Piensa de nuevo. ¿De qué manera el hacer lo que Deseo gritó en tu mesa funcionó para ti?"

Pequeño Rey Voluntad: "Oh, él probablemente fue... este... es mi problema más grande. Déjame adivinar. Necesito ponerme realmente fuerte y no dejar que Deseo maneje mi vida".

Rey Jesús: "Estás descubriendo qué hacer al escucharme. Eso es lo que quiero decir con confiar en mí. ¿Cómo vas a tratar con Deseo cuando él grita lo que quiere?"

Pequeño Rey Voluntad: "Bueno, voy a levantar mi mano y decirle 'Silencio' a él. Debo estar seguro de ser amable con él porque me lo diste, pero decirle con firmeza que no puede seguir su camino hasta que yo te traiga el deseo particular a Ti para descubrir lo que piensas".

Rey Jesús: "¿Por qué?"

Pequeño Rey Voluntad: "Porque mi fe está en tí. Confío en ti".

Rey Jesús: "¡Perfecto! ¿Qué crees que pasará con Deseo después de que me hayan incluido en las conversaciones de tu corazón por un tiempo?"

Pequeño Rey Voluntad: "Bueno, sé que él te conocerá. Me pregunto si, a medida que te conozca mejor, podría comenzar a desear lo que quieres".

---

[65] Efesios 4:22

Rey Jesús: "Creo que estás recibiendo ayuda de Mente, que nos ha estado escuchando. Tú, con la ayuda de Mente, tienes razón. Cuanto más me vea y me conozca Deseo, más me gustará, porque soy el Deseado de todas las naciones.[66] ¿Qué crees que pasará cuando Deseo realmente me conozca?"

Pequeño Rey Voluntad: "Bueno, déjame preguntarle a Mente. Estoy seguro de que tiene una idea".

Mente: "Bueno, Pequeño Rey Voluntad, puedes estar seguro de que cuando Deseo realmente conozca al Rey Jesús, realmente amará al Rey Jesús y deseará cada vez más lo que el Rey Jesús quiera, aunque sea difícil. Deseo se convertirá en uno de tus ayudantes más poderosos para descubrir qué quiere el Rey Jesús".

Rey Jesús: "Interesante. ¿Puedes decirnos por qué piensas eso, Mente?"

Mente: "Cuando Deseo realmente te conoce, Rey Jesús, apenas puede evitar amarte y honrarte. Él querrá complacerte haciendo lo que quieras. En tu corazón, Pequeño Rey Voluntad, tendrás Deseo que quiere lo que quiere el Rey Jesús, y eso será una gran ayuda para ti".

Rey Jesús: "Mente, estás pensando claramente. Ya te estás convirtiendo en una gran ayuda para Pequeño Rey Voluntad. ¿Algo más?"

Mente: "Sí… Deseo siempre tiene un gran apetito por las cosas y los placeres temporales, el dinero y su propio camino.[67] Puedo ver todo eso disminuyendo. A medida que aumente su amor por ti, Rey Jesús, esto lo influenciará a querer lo que Tú quieres… salvar a cada persona en este planeta a través de una iglesia santa y saludable. ¿Es eso cierto?"

Rey Jesús: "Buen hecho, Mente. Estás escuchando mi voz. ¿Recuerdas donde escuchaste eso por primera vez? Te lo recordaré. Hace mucho tiempo. En una conferencia de misiones.

Y, Pequeño Rey Voluntad, ¿notaste que Mente me trajo sus pensamientos para probarlos antes de decírtelo? Él lo está entendiendo".

Pequeño Rey Voluntad: "Sí, y me di cuenta de que ahora nos estás haciendo todo tipo de preguntas para probar si sabemos lo que piensas y quieres. Tú nos estás ayudando a crecer en ti haciéndonos recordar y articular lo que sabe que ya hemos escuchado".

---

[66] Hageo 2:7
[67] 2 Timoteo 3:1-5

Rey Jesús: "Hacerte preguntas es una de mis mejores maneras de discipular tu corazón. Al hacerte preguntas, te exhorto a recordar y articular lo que sé que has oído y, en ocasiones, incluso has querido. Además, esto te pone a prueba, Pequeño Rey Voluntad, para ver si establecerás tu voluntad para hacer mi voluntad, y así crecerás a mi imagen mejor y más rápido.

"Estás haciendo un progreso rápido y maravilloso al caminar por fe en mí, Pequeño Rey Voluntad. Sé que te estoy dando mucha información, pero ya casi terminé con esta gran visión general de nuestra nueva vida. Permíteme mencionar rápidamente algunos "consejeros" más que acuden a tus reuniones de corazón. No puedes mantenerlos lejos. Es tu responsabilidad no permitirles que gobiernen a través de ellos como si fueran el rey".

CAPÍTULO 5

El Corazón De Pequeño Rey Voluntad Y Más Allá: Cuerpo, Gente, Maldad, Voluntad

El Rey Jesús ha ayudado a Pequeño Rey Voluntad a entender cómo ha permitido a su mente, sus emociones y sus deseos gobernar y gobernar su vida, y cuán necesario es que Pequeño Rey tome la responsabilidad de no dejarlos gobernar pasivamente. El Rey Jesús continúa ayudando a Pequeño Rey Voluntad a entender su papel con otros tres aspirantes a la corona de su vida: Cuerpo, Gente y Maldad.

CUERPO

Rey Jesús: "Sentado frente a ti, mirándote a los ojos todo el tiempo, está Cuerpo. Cuando Cuerpo es joven, sirve tus decisiones bastante bien, al menos en la medida en que ha sido entrenado. A medida que crezca, comenzará a gritar cada vez más durante las reuniones. Muchas veces, estarás a punto de tomar una decisión difícil pero buena cuando Cuerpo de pronto se da cuenta y comienza a retorcerse. Si él piensa que la decisión será demasiado difícil o dolorosa para él, incluso lanzará un berrinche.

"Cuerpo influye mucho en Deseo. Cuerpo y Deseo están muy cerca; probablemente más conectado que Mente y Emoción. A menudo los verás hablando entre reuniones. Por ejemplo, a veces oirás Cuerpo, a través del Deseo, diciendo algo como: "Estoy demasiado cansado. No quiero levantarme". Una vez más, solo di "Silencio..." a Cuerpo. No lo dejes ser rey. Acude a mí y dime: "Rey Jesús, mi Cuerpo dice que te quedes en la cama. No quiero que Cuerpo gobierne. ¿Crees que necesito más descanso o debo levantarme?" Está seguro de que Cuerpo *puede* estar en lo correcto completamente, pero con demasiada frecuencia simplemente no le gusta que lo empujen. Consulta conmigo con mucho cuidado para ver si las quejas de Cuerpo son legítimas. A menudo estoy de acuerdo con Cuerpo. Entonces, escucha a Cuerpo con honestidad y cuidado, pero no debe gobernar".

GENTE

Rey Jesús: "Al lado de Cuerpo hay un tipo llamado Gente. Él tiene toda clase de opiniones, especialmente sobre ti. Puedes o no haberlo invitado a la mesa de tu corazón. De alguna manera, siempre parece entrar. Mente y Deseo son excepcionalmente sensibles a Gente. Mente usualmente lo invita sin pedir tu permiso. Deseo y Emoción a menudo lo invitan también. No pretenden que Gente arruine la reunión. Ya que parece que tus consejeros no pueden evitar invitarlo, también podrías acostumbrarte a que él esté en tu mesa. Puedes reconocer la presencia de Gente en tus reuniones cuando te oyes a ti mismo decir "¡*Ellos piensan*!" o "*Ellos quieren*".

"Gran parte de tu nueva vida se pasará con Gente que no son mi pueblo. Aún no han respondido a mi invitación para ser su Rey y salvarlos. No te sorprendas lo más mínimo de que no piensen, sientan o quieran lo que están aprendiendo de mí. Probablemente piensen que eres extraño.[68] Debes aprender como nunca antes para realmente cuidar de ellos. Escúchalos bien. Quiero que los sirvas con sensibilidad. Pero no dejes que lo que ellos piensan y quieren te gobierne hasta que me hayas traído el problema para estar seguro de qué es lo que quiero yo. Aunque no se dan cuenta de ello, a veces dicen y hacen mi voluntad, porque los amo profundamente y les hablo constantemente. A veces hablan y actúan en base a lo que he dicho; ellos simplemente no se dan cuenta que soy yo hablando con ellos.[69]

"Hay alguna Gente a la que quiero que invites muy intencionalmente a tu mesa. Ellos son mi Gente. Necesitas desesperadamente a algunos de mi Gente que sean más maduros que tú al seguirme como Rey para ayudarte a discipular tu corazón. Sin embargo, es mejor que me preguntes con mucho cuidado (y probablemente a uno de los más maduros de mi Gente que conozcas) sobre quién de mi Gente invitarás para que te ayude a entrenarte y discipularte a relacionarme conmigo, en privado y en público. Mi Gente puede ser tu cónyuge, tus padres o tu compañero de oración. (Al leer este libro, está invitando al autor a sentarse en su mesa). Incluso cuando eliges cuidadosamente invitar a mi Gente, recuerda que tienen una mesa redonda en tu corazón y traen su propio conjunto de consejeros a tu mesa. Le he ordenado[70] a mi Gente que vea que algunos de ellos te invitan a sentarte con ellos cuando hablan conmigo, y que te guíen en cómo dialogar conmigo, no solo en privado sino en público. Trata de descubrir si han sido bien discipulados por mi Gente al guardar sus propios corazones, para que puedan guiarte bien en la mesa. ¿Ya conoces a alguien así?"

Pequeño Rey Voluntad: "Conozco a algunas personas en el trabajo que podrían ser buenas. Creo que van a la iglesia en alguna parte. Podría preguntarle a uno de ellos".

---

[68] 1 Pedro 2:11, 4:4
[69] Juan 16:7
[70] Mateo 28:20

Rey Jesús: "Necesitas encontrar una iglesia muy buena. Ve temprano y qué-date tarde. (Cuidado: muchos de los que asisten piensan que son mi Gente simplemente porque asisten). Escucha lo que las personas que asisten a la igle-sia hablan antes y después de la reunión. Si hablan de mí, incluso conmigo, cuando no se espera, normalmente son el tipo de mi Gente que necesitas. Busca hasta que encuentres una iglesia así. Mi Gente puede ayudarte de ma-neras que tus consejeros de corazón no pueden o no quieren. Aún así, no dejes que te controlen porque no son tu rey.[71] Cuando Gente habla, incluso mi Gente, con honor y humildad, escucha, incluso pide claridad, pero en última instancia, acude a mí y pregunta: 'Mi Rey, ¿estás de acuerdo?' Esta es tu res-ponsabilidad, Voluntad".

MALDAD

Rey Jesús: "Hay una cosa más que debo advertirte sobre tu corazón. Es la ver-dad dura, pero como me importa, debo decirte.

"Existe un ser terrible, miserable, vil, malvado que me odia. Debido a que eres tan precioso y valioso para mí, este ser malvado, mi enemigo, quiere atacarme dañándote o incluso destruyéndote.

"Si no puede simplemente salir y persuadirte para que me dejes (lo que sabe que rompería mi corazón), trata de destruirte engañándote o seduciéndote.

"Él puede hacer un gran daño en tu mesa. Intenta seducirte, generalmente a través de Deseo, para perseguir cosas que sabe que dañarán las relaciones, especialmente la nuestra. También es un maestro en engañar a Mente. Mi enemigo trata astutamente de hacer que, a través de Mente, pienses y llegues a conclusiones sin consultar conmigo. Esta es una de las principales formas en que trata de destruirte.

"Si nada de esto funciona, buscará causarte problemas directos, como atacar con dolor a Cuerpo o con Mente con acusaciones o, mira esto, cumplidos. Ata-carte con problemas o dolor es un último recurso peligroso para él, porque él sabe que esto podría llevarte más fervientemente hacia mí. Si te adula, sabe que es probable que crezcas en orgullo e independencia. ¡Ten cuidado! Cuida tu corazón con cuidado. Tráeme todo pensamiento.

"Finalmente, si él no puede matar tu creciente confianza y amor por mí, pon-drá mentiras sobre ti en la mente de la Gente para que pueda matar tu in-fluencia con ellos.

---

[71] Gálatas 1:10

"Este enemigo atroz puede acceder a tu mesa para devorarte y destruirte.[72] Incluso apareció en mi mesa regularmente.[73] Él rara vez viene a tu mesa personalmente; comisiona a sus espíritus malignos con dardos de fuego para atacar a Mente, Emoción, Deseo, Cuerpo o Gente.[74] Él quiere, de cualquier manera, socavar tu resolución de confiar en mí como su Rey. Todo lo que debe hacer es lograr que regreses a tu antigua vida, tolerando la toma de decisiones sin asegurar mi voluntad. De este modo, te seduce para que vivas como los mundanos, porque así es exactamente cómo viven... haciendo lo que piensan, sienten y quieren... viviendo independientemente de mí, no dependiente de mí.

"A veces, los representantes de tu enemigo se muestran sin temor sin mucha cobertura, gritándote a través de Deseo, Mente o Emoción. Tienen muchos alias: Lujuria, Vergüenza, Rechazo, Falta de amor, Importancia, Éxito, Apetito, Riqueza, Belleza y Poder. Algo de lo que dicen suena como verdad, por lo que estás tentado a estar de acuerdo. Hay muchos más mentirosos esperando para infiltrarse en su mesa. Cuidado con ellos.[75] Estos enemigos atacan a través de la oscuridad de cualquiera en tu mesa. Al igual que su padre el diablo, son maliciosos, astutos y malvados... ten cuidado con estos mentirosos.

"Como tu nuevo Rey, estoy sentado en tu mesa junto a ti por tu invitación. Vengo a salvar, entrenar y discipular cada parte de *nuestra* nueva vida juntos. Si nuestro enemigo puede mantenerte como eras, independiente y habitualmente determinando decir tus propias palabras y hacer tus propias acciones, él puede mantener tu nueva vida principalmente como tu vida anterior, llena de agitación interna y externa. Él puede interrumpir tu sanación, tu santidad y tu felicidad. Con una intención siniestra, él busca destruir, si es posible, tu relación conmigo. Si él no puede destruirte, con implacableidad busca minimizar tu efectividad en mis propósitos. De una forma u otra, Él está determinado a causar estragos en tu lealtad y servicio a mí, tu nuevo Rey.

"Recuerda esto: no puedes tener dos reyes funcionales. Tarde o temprano caerá una casa dividida.[76] Cada acción proviene de una decisión, y solo puede haber una decisión por acción. *Quienquiera que tome la decisión está funcionando como rey*. Cada vez que buscas mi voluntad con respecto a cualquier decisión, estás poniendo en práctica tu compromiso de tener fe en mí. Es entonces cuando realmente estás viviendo por fe en mí".

---

[72] Juan 10:10, 1 Pedro 5:8
[73] Hebreos 4:15, Mateo 4:1-11
[74] Efesios 6:10-18
[75] 1 Pedro 5:8
[76] Mateo 12:25

VOLUNTAD

"Finalmente, permíteme recordarte nuevamente que tú, Pequeño Rey Voluntad, eres responsable de convocar y dirigir reuniones alrededor de la mesa de tu corazón. A tu invitación, me siento a la mesa para servirte, pero aún debes responsabilizarte de quien tenga la última palabra en tu mesa. A pesar de lo que pueda haber escuchado, simplemente no obligo a seguir mi camino. Tu responsabilidad más importante es usar la fuerza de voluntad que te doy para probar cada pensamiento, emoción y deseo de estar de acuerdo conmigo. Prometo ayudarte. Crecerás haciendo esto. De hecho, ese es tu nombre: Voluntad. Hay razones para llamarte Espíritu o Alma, y algunos lo hacen. Solo me gusta llamarte Voluntad.

"A medida que escuchas a todos tus consejeros y tratas de discernir cuáles te están engañando de esta manera, necesitas hacer que Mente, Deseo, Emoción, Cuerpo e incluso Gente me envíen sus consejos. Pregúntales: '¿Le preguntaste a nuestro Rey?'

No le digas a tus consejeros, familiares, amigos e incluso a mí que tienes fe en mí y que soy tu Rey si tú, Voluntad, estás dispuesto a dejar que alguien más gobierne. No debes tolerar ningún otro regidor. Es tu trabajo, Voluntad, si confías en mí, ver que estoy incluido en las discusiones y que todos sus consejeros de mesa finalmente acepten, o al menos se sometan, a mis pensamientos y mis deseos. Si haces esto, buscando primero mi Reino y mi justicia, entonces prometo ocuparme de todas estas otras cosas que por ahora mismo están muy preocupadas tus consejeros.[77] ¡Cree en mí! ¡Confía en mí! Y mientras más puedas incluirme en tus decisiones, más Mente y Deseo me verán por lo que soy, y crecerán en saber, en confiar y en amarme. Luego se convertirán para ti en los verdaderos consejeros del corazón que originalmente pretendí y todavía pretendo que sean.

"Recuerden, las personas perdidas que no me han invitado a ser su Rey hacen lo que piensan, sienten y quieren. Esa es simplemente su forma de vida natural, independiente de mí. Eso es lo que quiero decir en mi Palabra cuando hablo de 'andar por la carne'.[78] Cuando te permites vivir por tu carne, eso es 'creo', 'siento' y 'quiero', estás, en cada caso específico, viviendo exactamente como viven las personas perdidas.

Pero te conozco, Pequeño Rey Voluntad. Estás decidido a conocerme y seguirme, y estoy encantado. A medida que creces en el amor por mí, desearás cada vez más lo que quiero, y odiarás lo que odio, y, así, buscarás cada vez más

---

[77] Mateo 6:33
[78] Romanos 8:5-13

mi voluntad. Ah, y nunca olvides. Estoy siempre contigo, no solo hablándote, sino que te empoderaré genuinamente cuando buscas hacer y decir eso a lo que he llamado".[79]

Pequeño Rey Voluntad: "Gracias, Rey Jesús. Esta es una forma muy estrecha, pero esperanzadora".

VOLUNTAD PURIFICADA

Para que Pequeño Rey Voluntad sea discipulado en la madurez y la productividad, la experiencia y la lógica significativas del Reino hacen muy claro que *debe mantener un alto nivel de relación de calidad y cantidad con el Rey Jesús, es decir, ser discipulado por Jesús*. Para que esto ocurra, la experiencia y la lógica dejan muy claro que Pequeño Rey Voluntad debe ser puro en el corazón de su corazón, su voluntad. La pureza de corazón es querer una cosa. Esta pureza es para amar tanto a Jesús que verdaderamente quiere la voluntad de Jesús, en todas las cosas. La madurez y la productividad del Reino no son el propósito principal de Pequeño Rey Voluntad; son frutos. Ser amado por y recíprocamente amar al Rey Jesús son la razón de la existencia del Pequeño Rey Voluntad. Veremos cómo el Rey Jesús trabaja con el Pequeño Rey Voluntad para mover a Voluntad hacia lo más alto, para Voluntad, para otros y para el Rey Jesús.

Pequeño Rey Voluntad y su nuevo Consejero, junto a sus consejeros de corazón originales, vivieron juntos unas semanas. Una noche, estaban pasando tiempo juntos alrededor de la mesa en el corazón de Pequeño Rey Voluntad. Es decir, Pequeño Rey Voluntad estaba orando.

Rey Jesús: "Voluntad, ¿puedo decirte algo que anhelo? ¿Algo por lo que trabajo con gentilez y paciencia, pero obstinadamente?"

Pequeño Rey Voluntad: "Por supuesto. Suena como algo muy importante para Ti. Me encantaría que me dijeras. ¿Qué es?"

Rey Jesús: "Lo que anhelo y trabajo para que todos mis discípulos, incluyéndote a ti, amen más como yo... finalmente que me amen recíprocamente con *todo* su corazón y se amen el uno al otro tanto como se aman a sí mismos.[80] Absolutamente me deleito en el amor maduro de todos para todos, como el mío para todos. El amor maduro ayuda poderosamente a todos, por ahora y por la eternidad."

---

[79] 1 Tesalonicenses 5:24
[80] Mateo 22:37-39

Pequeño Rey Voluntad: "¿Quieres decir que podría amarte de alguna manera como nos amas a todos? ¿El amor que te movió a dejar tu posición elevada? ¿Venir a vivir y morir por nosotros para que podamos ser salvos a través de la relación contigo? ¿Cómo podría alguna vez amar así?"

Rey Jesús: "Recuerda, tú ya experimentas mi amor en tu corazón porque ahí está mi morada.[81] Tú tienes **todo** de mí. Me agradaría más de lo que puedes captar para mí tenerte a ti... **todo** de ti. Te hice para ser mío... libre y plenamente. Miro tus ojos, siento tus pensamientos, sé todo sobre tu corazón. Un poco más adelante, a medida que progresivamente me doy a conocer, un momento especial *podría* llegar a nuestra relación. Un momento en el que te entregas todo a mí. Todo. Como hice para ti. Realmente deseo que llegue ese momento en nuestra relación y que puedas captar su importancia, no solo para mí, sino también para ti y para muchos otros".

Pequeño Rey Voluntad: "Por favor, dime más".

Rey Jesús: "Yo soy Luz. Donde estoy, brillo... no aleatoria o impersonalmente, sino específicamente como es mejor para ti. Yo soy la Verdad. Donde estoy, la Verdad ocurre. Y la Verdad santifica.[82] Yo santifico, pero no coercitivamente. Con el tiempo, te revelaré la Verdad de todo tipo, incluida la Verdad acerca de mí mismo, y la Verdad acerca de ti, y la Verdad acerca de mi deseo de que seas plenamente dedicado a mí y dependiente de mí. Por tu bien, y el mío, y el beneficio de todos, tengo la intención de ser tanto tu visión que tus ojos estén fijos en mí. Y pretendo que tu misión consciente, tu santa resolución, sea unirte conmigo perpetuamente, es decir, ser uno conmigo en la medida en que me revele a ti. Además, tengo la intención de que tu misión sea colaborar plenamente conmigo en mi misión y en el propósito del Reino eterno de hacer y multiplicar discípulos semejantes a Cristo".

Pequeño Rey Voluntad: "Eso es mucho más estrecho de lo que estaba pensando. ¿Cómo puede ser todo eso?"

Rey Jesús: "Las verdades fundamentales de las que acabo de hablar, y otras, abrirán los ojos de tu corazón y te darán el poder para ofrecerte plenamente a mí, dándote a **ti mismo**, Voluntad, para vivir toda la vida **completamente** conmigo y para mí. Haré mi parte, pero no tu parte. Tú juegas un papel importante en tu corazón siendo puro y bien gobernado. Tú, Pequeño Rey Voluntad, eres el corazón de tu corazón. Recuerda, la pureza de corazón es *querer una cosa*".

---

[81] Romanos 5:5
[82] Juan 17:17

Pequeño Rey Voluntad: "¿Una cosa? ¿Solamente una cosa?"

Rey Jesús: "Sí. Tu voluntad establecida en una cosa: ser uno conmigo... estar de acuerdo conmigo, en todo. Los dos se convierten en uno. Unido. Esa será tu misión. Cuando, a través de mi verdad, establezcas tu voluntad,[83] prometo purificarte, Voluntad. ¡Créeme! Una evidencia clave de ser purificado es que no puedes tolerar ser diferente a mí.[84] Desearás celosamente conocerme, pensar como pienso, y desear lo que deseo... hacer, decir, incluso pensar en nada más que en mí.[85] Así como yo caminaba con mi Padre.[86] Otra evidencia será que reconoces lo inadecuado que eres y lo absolutamente dependiente que eres de mí para la verdad y la pureza, la pasión y el poder sostenidos. ¡Entrégate a mí y confía en mí para hacer mi parte!

"En otras palabras, te iluminaré pacientemente y te daré el poder de establecer tu voluntad en esta única cosa: amarme con todo tu corazón, alma, mente y fuerza. Te ayudaré a entregarte todo a mí como yo me entregué para y por ti. No te forzaré ni te coaccionaré... ni a tu amor. Pero, haré posible que estés dispuesto. Posible, pero no inevitable. Si respondes enteramente a mí para la purificación de tu corazón,[87] será porque hice mi parte para iluminarte y atraerte por el poder de mi gracia y verdad, y cuando respondas completamente, purifico lo que no puedes. La buena noticia es que el corazón de tu corazón, tu voluntad, puede ser puro. Todo para mí, como yo soy para ti. Restauraré y purificaré tu voluntad como pretendía originalmente: único y fuerte, si respondes plenamente a mi amor y verdad. Debes confiar agresivamente en mí para hacer lo que no puedes y hacer lo que hago posible pero no inevitable.

"Además, si decides vivir proactivamente por completo para mí, y perseverar de esta manera, abres puertas que me liberan para hacer mucho más trabajo en el resto de tu corazón que tanto se necesita hacer".

Pequeño Rey Voluntad: "No es en serio. ¿Más?"

Rey Jesús: "Sí. Mucho más. A medida que perseveras en vivir enteramente para mí, haces que sea más fácil para mí decir la Verdad efectivamente al resto de tu corazón. Recuerda, sin mí, tus otros asesores principales, Deseo, Emoción y Mente, fueron oscurecidos, engañados, dañados y enfermos.[88] Tuviste una "enfermedad cardíaca" masiva que casi arruinó tu vida antes de invitarme a tu corazón. Quiero curar y restaurar cada vestigio de oscuridad, engaño,

---

83 2 Corintios 7:1, Santiago 4:8, 1 Juan 3:3
84 Hechos 15:9, Tito 2:4, 1 Juan 1:7-9
85 Juan 15:5
86 1 Juan 2:6
87 2 Corintios 6:14-7:1, 11:2, Santiago 4:8
88 Efesios 2:1-3

daño y malestar en tu corazón que has recogido de nacer sin mí. Anhelo liberarte por completo de todo esto. Esto se hace mucho más fácilmente cuando tu voluntad se ha purificado para amarme por completo, buscándome y respondiéndome con todo el corazón de tu corazón".

Pequeño Rey Voluntad: "Señor Jesús, quiero ser puro ahora. Quiero darte todo de mí. Ahora. ¿Por qué no puedo hacerlo ahora? Lo quiero porque tiene mucho sentido.[89] Te entregaste todo por mí. Tú moriste por mí para darme vida, para que yo viva por ti, que moriste por mí.[90] ¿Por qué debo esperar mucho tiempo? ¿Por qué no hacerlo ahora, sea lo que sea?"

Rey Jesús: "¡Mira! Ya el poder de mi Presencia y mi Verdad te santifican. Escucha lo que acabas de decir. Lo que acabas de decir muestra que ya estás poderosamente cambiado. Ya sabes y estás de acuerdo con muchos de mis pensamientos, y mis deseos se están convirtiendo en tus deseos. ¡Los dos nos estamos convirtiendo en Uno! Tu mente y tus deseos han sido facultados para ayudarte, Voluntad, libremente y completamente entregándote a mí.

"Así que, te lo diré de nuevo. Tu parte es responder a mi obra santificadora y purificadora en ti haciendo un pacto más profundo, una resolución sagrada, de amarme con *todo* tu corazón. Estoy hablando del amor como un compromiso, un pacto. Esta santa resolución de vivir enteramente *para* mí te ayuda a confiar y amarme cuando no tiene sentido en ese momento, o si no tienes ganas, o incluso quieres. Estás haciendo otro voto de tipo matrimonial, solo que más informado y maduro. Este voto es una santa promesa para mí de amarme con todo lo que eres y tienes, entregándote plenamente a mí para mis propósitos. Puedes ofrecerte completamente a mí, ahora mismo. Configura tu voluntad, el corazón de tu corazón, a amarme viviendo para mí... con todo lo que tienes, ofreciéndote a ti mismo como un sacrificio vivo. Tomaré tu ofrenda y te purificaré de maneras que no puedes. Confía en mí".

Pequeño Rey Voluntad: "Señor Jesús, quiero ofrecerme completamente a ti, así lo haré. En este momento, establezco mi voluntad de amarte con todo mi corazón, lo que sea que eso signifique, con todas las bendiciones y los desafíos que traerá. Estoy resuelto. Viviré para ti, quien moriste por mí, aunque no sé cómo será. Soy todo tuyo. Viviré para ti en casa. Viviré para ti en la iglesia. Viviré para ti en el trabajo. Administraré todo lo que tengo para ti... tiempo, habilidades, dinero... palabras, actos... todo para ti. Señor Jesús, no puedo pensar en otra cosa. ¿Qué más hay?"

---

[89] Romanos 12:1-2
[90] 2 Corintios 5:14

Rey Jesús: "O, hay mucho más. Pero quiero decirte algo ahora. Pequeño Rey Voluntad, me traes alegría enorme. Eres un ejemplo perfecto del gozo que se puso delante de mí por el cual morí, y mi gozo está lleno debido a tu completa respuesta a mí. Muchos nunca responden como tú lo has hecho. Muchos otros luchan toda su vida con un corazón terriblemente dividido. Algunos esperan y esperan para responder, desperdiciando muchos años preciosos al relacionarme casualmente con mí. ¡Pero no tú! Me traes alegría inefable.

"A tu pregunta sobre qué más. Aprenderás cómo vivir conmigo para vivir *para* mí. Para vivir conmigo y para mí públicamente, aprenderás a reunirte conmigo en privado, en nuestro lugar secreto. La primera y más importante expresión de amarme con todo el corazón de tu corazón, tu voluntad, es decidir estar consistentemente conmigo en el lugar secreto para que podamos tener conversaciones *como esta*, pero sobre *cada* parte de nuestro corazón compartido y vida. Disfrutaremos de estar juntos. Te discipularé por mi Espíritu, y poderosamente a través de mi Palabra escrita. En nuestro lugar secreto te ayudaré a caminar mejor conmigo, y como yo, y para mí todo el día."

"Si quieres ser un socio del Reino altamente efectivo para los propósitos eternos, hacer tu parte para mantenerte puro es esencial.[91] La pureza faculta a la perseverancia a través del arduo e intensivo discipulado necesario para ser un Reino efectivo. Todos querrán su tiempo y energía. La pureza te ayuda a encontrar, valorar y vivir de acuerdo con mis valores.[92] Esto dará como resultado una gran productividad del Reino.

"Recuerde, mi actividad prioritaria (y, a menudo, mi favorita) para nosotros es nuestro tiempo solos, juntos, solo nosotros dos. Ese tiempo impacta todo lo demás. Déjame advertirte de antemano. El tiempo disciplinado conmigo es la clave para mantener tu relación santificada conmigo. Fue la revelación de mí la que te llevó a una respuesta completa a mí. La respuesta completa a mí alimenta la búsqueda de una mayor revelación de mí, que alimenta y sostiene la respuesta plena a mí, y sigue dando vueltas y vueltas... cada vez más de gloria en gloria en gloria. Los poderes del infierno buscarán, por todos los medios posibles, engañarte y seducirte para que no estés solo conmigo y seas discipulado por mí. Pequeño Rey Voluntad, ¡no dejes que suceda! Protege tu tiempo conmigo tan obstinadamente como proteges tu corazón.

"Enfocarte en mí es cómo fuiste *establecido* en la pureza; enfocándote en mí es cómo *mantendrás* la pureza. Siempre estás a mi vista; mantenme siempre a tu vista. Incluso yo di mucha prioridad al tiempo a solas con mi Padre. Tú

---

91 2 Corintios 7:1, Santiago 4:8
92 Filipenses 1:9-1, 2 Timoteo 2:20-21

eres mi discípulo y tu voluntad está hecha para vivir enteramente para mí, así que confío en que harás lo que yo hice.

"Ahora, sigamos entendiendo cómo te discipularé a medida que vivamos y caminemos juntos..."

CAPÍTULO 6

Discipulado por el Espíritu de Jesús

¿Con qué frecuencia cree que Jesús le habla? ¿Con qué frecuencia cree que Él habla pero no lo reconoce? ¿Le gustaría reconocer su voz más a menudo?

Su corazón es inmaterial y, por lo tanto, capaz de interactuar con el Espíritu Santo de Dios, porque Él también es inmaterial (Capítulo 3). El Rey Jesús viene a su corazón, por su Espíritu, para relacionarse con usted con amor y servirle en lugar de controlarle arbitrariamente. En este capítulo exploramos la impactante (al menos para mí) realidad de que el Espíritu Santo, el Dios del universo, reside en nuestro corazón para hablarnos muchas veces al día. Entra a nuestras vidas cuando respondemos a su invitación a una relación real y correcta, y en el proceso de relacionarnos correctamente, Él transforma y salva nuestras vidas al discipularnos. Esta relación establece en nosotros la vida que Jesús originalmente deseaba y tenía planeada para nosotros.

EL ESPÍRITU SANTO HABLA MUCHO MÁS DE LO QUE PIENSA LA MAYORÍA

El Espíritu Santo se mueve en nuestro corazón. ¿Por qué? ¡Para hablar! Y sí que habla. Muchísimo más de lo que nos damos cuenta. Muchas veces cada día.

Creo esto apasionadamente. ¿Por qué? Jesús dijo que lo haría. Pero hay mucho más.

El Espíritu Santo es *amor*. Él se preocupa compasivamente por cada uno de nosotros, realmente deseando lo mejor para nosotros. Para estar seguro, Él *sabe* lo que es mejor, en cualquier circunstancia. La mayoría de las veces, no lo sabemos, porque no vemos lo que Él ve. El Espíritu Santo sabe que necesitamos desesperadamente saber lo que Él sabe, y Jesús enseñó enfáticamente que el Espíritu Santo nos *comunicaría* lo que Él sabe (Juan 14-16).

Por lo tanto, debido a que el Espíritu Santo (1) *quiere* amorosamente lo mejor, (2) *sabe* qué es lo mejor, (3) sabe que *necesitamos* desesperadamente saber lo que Él sabe, y (4) nos fue dado para comunicarnos, concluyo que Él nos habla muchísimas veces al día. Mucho más de lo que imaginamos.

Además, como todo don bueno y perfecto desciende del Padre de las luces celestiales,[93] cada uno de nuestros pensamientos e ideas buenos y perfectos proviene de Dios. ¿Con qué frecuencia tienes una buena idea? ¿Buen pensamiento? ¿Te das cuenta de dónde viene? Si se ajusta a la definición de Dios de bueno y perfecto, viene de Jesús. "Mis ovejas oyen mi voz".[94]

Conducir en la oscuridad (poca o ninguna luz) es peligroso, generalmente desastroso. Todos "manejamos en la oscuridad" en diferentes niveles, ya que no vemos lo que Dios ve. Estamos parcial o totalmente ciegos... por error, es decir, en la oscuridad.

¿Qué tan peligroso es "conducir en la oscuridad"? A nivel físico (material), estamos conduciendo en la oscuridad cuando no podemos ver que un conductor ebrio está a punto de pasar una luz roja y nos golpea de costado. Somos ignorantes del peligro inminente. Necesitamos luz. Verdad.

En el nivel mental (inmaterial), el pensamiento ignorante (vacío de luz) o el pensamiento incorrecto (asumir la luz pero estar en la oscuridad) termina mal, ya sea sobre el Creador, lo creado, la creación, el propósito, el valor, el bien, el mal, la justificación, la santificación, el juicio, el cielo o el infierno.

¡Buenas noticias! El Espíritu Santo es la Verdad, Él está presente, ¡y Él habla! La Luz misma ha venido a morar en nosotros. El Espíritu Santo lo sabe todo... perfectamente. Y se preocupa por todos. Él sabe el dolor y la devastación que se producen al "conducir en la oscuridad". Él sabe cuán desesperadamente necesitamos su Luz.

Piensa en el Espíritu Santo que mora en nosotros. Él nos ama a cada uno de nosotros más allá de nuestra capacidad de imaginar, y sabe cuándo estamos "en la oscuridad", operando de forma ignorante o erróneamente basada en el pensamiento de que no es de Él y que llevará al desastre, tarde o temprano. Él ve perfectamente el "accidente automovilístico" que se aproxima. En todas las opciones e interacciones muy complicadas que enfrenta la comunidad global llamada humanidad, Él sostiene toda la verdad simultáneamente y con el genio divino llamado sabiduría Él sabe lo mejor para la mayoría en cualquier circunstancia. Y debido a que Él quiere celosamente lo mejor para la mayoría, Él comunica su sabiduría con alegría y perseverancia.

Piense en una experiencia que tuve y que relato con mayor detalle más adelante. Estaba a 10 bajo cero. Yo estaba afuera tratando de vender periódicos. El Espíritu Santo estaba en mí, me amaba y conocía mis circunstancias. Me vio,

---

[93] Santiago 1:17. Nos enfocaremos en esta idea más adelante en el libro.
[94] Juan 10:27

muy frío, a punto de entrar en un vestíbulo de teatro para calentarme. Podía ver claramente que estaba a punto de ser golpeado y robado. ¿Puede imaginarse al Espíritu Santo, mi Ayudante, alguna vez pensando algo como esto? "Aquí estoy con mi pequeño Hal Perkins. Me encanta. Una de mis tareas es ayudarlo. Puedo ver que si él entra en ese vestíbulo del teatro, será golpeado y robado. Sé que ser golpeado y robado no será lo mejor para él, ni para el que lo golpeará y lo robará, ni para nadie más. No debo microgestionar su mundo deteniendo a todos los que lo lastimarían, incluyendo golpear y robar, pero sí me importa, y le fui dado para hablar cuando sea apropiado.

"Entonces, lo mejor y lo más fácil de hacer para mí sería que yo diera convicción a ese niño que puedo ver, que está a punto de golpear y robar al pequeño Hal para que no lo haga. Entonces Hal podría entrar y calentarse con seguridad. Pero ese chico malo no me está prestando atención.

"Entonces, lo mejor que podría hacer para mí sería advertirle a Hal que no vaya al teatro. Él no puede ver al niño malo, o el peligro por delante. Él no está consciente... piensa que está bien. Él está en la oscuridad. Pero lo veo perfectamente. Debería decirle a él. Pero, no tengo ganas de hablar con él en este momento. No me preocupo por Hal lo suficiente como para brindarle la ayuda que realmente necesita. No voy a hacer lo que se me ha dado que haga, que es ayudarlo. Ignoraré mi naturaleza (amor) y mi propósito (ayuda, guía, consejo, diré la verdad, advertiré, etc.) y lo dejaré entrar ciegamente y ser golpeado y robado".

¿Se imagina al Espíritu Santo pensando y comportándose así? ¿Estar callado, no hablar, cuando Él podría ayudar? No puedo hacerlo. Nunca podría atribuir este pensamiento al Espíritu Santo. Creo totalmente que Él gentilmente, sabiamente le susurró al pequeño Hal Perkins: "No entres allí. No terminará bien". Habiendo escuchado la voz de mi Pastor, pero sin reconocerlo, lo ignoré involuntariamente y sufrí las consecuencias. Él trajo bien de eso, pero hubiera sido mejor no ser golpeado y robado.

O, más comúnmente... ¿se imagina al Espíritu Santo habitando en Susie, escuchando su autodiálogo negativa y destructiva, cruzando los brazos y pensando: "Estoy muy consciente de su autodiálogo oscura, engañosa y destructiva, pero no voy a decir nada. La dejaré seguir pensando así, aunque sé que la está destruyendo. Es mi naturaleza amar y mi papel es ayudar, pero ignoraré a ambos y dejaré que se siga destruyendo".

No puedo creerlo. Creo que el Espíritu Santo hace exactamente lo que Jesús dijo que haría. Creo que Él me ayuda cientos de veces al día, tal vez miles, la mayoría de las cuales me siento tristemente insensible. Muy triste. Él enseña, recuerda, ayuda, condena, entrega, guía, aconseja, alienta, y así sucesivamente, con su Verdad que de otro modo no tendría.

En todas las circunstancias en las que estamos en la oscuridad (en parte o totalmente ignorantes o engañados acerca de la perspectiva de Dios), no puedo imaginar que el Espíritu Santo no hable cuando necesitamos tan desesperadamente su verdad. La verdad es quién es Él: el Espíritu de verdad, y decir la verdad es lo que hace. Es por eso que nos fue dado. Tenemos cosas difíciles que decir acerca de cualquier compañero humano que permanece en silencio en el progreso del mal, dejando que la ignorancia, la confusión o el triunfo incorrecto. El Espíritu Santo es infinitamente mejor que nosotros. Estoy convencido de que habla persistentemente. Él conoce todas las formas en que ignoro o distorsiona la perspectiva de Dios. Mi perspectiva normalmente distorsiona la perspectiva de Dios y necesita una perspectiva mejor y más grande. El Espíritu Santo, con perfecta sabiduría, me ayuda con lo que es mejor para mí saber. Jesús dijo que lo haría.

El Espíritu Santo tiene todo el poder, sin duda, y podría vencer a los conductores ebrios, o a los políticos corruptos, a los abusadores, a los asesinos, a los miembros de la familia crueles o a los maestros manipuladores, para no decir nada de una mente enfermiza de mentiras. Pero las Escrituras y la vida revelan, y la necesidad amorosa de la verdadera libertad se refuerza, que hay mucha maldad que Él no domina. (¿Alguien sabe cuántas veces Él supera al mal?) Sin embargo, Él habla, para todos, mucho más de lo que nos damos cuenta o enseñamos. Él guía a toda verdad, recuerda, condena, dice lo que está por venir... porque Él ama. Como amor, Él quiere lo que es mejor, y siendo quien Él es con todo el conocimiento y la sabiduría infinita, Él simplemente "sabe" exactamente lo que es mejor. Punto: ¡*El Ayudante, el Espíritu Santo de Dios, nos habla mucho más de lo que la mayoría de nosotros nos damos cuenta*! El punto de aplicación: ser rápido para escuchar y lento para hablar.[95] Está hecho para dialogar con Jesús, para tener comunión con su Espíritu. Guarde su corazón, capte sus pensamientos, pregunte al Señor: "Jesús, ¿ese pensamiento es tuyo? ¿Estás tratando de ayudarme?". Los discípulos de Jesús deben ser entrenados para reconocer su voz, lo que buscamos hacer en grupos de DPJ.

EL ESPÍRITU SANTO: INMATERIAL PERO CONOCIBLE

El propósito críticamente importante de las observaciones del Capítulo 3 con respecto a la materia, material e inmaterial es el siguiente: Jesús ya no es material, sino que es real, está presente por su Espíritu y es conocido. Él puede ser conocido experiencialmente. Como nuestros pensamientos, el Espíritu de

---

[95] Santiago 1:17

Jesús es inmaterial. *Experimentamos el Espíritu Santo al igual que experimentamos pensamientos, deseos y emociones*. Por favor, deténgase y piense en la realidad y el significado de su presencia.

Jesús entra en nuestro corazón por su Espíritu. Su Espíritu es más real que cualquier cosa material e infinitamente más importante que cualquier cosa: material e inmaterial. La materia importa muy poco en contraste con Aquel que es inmaterial, todopoderoso, omnisciente, infinitamente sabio, eterno, y lo mejor de todo: ¡amor santo!

El Espíritu Santo se identifica como el Espíritu de Jesús:

> *"... llegaron cerca de Misia, intentaron pasar a Bitinia, pero el Espíritu de Jesús no se lo permitió..."*[96]

Jesús, por su Espíritu, estuvo presente en las vidas de sus primeros apóstoles, como lo prometió. Este mismo Jesús, de la misma manera, está con nosotros ahora. El Espíritu de Jesús es tan real y tan "experimentable" como cualquier mente en el planeta. Experimento mi mente como pensamientos. Experimento su mente a través de sus palabras y actos. Experimentamos la *mente* de Jesús principalmente como pensamientos, hablados directamente por su Espíritu, o por medio de las Escrituras inspiradas por el Espíritu, o por medio de otros que dicen y hacen su Palabra. Las mentes y los deseos en este planeta son la causa de lo que sucede. Esto incluye la *mente* de Jesús y los deseos. Desea lo mejor para todos, y por su mente infinitamente genial, sabe lo que es mejor y habla *constantemente* sobre lo que es mejor para casi *todas* las mentes del planeta. La pregunta: ¿Quién está escuchando?

EL ESPÍRITU SANTO LES HABLA A TODOS

La mayoría no se da cuenta de que Jesús les está hablando. Estas personas, sin saberlo, escuchan y ocasionalmente (aún sin saberlo) siguen *algunos* de sus mensajes específicos, incluyendo los ateos y agnósticos. Ellos toman crédito por sus *buenas* ideas y comportamientos. Creo que *todas* las ideas *verdaderamente buenas* (perfectas) de ateos y agnósticos (y tienen muchas) vinieron de Jesús, quien ama a todos, y busca ayudar a todos al hablarles. Pero Jesús no recibe crédito por el bien de ellos. A pesar de no tener una relación recíproca con estos agnósticos y ateos, Jesús todavía los ama y les habla, ciertamente para atraerlos hacia la relación con Él, pero también para ayudarlos porque los ama y sabe lo que es mejor para ellos. Pero Él no se impone sobre ellos.

---

[96] Hechos 16:7

*"Esa luz verdadera, la que alumbra a **todo ser humano**, venía a este mundo. El que era la luz ya estaba en el mundo, y el mundo fue creado por medio de él, pero el mundo no lo reconoció."[97]*

Pero algunos reconocen y responden a Jesús. Estos están ***resueltos*** a conocer y seguir a Jesús, independientemente de su madurez al reconocer su voz.[98] Se han arrepentido. Estos son sus discípulos. Madurarán en reconocer y responder a su voz, mucho más y mejor si son discipulados para hacerlo. Aunque Él habla a todos, esta Mente inmaterial, el Espíritu de Cristo, mora en asociación con cada persona verdaderamente arrepentida, nacida de nuevo, nacida del Espíritu.[99] Él es querido, ha sido bienvenido y se le responde como su Señor con toda autoridad.[100]

Estos están ***comprometidos*** a no ser más discípulos de su propio pensamiento, o de su cultura, o necesariamente de las tradiciones religiosas de su cultura. En la medida en que Jesús mismo sea escuchado y escuchado, Él los restaura y santifica, y bendice poderosamente su mundo a través de ellos. Luego, los ateos y los agnósticos "ven" a Jesús, porque la Palabra se hace carne... otra vez... a través de los discípulos de Jesús, porque ellos, por su Espíritu, dicen sus palabras y hacen sus obras.

El punto esencial: El Espíritu de Cristo es muy ***real***, aunque inmaterial. Desde luego, Él tiene importancia infinita.

Uno de los principales propósitos y métodos de este libro (Capítulos 11-21) es ayudar a los seguidores de Cristo a obtener la ayuda que necesitan para reconocer y responder a esta ***mente***. Esta Mente es una Persona, el mismo Espíritu de Jesús. Cristo en nosotros es la esperanza de la gloria, aunque no la garantía.[101] El Espíritu de Jesús en nosotros es la ***provisión*** para la presencia manifiesta de Dios (gloria)... pero no la garantía. A medida que nos ***arrepentimos*** perpetuamente para que estemos cada vez más de acuerdo y seamos uno con el Espíritu Santo, nuestras vidas revelan y glorifican cada vez más a nuestro Dios. En la medida en que somos insensibles al Espíritu Santo, apagamos la provisión de Dios para que nuestras vidas lo glorifiquen, lo lamentamos enormemente en el proceso y no revelamos a Jesús a nuestro mundo observador.

---

[97] Juan 1:9-10
[98] Juan 10:27
[99] 1 Corintios 2:16, Filipenses 2:5-9, Gálatas 4:6, Romanos 15:5, Juan 15:15
[100] Colosenses 2:6, Mateo 28:18
[101] Colosenses 1:27

Repase algo de lo que Jesús proclamó que haría por su Espíritu en sus seguidores. Observe: cada una de las siguientes acciones del Espíritu Santo es una **comunicación verbal** que, cuando se recibe y actúa, transforma vidas.

El Espíritu Santo habla:

- *"Mis ovejas oyen to mi voz; yo las conozco, y ellas me siguen."[102]*

- *"Todo el que está de parte de la verdad escucha mi voz."[103]*

- *El Espíritu Santo aconseja con verdad.[104]*

- *El Espíritu Santo enseña todas las cosas y recuerda de todo lo que dijo Jesús.[105]*

- *El Espíritu Santo testifica sobre Jesús.[106]*

- *El Espíritu Santo convence de la culpa en cuanto al pecado, la justicia y el juicio.[107]*

- *El Espíritu Santo guía a toda la verdad y anuncia las cosas por venir.[108]*

- *El Espíritu Santo trae gloria a Jesús al tomar lo que es de Jesús y se lo da a conocer a nosotros.[109]*

El Espíritu Santo reside en el corazón de los seguidores de Jesús. Por lo tanto, Jesús mismo está siempre presente como guía, mentor, entrenador, padre, líder, etc. Es decir, siempre está presente para discipular a sus seguidores. Es muy triste poder ser discipulado por Jesús, pero no reconocerlo o no saber cómo recibir su **discipulado**. Es peor que triste. Es trágico. La última mitad de este libro busca ayudar a cualquiera que esté dispuesto a ser mejor discipulado por el Espíritu, la Palabra y el Cuerpo de Jesús, y luego a discipular de manera similar a otros.

Dado que el Espíritu de Jesús mora en sus verdaderos seguidores para discipularlos, ¿qué tipo de entrenamiento se necesita para poder reconocer y responder al Espíritu Santo? ¿Cuánto valdría ese entrenamiento?

---

[102] Juan 10:27
[103] Juan 18:37
[104] Juan 14:16-18
[105] Juan 14:26
[106] Juan 15:26-27
[107] Juan 16:7-11
[108] Juan 16:13
[109] Juan 16:14-15

Para comenzar a responder a la pregunta anterior, necesitamos entender cuál es quizás la obra más subrayada del Espíritu Santo.

¿Cuál es la obra del Espíritu que se subraya? Esto es: *todo lo que JESÚS hizo en la carne, lo hizo por la presencia, ayuda y poder de este mismo Espíritu Santo*.

El Espíritu Santo *habitó, llenó, guió y dio poder* a Jesús para hacer lo que hizo.

- *"Un día en que todos acudían a Juan para que los bautizara, Jesús fue bautizado también. Y mientras oraba, se abrió el cielo, y el Espíritu Santo* **bajó sobre Él** *en forma de paloma..."*[110]

- *"Jesús,* **lleno** *del Espíritu Santo, volvió del Jordán y fue* **llevado** *por el Espíritu al desierto..."* [111]

- *"Jesús regresó a Galilea en el* **poder** *del* **Espíritu**, *y se extendió su fama por toda aquella región."* [112]

- *"En aquel momento Jesús, lleno de alegría* **por** *el* **Espíritu Santo**, *dijo: «Te alabo, Padre, Señor del cielo y de la tierra..."* [113]

- *"En cambio, si expulso a los demonios* **por el Espíritu de Dios**, *eso significa que el reino de Dios ha llegado a ustedes."* [114]

- *"... hasta el día en que fue llevado al cielo, luego de darles instrucciones* **por medio del Espíritu Santo** *a los apóstoles que había escogido."* [115]

- *"Me refiero a Jesús de Nazaret: cómo* **lo ungió Dios con el Espíritu Santo** *y con poder, y cómo anduvo haciendo el bien y sanando a todos los que estaban oprimidos por el diablo, porque* **Dios estaba con Él.**"[116]

La misma Persona y el poder que le permitieron a Jesús hacer lo que hizo, ha "nacido" y vive en todos los verdaderos creyentes.

Note más maneras en que el Espíritu Santo obra en los creyentes:

- *"—Yo te aseguro que quien no* **nazca** *del agua y* **del Espíritu**, *no puede entrar en el reino de Dios — respondió Jesús—."* Juan 3:5

---

[110] Lucas 3:21-22
[111] Lucas 4:1
[112] Lucas 4:14
[113] Lucas 10:21
[114] Mateo 12:28
[115] Hechos 1:2
[116] Hechos 10:38

- *"Sin embargo, ustedes no viven según la naturaleza pecaminosa sino según el Espíritu, si es que el Espíritu de Dios vive en uste-des." Romanos 8:9*

- *"Pero cuando* **venga** *el Espíritu Santo* **sobre ustedes**, *recibirán poder..." Hechos 1:8*

- *"Todos fueron* **llenos** *del Espíritu Santo y comenzaron a hablar en diferentes lenguas, según el Espíritu les concedía expresarse." Hechos 2:4*

- *"Todos fueron* **llenos del** *Espíritu Santo, y proclamaban la palabra de Dios sin temor alguno." Hechos 4:31*

- *"Hermanos, escojan de entre ustedes a siete hombres de buena reputación,* **llenos** *del Espíritu y de sabiduría, para encargarles esta responsabilidad." Hechos 6:3*

- *"Pero Esteban,* **lleno** *del espíritu Santo, fijó la mirada en el cielo y vio la gloria de Dios, y a Jesús de pie a la derecha de Dios." Hechos 7:55*

- *"Y los discípulos quedaron* **llenos** *de alegría y del Espíritu Santo." Hechos 13:52*

Algunos cristianos me dicen: "¡Nunca escucho a Dios!" Eso no es correcto. Ellos no se habrían convertido en cristianos sin haber "escuchado" el llamado del Espíritu Santo.[117] Ellos *sí* escuchan su voz, la mayoría del tiempo como pensamientos que vienen a su mente. Ellos escuchan, pero no reconocen, su voz. Su problema puede ser que nunca han sido suficientemente entrenados para probar sus pensamientos para ver si pueden ser pensamientos dados por el Espíritu de Dios.[118] O quizás asumieron (o se les enseñó) que el Espíritu Santo no les hablaría. O bien, que el Espíritu Santo tendría que hablarles tan fuerte que no podrían negarlo.[119] Tienen pensamientos verdaderos y buenos, sin darse cuenta de la posibilidad, incluso la probabilidad, de que estos pensamientos "verdaderos y buenos" *pueden* ser pensamientos "buenos y perfectos"[120] hablados por el Espíritu de Jesús.[121] Por lo tanto, escuchan a Jesús hablarles, pero simplemente no reconocen que el pensamiento proviene de Jesús a través de su Espíritu Santo. Tienen pensamientos que vienen a su mente, pero como no han sido entrenados para disminuir la velocidad y probar sus

---

[117] Juan 6:44, 16:7-11
[118] 1 Juan 4:1, 1 Tesalonicenses 5:19-22
[119] Un terrible extremo opuesto es que, debido a que están llenos del Espíritu, todos sus pensamientos y deseos provienen del Espíritu.
[120] Santiago 1:17
[121] Algunos cristianos se equivocan en el otro extremo, asumiendo que debido a que están "llenos del Espíritu", todo lo que piensan que es del Espíritu Santo.

pensamientos para discernir si son del Espíritu Santo, ignoran involuntariamente la presencia y el poder potencial de Dios.

ESCUCHAR Y RESPONDER AL ESPÍRITU DE JESÚS

¿Por qué los discípulos de Jesús escuchan regularmente al Espíritu Santo pero no responden enfáticamente? No nos damos cuenta *suficientemente* del pensamiento o deseo de haber venido de Él. Amamos a Jesús, confiamos en Jesús, estamos bajo su autoridad, y si supiéramos que fue Él, moveríamos el cielo y la tierra para hacer |o que Él dijo. Cuando decimos cosas como: "Acabo de tener una gran idea..." o "Sé que no debería decir esto, pero..." es posible que hayamos experimentado al Espíritu Santo hablándonos. Sabemos de *qué* se trata el mensaje, pero no nos damos cuenta suficientemente de *Quién* es el mensaje para responder con confianza u obediencia. Además, sin saberlo nosotros, decimos y hacemos las mismas palabras y obras que el Espíritu Santo nos dio. Por lo tanto, tristemente no nos damos cuenta de cómo el Dios viviente está viviendo su vida a través de nosotros. La Palabra vuelve a ser carne... en ya través de nosotros. Estamos funcionando como el Cuerpo literal de Cristo, aunque sin saberlo. Un resultado: Dios no es glorificado en nuestras mentes ni alabado por nuestras palabras porque no nos damos cuenta de que Él nos está guiando.

Escuchar bíblicamente significa escuchar, reconocer *y* responder obedientemente al Espíritu Santo. Para escuchar y prestar atención al Espíritu Santo, normalmente se requiere discipular (no solo enseñar, sino también ser amable, entrenar y probar con paciencia) en los caminos del Espíritu. El gran poder de Dios y la gran gloria de Dios se obtendrán cuando los discípulos de Jesús estén respondiendo mucho más conscientemente a su Espíritu. Aprender a reconocer la voz de Jesús es esencial y se describe en detalle más adelante en este libro.

CAPÍTULO 7

¿Independiente O Dependiente?

Si pudiera vivir mucho más como Jesús, ¿cree que su vida glorificaría mejor a Dios? ¿Tendría mayor reino y eterno impacto? ¿Incluso sería más abundante y gratificante?

¿Recuerda cómo Jesús decidió ir a donde quiera que iba? ¿O cómo determinaba cada palabra que decía? ¿O incluso cómo determinó qué pensar acerca de cada persona y cada situación en la que se encontraba? Respuesta: Él dependía de su Padre, por su Espíritu, para guiarlo en cada juicio, cada palabra, cada acto.

Como los discípulos de Jesús, debemos seguirlo a Él[122] en los detalles específicos de la vida. Por lo tanto, también debemos *depender* de Él para que sepamos lo que Él quiere que hagamos, o que digamos, incluso que pensemos.[123] Además, también *debemos* depender de Él para que nos ayude a HACER lo que Él quiere y nos ha llevado a hacer. Esto sucederá a través de nuestra *honra a su presencia* lo suficiente como para ser guiado por su Espíritu. ¡Lo que Él guía, Él faculta!

Si alguna vez Jesús hubiera ignorado a su Padre, tratando al Padre como si el Padre no existiera, o no estuviera presente, o no importara, Jesús habría sido culpable del pecado esencial que nos afecta a todos: ignorar a Dios. Pero Jesús nunca actuó independientemente de su Padre, porque Él no lo haría. Todo lo que hizo, dijo o juzgó fue el fruto de la permanencia, es decir, consultar y llegar a un acuerdo con su Padre por medio de su Espíritu.[124] Jesús no haría nada por sí mismo, desconectado de su cabeza, su Padre. Vivió una vida de permanencia, a través de la presencia y guía del Espíritu Santo. Esta comunión continua, que siempre honra y difiere a su Padre, nunca guía y siempre lo sigue, es la base más importante y, a la vez, la más sencilla de las santas y poderosas palabras y actos de Jesús. La unión de la divinidad[125] y humanidad,[126] de Palabra y carne,[127] fue posible en su estado encarnado porque Jesús se dio cuenta de

---

[122] Mateo 16:24
[123] Juan 5:19, 30, 2 Corintios 10:5
[124] Juan 5:19, 30, 8:28-29, 12:49-50.
[125] Juan 1:1-3
[126] Filipenses 2:5-9, Hebreos 2:17, 4:15
[127] Juan 1:14

que nunca estaba solo. Él hablaba continuamente y se sometía a su Padre por la presencia de su Espíritu, quien así pudo guiar y capacitar a Jesús.[128]

Mi llamado y resolución son de caminar como Jesús caminó. Mi voluntad está preparada para pensar con Jesús, ser sensible a Jesús y hacerle preguntas a Jesús...

- *como si Él estuviera presente, verdaderamente conmigo (que, por supuesto, lo está por su Espíritu)*

- *como si Él hablara (lo que, por supuesto, hace por su Espíritu)*

- *como si fuera mi Señor, mi Rey, mi Maestro y mi Dios (lo cual es, por supuesto)*

- *como si Él fuera digno de ser incluido en mi pensamiento (que, por supuesto, lo es)*

- *como si Él fuera digno de confianza (que, por supuesto, lo es)*

- *como si quisiera que lo incluyeran en la conversación y la decisión (lo que hace, principalmente porque me ama y quiere ayudar, y sabe que al ayudarme lo representaré y seré una ayuda para los demás, y para sus propósitos)*

- *como si confiara en Él con todo mi corazón (como digo, pero cuando corro delante de Él, no lo practico, porque confío funcionalmente en mí y hago que Él me siga)*

- *como si Él fuera más importante para mí que cualquier otra persona (lo cual digo, pero si no lo consulto, mi práctica desmiente mis declaraciones)*

- *como si lo amara y me preocupara por Él y por lo que Él se preocupa con todo mi corazón (como digo, pero cuando no lo consulto, en la práctica me preocupo por mí y por lo que quiero por encima de lo que Jesús quiere... negación de que lo amo más que a mí mismo)*

Vivir las vías marcadas anteriormente es más que una preferencia. Las viñetas describen cómo caminó Jesús. Los discípulos de Jesús deben caminar como Él caminó.[129] Jesús caminó **con** su Padre, nunca adelante o atrás, pero siempre descubriendo y siguiendo la perspectiva de su Padre antes de emitir juicios, hablar palabras o hacer obras. Los seguidores de Jesús están llamados a

---

[128] Vea todas las referencias anteriores a lo que hacía Jesús por el poder del Espíritu Santo
[129]

seguirlo. Por lo tanto, estamos decididos a caminar con Jesús, nunca adelante o atrás, pero siempre descubriendo y siguiendo su perspectiva antes de emitir juicios, hablar palabras o hacer obras. Esto requiere una resolución grande y enfocada. Requiere mucho más. Requiere *entrenamiento* - práctica repetitiva con un buen entrenador. Un niño de 6 años que intenta hacer canastas con un objetivo de 10 pies de altura lo tiene muy fácil en comparación con caminar, como lo describo. Por lo tanto, debemos crecer, lo que requiere práctica.

Si respondió "sí" a las preguntas en la primera parte de este capítulo, debe decir "sí" a la *capacitación* - discipulado. Leer las Escrituras o un buen libro o escuchar un sermón puede enseñarle; no le *entrena*. El entrenamiento consiste en practicar repetitivamente la habilidad requerida para poner en práctica la verdad que aprendió de la Biblia o la predicación. Para empezar, esto generalmente requiere el ojo astuto de un buen entrenador, un discipulador, igualmente comprometido a caminar como Jesús caminaba. Ese discipulado normalmente incluye un entrenador humano, pero una vez que se logra la sensibilidad al Espíritu que mora en Jesús, tenemos un entrenador y discipulador maravilloso y siempre presente. ¡Todavía necesito yo mucho entrenamiento humano!

Los discípulos de Jesús lo siguen. Es decir, elegimos ya no ser el líder.[130] Estamos comprometidos a *depender* de Jesús en nosotros, su Espíritu Santo, para el liderazgo en nuestras actividades, nuestras palabras e incluso nuestros pensamientos. Estamos comprometidos a dar pasos de crecimiento pequeños y constantes al preguntar *cada vez más* a Jesús sobre todo, al ser entrenados para "llevar cautivo todo pensamiento para que se someta a Cristo".[131] Como sus discípulos, acordamos seguirlo antes de actuar, antes de hablar, incluso antes de emitir juicios. ¿Por qué? Porque así es *exactamente* cómo vivió Jesús, y como sus discípulos, así es como somos llamados y comprometidos a vivir.[132] Seguimos mucho, mucho más y mejor a medida que nos movemos con esmero desde la independencia hacia la *dependencia* completa.

Como seguidores de Jesús, incluso seguidores llenos del Espíritu, somos buenas personas, pero tenemos hábitos profundos y largos, *malos hábitos* de independencia. Por lo tanto, debemos depender de su Espíritu no sólo para la dirección a seguir y para ayuda para seguir, sino que debemos estar resueltos a depender de Él para *ayuda para ser dependiente*. Los malos hábitos difícilmente mueren. Establecer nuevos hábitos requiere una gran ayuda... ¡incluso entrenamiento!

---

130 Mateo 16:24
131 2 Corintios 10.5
132 Debido a que Dios se preocupa primero por nuestros corazones, podemos saber de su deleite cuando estamos decididos a caminar como Jesús caminó, aunque seamos extremadamente inmaduros.

Dependiendo de Jesús, es decir, ser guiado por su Espíritu y Palabra, requiere que los discípulos de Jesús asuman la responsabilidad de (1) *detener nuestro mal hábito de liderar habitualmente*, una *opción* proactiva, desafiante y continua para poner nuestros frenos. Jesús no nos obliga a detenernos. Debemos ser entrenados para hacer una pausa. Para reducir la velocidad. Para ser rápido para escuchar. Este entrenamiento no es común en la iglesia. Pedimos y con razón dependemos del Espíritu Santo para que nos ayude a dejar de liderar, a adelantarnos a Jesús, y Él ayuda, pero rara vez lo hace todo por sí mismo, independientemente de nosotros. ¿Necesita ser entrenado? ¡Yo sí!

Depender de Jesús requiere (2) *fijar nuestros ojos en Jesús*, una *opción* proactiva, desafiante y continua para mirar a Él, escuchando su guía. Jesús no fuerza nuestra mirada hacia arriba. Esto también requiere entrenamiento, incluyendo ser discipulado por el Cuerpo de Jesús.

Estar entrenado para detenerse, mirar hacia arriba, escuchar y aprender su voluntad no es suficiente. Depender de Jesús requiere aún más. Nosotros, sus discípulos, debemos tomar *decisiones* proactivas, desafiantes y continuas para (3) *seguir lo que Él dice*. Para ser hacedores de su Palabra. Hacer lo que Jesús dirige requiere depender de Jesús, no solo para la dirección, sino también para el empoderamiento. Él no nos obliga a depender. Esto requiere entrenamiento.

Como cualquier área de crecimiento, lo que comienza como aparentemente imposible se vuelve gradualmente más fácil con buena práctica y entrenamiento. Con el tiempo, ser dependiente, seguir en lugar de liderar, se convierte en una habilidad aprendida que se puede lograr con poco esfuerzo consciente. El fruto del Espíritu se planta primero como la verdad de Dios en nosotros, crece a medida que negamos nuestra carne y se manifiesta cuando elegimos obedecer (todo lo que requiere la ayuda del Espíritu Santo). Sin embargo, después de mucho entrenamiento en la justicia, cuando nos golpean, sale un fruto habilitado por el Espíritu: la bondad, la paz, la humildad o el perdón. No planeado. No se necesita disciplina. Es fruta. La raíz es el trabajo persistente de ser *dependiente*.

Para vivir con este tipo de sensibilidad hacia el Espíritu Santo que mora en nosotros, la mayoría necesita ser discipulado mayormente en *honrar* al Espíritu Santo. A medida que somos entrenados para honrar mejor la presencia de Jesús al llevar más y más pensamientos cautivos a conversar con Él, llegaremos a escuchar, creer, obedecer y recibir poder de nuestro Rey que nos habita.[133] (Piense: ECO — *E*scuchar, *C*reer, *O*bedecer.)

---

[133] 2 Corintios 10:5

El que **dependía** completamente de su Padre nos llama a venir a Él, a aprender de Él, a seguirlo y a caminar como Él caminó[134] para que nosotros también podamos aprender a caminar por su Espíritu y no por nuestra carne… dependientemente.

Hacer una resolución santa a una mayor sensibilidad hacia el Espíritu de Jesús *de por vida*, el más alto nivel, era **necesario** para mí, pero estaba lejos de ser suficiente para lograr un progreso significativo. Necesito una *cultura* de *compañeros comúnmente comprometidos*, todos los cuales son muy responsables entre sí por el progreso en escuchar del Señor antes de actuar, hablar y hacer juicios mentales. Aprender a caminar con sensibilidad y *dependencia* de Jesús (en lugar de hacerlo de manera independiente) es un objetivo importante, quizás EL mayor, de las actividades del grupo de discipulado que se describirán más adelante en este libro.

Después de que Jesús ascendió y derramó su Espíritu sobre todos los que lo recibirían, el Espíritu Santo habló y ayudó a los discípulos de Jesús de muchas maneras.

- *"Sucederá que en los últimos días —dice Dios—, derramaré mi Espíritu sobre todo el género humano. Los hijos y las hijas de ustedes* **profetizarán**, *tendrán* **visiones** *los jóvenes y* **sueños** *los ancianos."* Hechos 7:55

- *"Mientras Pedro seguía reflexionando sobre el significado de la visión, el Espíritu le* **dijo***: «Mira, Simón, tres hombres te buscan.»"* Hechos 10:19

El Espíritu Santo habló y dirigió las actividades ministeriales de la iglesia primitiva:

- *"El Espíritu le* **dijo** *a Felipe: «Acércate y júntate a ese carro.»"* Hechos 8:29

- *"El Espíritu me* **dijo** *que fuera con ellos sin dudar. También fueron conmigo estos seis hermanos, y entramos en la casa de aquel hombre."* Hechos 11:12

- *"Mientras ayunaban y participaban en el culto al Señor, el Espíritu Santo* **dijo***: «Apártenme ahora a Bernabé y a Saulo para el trabajo al que los he llamado.»"* Hechos 13:2

- *"Bernabé y Saulo,* **enviados** *por el Espíritu Santo, bajaron a Seleucia, y de allí navegaron a Chipre."* Hechos 13:4

---

[134] 1 Juan 2:6

- *"«Y ahora tengan en cuenta que voy a Jerusalén obligado por el Espíritu, sin saber lo que allí me espera.»" Hechos 20:22*

- *"Tengan cuidado de sí mismos y de todo el rebaño sobre el cual el Espíritu Santo **los ha puesto como obispos** para pastorear la iglesia de Dios, que él adquirió con su propia sangre." Hechos 20:28*

Los que están llenos del Espíritu Santo pueden hablar las mismas palabras de Dios:

- *"Después de haber orado, tembló el lugar en que estaban reunidos; todos fueron llenos del Espíritu Santo, y **proclamaban** la palabra de Dios sin temor alguno." Hechos 4:31*

- *"Éste vino a vernos y, tomando el cinturón de Pablo, se ató con él de pies y manos, y dijo: —Así **dice** el Espíritu Santo: "De esta manera atarán los judíos de Jerusalén al dueño de este cinturón, y lo entregarán en manos de los gentiles." Hechos 21:11*

- *"Uno de ellos, llamado Ágabo, se puso de pie y **predijo** por medio del Espíritu que iba a haber una gran hambre en todo el mundo, lo cual sucedió durante el reinado de Claudio." Hechos 11:28*

- *"Allí encontramos a los discípulos y nos quedamos con ellos siete días. Ellos, por medio del Espíritu, **exhortaron** a Pablo a que no subiera a Jerusalén." Hechos 21:4*

El Espíritu Santo fortaleció, guió y ayudó a la iglesia primitiva:

- *"Mientras tanto, la iglesia disfrutaba de paz a la vez que se **consolidaba** en toda Judea, Galilea y Samaria, pues vivía en el temor del Señor. E iba creciendo en número, **fortalecida** por el Espíritu Santo." Hechos 9:31*

- *"Nos **pareció bien** al Espíritu Santo y a nosotros no imponerles a ustedes ninguna carga aparte de los siguientes requisitos:" Hechos 15:28*

- *"Lo único que sé es que en todas las ciudades el Espíritu Santo me **asegura** que me esperan prisiones y sufrimientos." Hechos 20:23*

El Espíritu Santo dirigió y redirigió las actividades del ministerio:

*"Atravesaron la región de Frigia y Galacia, ya que el Espíritu Santo les había **impedido que predicaran** la palabra en la provincia de Asia. Cuando llegaron cerca de Misia, intentaron*

*pasar a Bitinia, pero el Espíritu de Jesús **no se lo permitió.***"
Hechos 16:6-7

La forma inicial de obrar del Espíritu Santo, en la mayoría de las ocasiones, es *hablar* a su Cuerpo. ¡Él inicia! Cuando el Cuerpo de Cristo responde al Espíritu Santo con fe y obediencia, el Espíritu Santo *faculta* lo que Él ha llamado,[135] el poder de Dios se manifiesta de manera tangible, y el Reino de Dios se cumple en la tierra, como se habló desde el cielo. La iglesia del siglo XXI tiene todas las provisiones para el poder como la iglesia del siglo primero. ¿Por qué? En nosotros, meros frascos de barro,[136] habita el mismo tesoro: el Espíritu de Jesús, el Espíritu de Cristo, Cristo en nosotros.[137] "Pero cuando venga el Espíritu Santo sobre ustedes, recibirán poder..."[138]

Oh, cuán real es nuestra conciencia de que este increíble Tesoro, este impresionante don de Cristo en nosotros, se encuentra en frascos de barro muy débiles, a menudo rotos. Que este Tesoro viene a morar en vasijas muy terrenales es casi tan difícil de creer como la Palabra que inicialmente se hizo carne,[139] ¡pero sí creemos que ambas cosas son ciertas!

Necesitamos desesperadamente ser *discipulados* (mostrados, enseñados, entrenados, probados) para escuchar con sensibilidad a nuestro Tesoro compartido, el mismo Espíritu de Cristo que mora en nosotros. Necesitamos un lugar y tiempo para *practicar su presencia*. Las reuniones de *Discipulado por Jesús*, descritas más adelante, son un ejemplo de un lugar y un momento para practicar su presencia.

Debido a que el Espíritu Santo mora en nosotros, somos razonablemente llamados y suficientemente capacitados para caminar como Jesús caminó.[140] Caminar como Jesús caminó tiene dos componentes fundamentales: (1) *oración en privado*: mucho tiempo a solas con nuestro Padre como Jesús demostró ... vivir "verticalmente" en privado,[141] and (2) *oración en público*: sensibilidad y capacidad de respuesta a la presencia de nuestro Padre por medio de Su Espíritu, tal como Jesús... vivir "vertizontalmente" en público.[142]

Es primordial que estemos decididos a hacer grandes progresos en...

---

[135] 1 Tesalonicenses 5:24
[136] 2 Corintios 4:7
[137] Hechos 16:7, Romanos 8:9, Colosenses 1:27
[138] Hechos 1:8
[139] Juan 1:14
[140] 1 Juan 2:6
[141] Lucas 5:16, 6:12, etc.
[142] Juan 5:19,30, 8:28-29, etc.

*"Estén **siempre** alegres, oren **sin cesar**, den gracias a Dios **en toda situación**... No apaguen el Espíritu, no desprecien las profecías, sométanlo **todo** a prueba, aférrense a lo bueno, eviten **toda** clase de mal." 1 Tesalonicenses 5:16-22*

Apagamos el fuego del Espíritu simplemente al no reconocer y responder a su presencia. Avivamos la llama del Espíritu[143] al honrar su presencia. Una forma básica de honrar a su presencia residente es pensar con Jesús acerca de nuestros pensamientos. "Señor Jesús, ¿ese pensamiento es tuyo o mío?"

Los pensamientos que recibimos al leer la Biblia, interpretados correctamente, son los pensamientos de Jesús. Los pensamientos que violan la prueba de verdad bíblica deben ser rechazados. Si los pensamientos no pasan la prueba práctica de ser verdaderos, respetables, justos, puros, amables y admirables, rara vez provienen del Espíritu de Jesús.[144] Es en las ***comunidades de discipulado*** cuidadosamente desarrolladas que mejor aprendemos, normalmente con la práctica, para probar todo y mantener los buenos pensamientos y evitar todo tipo de pensamientos malvados. ¡Necesito una ***cultura de camaradas comúnmente comprometidos***! (Más sobre pruebas en los capítulos 12, 14, 16, 18, 20)

PRECAUCIONES

Algunas precauciones preliminares están en orden:

- *¿Hay quienes asumen que cada pensamiento que piensan y cada palabra que hablan son de Dios? Así parece. "Dios me dijo" está regularmente en sus labios. Al igual que Jesús, nosotros, como sus discípulos, necesitamos desesperadamente escuchar y hablar la Palabra de Dios, pero no asumir ingenuamente que debido a que su Espíritu reside en que todas o incluso la mayoría de nuestras palabras son sus palabras. Nos ruego que todos seamos también como Jesús, que seamos* **humildes**.[145] *Tenemos muchos pensamientos en nuestra mente que no son del Espíritu Santo; debemos aprender humildemente a "probar todo".*

"Ahora vemos de manera indirecta ..." 1 Corintios 13:12

Mientras buscamos ser sensibles y guiados por el Espíritu Santo, apelo a que digamos humildemente: "Me pregunto si el Espíritu Santo está diciendo..." o "Me parece que el Señor puede querer..." para progresar en ser más conscientes del Espíritu Santo, más guiados y gobernados por Él. Mi oración es ser parte

---

[143] 2 Timoteo 1:6
[144] Filipenses 4:8
[145] Mateo 11:28-29

de un pueblo que verdaderamente honre al Espíritu Santo. No quiero que los dogmatismos o las tonterías de otros grupos lleven a "mi gente" al extremo opuesto por el que no escuchamos ni reconocemos la voz de nuestro Pastor.

- *Algunos queridos santos pueden leer esto y estar tan decididos a caminar por el Espíritu que no pueden pasar por el proceso de compra porque no pueden averiguar si Jesús quiere que compren frijoles o maíz. Personalmente quiero incluir a Jesús en cada decisión posible, más por ser sensible y honrarlo a Él, que por el tema temporal de discernir qué es lo mejor entre el maíz y los frijoles. (Muchos de los problemas de "maíz y frijoles" pueden resolverse fácilmente mediante la recopilación de datos y el pensamiento. Habiendo dicho eso, todavía quiero mejorar cada vez más en incluir a Jesús en todo mi proceso de pensamiento. No quiero nunca "Dejarte fuera, Jesús.[146] No estoy solo; tú moras en mí. Ya no vivo yo, sino "nosotros", Jesús, tú y yo.") Es esencial que no vivamos con confusión y condena cuando olvidamos escuchar a Jesús. Estoy completamente relajado al saber que Jesús sabe lo desesperadamente que quiero y tengo la intención de incluirlo, aunque en muchas ocasiones me olvido de incluirlo. De importancia primordial es que escucho y respondo a Jesús con respecto a los problemas correctos e incorrectos, los problemas verdaderos y falsos, y los problemas buenos y mejores, y especialmente los valores temporales frente a los valores eternos.[147]*

Jesús desea profundamente discipularnos por su Espíritu que mora en nosotros. Para aquellos con oídos para escuchar, el Espíritu de Cristo hace posible una mayor semejanza a la cristiandad impulsada por el Espíritu y capacitada por el Espíritu. Los discípulos de Jesús dependen de él; solo tenemos que darnos cuenta de lo dependientes que somos y ayudarnos mutuamente a dar pasos constantes de progreso desde la independencia hasta la dependencia. Jesús mismo nunca fue independiente; siempre fue dependiente... del Espíritu Santo. Como Jesús, sus discípulos están decididos a morir a la independencia y vivir de manera dependiente, siempre siendo guiados por su Espíritu.

El Capítulo 8 explora dos de las formas principales en que Jesús nos discipula: a través de su Palabra y de su Cuerpo.

---

[146] En realidad incluyendo a Jesús ahora mientras escribo.
[147] Filipenses 1:9-11, 2 Timoteo 2:20

CAPÍTULO 8

Discipulado Por La Palabra Y Cuerpo De Jesús

Cuando era estudiante de primer año de secundaria, mi hermana me dio un regalo que transformó mi vida. Ella me dio un Nuevo Testamento, versión Phillips en inglés. Comencé a leer la Palabra de Dios escrita (Mateo). Mientras leía y meditaba las palabras de Jesús en Mateo 5-7, el Sermón del Monte, me impresionó. Quedé captivado, enamorado. Una Persona, la Persona conocida, amada y seguida por millones y millones, se convirtió en mi Héroe. Pasé de ser un asistente de iglesia centrado en la ley a un entusiasta seguidor de esta Persona cuyo mensaje se apoderó de mi corazón. Mi nuevo héroe era una persona real llamada Jesús. Mi vida y mi eternidad cambiaron para siempre, de oscuro a claro, de monótono a color, de iglesia a Cristo al escuchar a Jesús hablarme... *a través de su Palabra*.

Unos años más tarde, estaba estudiando el relato escrito de Jesús en el jardín de Getsemaní antes de su arresto, juicio y crucifixión.[148] Lo observé luchar por aceptar la voluntad de su Padre... durante tres horas. Él sudó sangre, luchando y trabajando a través de su angustia de alma hasta que llegó a la claridad. A través de ese encuentro con el Dios Viviente como se registra en las Escrituras, quise vivir completamente para Jesús y decidí amarlo con toda mi mente, alma y fuerza. Responder en amor a Jesús a este nivel ha transformado cada parte de mi vida, incluso hacer muchas elecciones "pequeñas" del Reino a diario que me "salvan". Mi vida está llena de propósito y bendición. ¿Por qué? Escucho a Jesús hablarme *a través de su Palabra*.

Ha sido a través de la devoción de "comer" la Palabra de Dios escrita como alimento espiritual antes de ingerir alimentos físicos la mayoría de las mañanas durante los últimos 48 años que mi vida ha sido sobrevalorada por tiempo y eternidad. ¿Cómo? Escuchando a Jesús hablándome... *a través de su Palabra*.

El punto: *Amo, amo, amo la Palabra escrita de Dios*. Jesús tiene y continúa salvando y redimiendo mi vida al hablarme y discipularme a través de su Palabra. Mientras sostengo mi Biblia hecha jirones que literalmente se está deshaciendo, debo tener cuidado de no "adorarla". Cuando nuestro auto fue

---

[148] Lucas 22:39-46

robado, con mi Biblia en él, lamenté la pérdida de mi Biblia como perder a un ser querido.

Como discípulo de Jesús, no hay experiencia, ni reunión, nada que pueda sustituir el hecho de escuchar a Jesús hablándome a través de sus palabras que dan vida y que cambian vidas en mi mente de su Palabra.

JESÚS NOS DISCIPULA A TRAVÉS DE SU PALABRA

Cuando leemos la Biblia, la Palabra de Dios, los pensamientos entran en nuestra mente. Estos pensamientos son palabras de Jesús, porque por su Espíritu, Él los inspiró.[149] Jesús nos habla a través de su Palabra. Él nos habla objetivamente, revelándose a sí mismo y otra verdad que quiere que sepamos, cuando leemos *cuidadosamente* la Biblia, haciendo todo lo posible para no malinterpretarlo.

Deténgase y piense por un momento. Intente imaginar lo valioso que es para Jesús. Oro para que sepa que es verdad. ¿Siente su importancia para Jesús? Ahora, agregue esto a su gran valoración de usted: Él está muy consciente de lo inconsciente que está usted de su verdad (como todos nosotros). A continuación, agregue esto a la mezcla: imagine que Él lo observa tropezando inadvertidamente en la oscuridad, a menudo cayendo en pozos terriblemente destructivos, simplemente porque no conoce su verdad. Habiendo imaginado su valor de usted, y sintiendo su conciencia de cuán desesperadamente necesita su verdad, ¿puede imaginarse cómo se *deleita* cuando le ve abrir su Palabra? ¿Por qué? (1) Él quiere celosamente hablar con usted (2) sobre su verdad (3) que Él sabe que le dará luz para la cual vivir (4) que le salva de destruir a la persona que Él ama, usted, ¡sin mencionar nada de mejorar todo para aquellos que están a su alrededor!

Cuando mi esposa Debbi me envía un correo electrónico, lo leo cuidadosamente. Mientras lo hago, estoy llenando mi mente con sus pensamientos. Estoy haciendo mucho más que "leer *mi* correo". Estoy escuchando a una persona muy real llamada Debbi que me habla. *La estoy oyendo, no audiblemente, pero ciertamente es su voz, resonando en mi mente*. Y... es una carta de amor. Conozco su amor por mí y, por lo tanto, lo siento a través del correo electrónico que escribió y envió.

De manera similar, cuando leo la Biblia, estoy permitiendo que los pensamientos y las palabras de Jesús entren en mi mente. *Lo estoy "oyendo", no audiblemente, pero ciertamente es su voz. Y es la carta de amor definitiva*. Sé que se envía con amor, y lo siento. Si no me añado al mensaje bíblico, o le resto valor,

---

[149] 2 Timoteo 3:16

pero entiendo adecuadamente su mensaje, entonces ciertamente estoy escuchando a Jesús diciéndome sus palabras cariñosas, tan seguramente como Pedro, Santiago y Juan lo escucharon hablar.

Jesús sabe cuánto necesitamos su verdad, y debido a su gran amor por nosotros, baila con alegría cada vez que abrimos su palabra para escucharlo hablarnos a través de su palabra. ¿Cree usted esto? Me ayudó poderosamente recordando esto.

De importancia fundamental es esto: la Palabra de Dios original, incuestionablemente verdadera y verdaderamente conocible es una **Persona**. Su nombre es Jesús. Jesús es la Palabra de Dios. Para conocer la Verdad, conoce a Jesús.

- *"En el principio ya existía el Verbo, y el Verbo estaba con Dios, y el Verbo era Dios." Juan 1:1*

- *"Y el Verbo se hizo hombre y habitó entre nosotros. Y hemos contemplado su gloria, la gloria que corresponde al Hijo unigénito del Padre, lleno de gracia y verdad." Juan 1:14*

- *"—Yo soy el camino, la verdad y la vida —le contestó Jesús— Nadie llega al Padre sino por mí." Juan 14:6*

- *"Está vestido de un manto teñido en sangre, y su nombre es ‹‹el Verbo de Dios››." Apocalipsis 19:13*

Jesús físicamente encarnó los pensamientos de Dios. La **Palabra** fue personificada, encarnada, materializada. Jesús habló y demostró las ideas, los valores, la sabiduría y el mensaje de su Padre. Si queremos conocer la "Palabra" de Dios, su naturaleza inmaterial y eterna, incluidos sus pensamientos, sus valores y sus deseos, observe a Jesús y escuche cómo le habla a través de su Palabra.

Podemos **escuchar las palabras de Jesús** tan seguramente como Él le habló a Santiago y Juan leyendo, estudiando y meditando cuidadosamente en las Escrituras. No es difícil aprender a escuchar a una Persona muy real llamada Jesús, hablándonos claramente a través de las Escrituras. Aprender a escuchar, reconocer y responder a Jesús que nos habla a través de su Palabra es la tarea de los capítulos 15-16.

JESÚS NOS DISCIPULA A TRAVÉS DE SU CUERPO

Si no fuera porque Jesús me discipuló a través de su Cuerpo, indudablemente estaría muy lejos de Él. Como usted, podría pasar por una larga letanía de historias para demostrar el punto. Mi padre, mi madre, mis dos hermanas, todas las iglesias de las que he sido parte, y así sucesivamente, merecen una mención. Un ejemplo será suficiente.

Eran dos meses antes de que cumpliera diez años en la iglesia donde estábamos pastoreando. Tuve que responder a la invitación de nuestro equipo de liderazgo de la iglesia para que Debbi y yo nos quedáramos otros cuatro años. Habíamos estado luchando sobre cuál de nuestras opciones podría ser la dirección del Señor. Realmente queríamos lo mejor de Dios para su iglesia local y su Reino.

Un superintendente de distrito, responsable de unas 60 iglesias, me invitó a hablar en un retiro para sus pastores y sus cónyuges. Después de nuestra primera reunión, el líder me dijo que necesitaba hablar conmigo. Apenas me conocía. Nuestra única conversación hasta este punto fue cuando él me preguntó si vendría a hablar. Me pregunté si lo que había predicado era ofensivo o preocupante. Me invitó a salir a comer. Me subí a su auto, y él no esperó a hablar hasta que llegamos al restaurante. Se volvió hacia mí y me dijo: "Tengo tres cosas que decirte". Me estaba poniendo más nervioso. "Primero, _____ "y él me dijo lo que era primero. Lo que me dijo fue una respuesta literal a una pregunta que le había estado preguntando al Señor sobre cuál sería el ministerio más efectivo del Reino para Debbi y para mí. "Segundo," dijo "_____ "y lo que me dijo fue una respuesta significativa a cómo Debbi y yo podíamos hacer lo que él creía que el Señor podría estar pidiendo que hiciéramos. Ahora estaba llorando. Él continuó. "Y tercero, _____ "y él me dijo una forma en que podría recibir ayuda. Fue una poderosa palabra de aliento personal con respecto al futuro en caso de que "saltáramos de nuestro barco seguro" a una forma de vida totalmente nueva, sin ninguna preparación.

Él no tenía idea de lo que Debbi y yo estábamos considerando en oración. Tampoco sabía que todo lo que hablaba era como si supiera todo lo que estábamos considerando. Él simplemente tenía impresiones que creía que eran del Señor, y las ofreció humildemente a nosotros para nuestra consideración. Tomó un tiempo, pero sí terminamos "saltando de nuestro barco seguro", y el tiempo ha demostrado que lo que nos dio fue seguramente la palabra del Señor.

Mi punto: estoy convencido de que *Jesús me habló a través del* superintendente del distrito con cada uno de sus tres puntos. Estoy convencido de que "la Palabra, la sabiduría de Dios dada por el Espíritu de Dios, se hizo carne" cuando un hombre dirigido por el Espíritu escuchó y habló la sabiduría de Dios.

Durante varias semanas reflexioné sobre lo que había dicho, probando[150] sus palabras desde todos los ángulos perceptibles, preguntándome si el Espíritu Santo le pudo haber dado. Llegué a creer que el Señor estaba hablando a través de él. Dudo que hubiera "saltado del barco" si él no hubiera hablado conmigo. (Más adelante en el libro, veremos por qué y cómo probar todo cuidadosamente antes de asumir que es algo dado por el Espíritu).

El Espíritu Santo mora en cada seguidor de Jesús nacido de Dios.[151] El Espíritu Santo habla a aquellos en quienes mora. Cuando un miembro del Cuerpo de Cristo dice lo que el Espíritu Santo les ha dicho o hace lo que el Espíritu Santo les guía para hacer, *Jesús mismo, la Palabra, se manifiesta a través de su Cuerpo, la carne*. Luego, Jesús, a través de su Cuerpo, disciplina a todos los que lo rodean tan seguramente como discipuló a Pedro, porque *los que están alrededor están escuchando las palabras y viendo las obras del Espíritu a través del Cuerpo contemporáneo de Jesús*. Pedro vio y escuchó que la Palabra se hizo carne, y nosotros, también, tenemos el mismo privilegio. Pero debemos tener ojos para ver y oídos para escuchar. Más adelante en el libro se demostrará cómo ser entrenado para ver y escuchar a Jesús a través de su Cuerpo y, por lo tanto, discipulado por su Cuerpo.

La gran comisión de Jesús a sus primeros discípulos fue hacer por los demás lo que Él había hecho por ellos, es decir, discipularlos.[152] Luego les ordenó que esperaran hasta que se hubieran llenado con su Espíritu, lo cual hicieron.[153] Habiendo *estado con* Jesús,[154] y ahora *llenos de* Jesús, se esperaba que fueran *como* Jesús. Esto incluía la adopción de unos pocos específicos para cuidar y alimentar verdaderamente, como Jesús había hecho por ellos.[155]

Mi esposa Debbi es una seguidora de Jesús. El Espíritu Santo mora en ella exactamente como Él moró en Pedro, Santiago y Juan... y en Jesús. Ella lee y estudia la Biblia regularmente. Es muy posible que cuando ella habla, ella pueda estar hablando las mismas palabras de Jesús. ¿Por qué? La Palabra de Cristo mora en ella ricamente.[156] El Espíritu de Cristo la está guiando a toda verdad.[157] Ella ha pasado una vida alrededor de otros seguidores de Cristo. Ella tiene muchos pensamientos; algunos de ellos los recibió directamente de la Palabra de Jesús, algunos directamente del Espíritu de Jesús y otros a través de su Cuerpo. Por lo tanto, está dotada y capacitada para hablar la palabra del Señor y hacer

---

[150] 1 Tesalonicenses 5:19-21
[151] Romanos 8:9
[152] Mateo 28:19-20
[153] Hechos 1:8
[154] Marcos 3:14, Hechos 4:13
[155] Juan 21:15-17
[156] Colosenses 3:16
[157] Juan 16:13

las obras del Señor.[158] Cuando habla, puede ser Jesús hablando a través de ella.[159] Lo que hace puede ser las mismas actividades de Jesús.[160] Cuando la escucho y la observo, puedo escuchar y ver a Jesús en su "nuevo Cuerpo". Debo, con gran honor, observarla y escucharla. Ella es parte del Cuerpo de Cristo.

> *"El que habla, hágalo como quien expresa las palabras mis-*
> *mas de Dios." 1 Pedro 4:11a*

> *"No apaguen el Espíritu, no desprecien las profecías, some-*
> *tanlo todo a prueba, aférrense a lo bueno, eviten toda clase*
> *de mal." 1 Tes. 5:19-22*

¡Pruebe todo lo que dicen los discípulos de Jesús! "Señor, ¿estás hablando a través de ella?" Cuando los cristianos actúan o hablan, Jesús pretende que no sea de la carne, sino que sea por su Espíritu, guiado por el Espíritu, "profético".[161] Qué maravilloso sería si todo lo que escucháramos o viéramos en nuestra iglesia fuera guiado por el Espíritu, a diferencia de los pensamientos, palabras y actos no iniciados por el Espíritu de la gente sincera pero insensible. Los seguidores de Cristo están profundamente decididos a "caminar por el Espíritu, no por la carne"[162] porque debemos presentar a Jesús a todos, en todas partes. Nosotros, los seguidores de Cristo, debemos verdaderamente crecer al caminar como Jesús caminó.[163] Esto es lo que el Rey Jesús le estaba entrenando al Pequeño Rey Voluntad a hacer en los capítulos 4-5.

Jesús honraba al Espíritu.[164] Los discípulos de Jesús honran al Espíritu. Las personas que honran al Espíritu deben ponerse alertas al Espíritu de Jesús en y a través de su Cuerpo.

No debemos apagar el Espíritu de Dios. Él habla. No debemos tratar las profecías con desprecio. Debemos probar todo.[165] "Todo" incluye lo que está leyendo en este libro ahora mismo. ¿Podría ser del Señor? ¿Lo es? ¿O es simplemente el autor hablando de su carne? ¿O mezclado - algo de carne, algo de espíritu? ¿Cuál viene del Espíritu? Debemos ser *entrenados* para probar, aferrarnos al bien y evitar todo tipo de mal.

---

[158] Juan 14:12
[159] 1 Pedro 4:11
[160] 1 Pedro 1:15-16
[161] Romans 8:14, Gálatas 5:18, 25
[162] Juan 6:63, Romanos 8:5-13, Gálatas 5:16-17, 6:8
[163] 1 Juan 2:6
[164] Lucas 4:1
[165] 1 Tesalonicenses 5:20-21

Debbi y yo estábamos facilitando una reunión de **Discipulado por Jesús**. Cuarenta personas salieron un martes por la tarde. Era la primera vez que nos reuníamos en grupo, así que estaba explicando cuidadosamente cada parte de la reunión a medida que avanzábamos.

Llegamos a la tercera pregunta en el proceso **Discipulado por Jesús** ("¿Me estás escuchando?" - Estudio de la Biblia). Pedí que abriéramos nuestras Biblias y pedí con mucho esmero que no agregáramos o restáramos valor al significado simple del texto. Leí el texto y luego pregunté si alguien estaba dispuesto a simplemente poner el significado claro en palabras de Jesús para nosotros. "Diga de nuevo lo que leímos, solo dígalo como si Jesús le hablara a usted".

Respondió una mujer que dio la impresión de haber estado en la iglesia durante mucho tiempo. Ella probablemente no entendió mis comentarios o solicitud. Ella se lanzó a una larga proclamación que estaba llena de una maravillosa verdad bíblica. ¿El problema? Lo que ella dijo carecía totalmente de algo que ver con el pasaje de las Escrituras que estábamos estudiando.

Mientras ella continuaba, me sentía cada vez más frustrada. Finalmente la interrumpí. "Muchas gracias por todo lo que dices. Lo que estás diciendo parece ser una verdad muy importante. Pero no puedo ver cómo parte de lo que se acaba de leer de la Biblia tiene que ver con..."

Mientras buscaba las palabras que intentaban contenerla amablemente, escuché llanto desde el otro lado de la habitación. Miré alrededor, y había una dama de la apariencia más desarreglada imaginable. Su llanto disminuyó cuando se dio cuenta de que todos la estábamos mirando. Entonces ella habló. "Nadie aquí me conoce. Acabo de salir de la cárcel hace dos días y me enteré de esta reunión. Vine porque tengo mucho dolor, y confusión, y tantas preguntas. *Lo que acaba de decir esa querida mujer fue una respuesta directa a mis preguntas más importantes*". Y continuó.

El punto es este: el Espíritu Santo no solamente es capaz, sino que normalmente (¿siempre?) desea ministrar profundamente en las necesidades profundas de las personas a través de los actuales discípulos de Jesús. A través de todas las formas de prueba, el Espíritu Santo le dio al asistente de mucho tiempo en la iglesia palabras de redención para el alma maltratada de una mujer que acababa de salir de prisión.

Cuán desesperadamente necesitamos un lugar **seguro** para practicar la presencia del Espíritu Santo en y a través de su Palabra y Cuerpo. Esta es la reunión **Discipulado por Jesús** que se propone más adelante en este libro para practicar y ser entrenado para ser discipulado por Jesús.

Trágicamente, es cierto que demasiadas de las palabras y actos del actual Cuerpo de Jesús no son guiados por el Espíritu Santo. ¡Esa realidad es precisamente la pasión que motiva este escrito de que el Cuerpo de Jesús sea discipulado, no por nuestra carne, el mundo y el diablo, sino por la Palabra y el Espíritu y el Cuerpo (entre sí)! Aquellos que son santificados por la verdad[166] deben ser discipulados para envolver a los seguidores de Cristo menos maduros bajo su brazo y guiarlos para que sean discipulados por la Palabra y el Espíritu.

Para estar seguro, debo asumir la gran responsabilidad de mirar y escuchar a Jesús a través de su Cuerpo. Los extremos son obvios: no nos atrevemos a asumir todo lo que los cristianos profesantes hacen o dicen que son guiados por el Espíritu, porque la iglesia misma está muy gobernada por pensamientos, emociones, deseos, motivos, actitudes, etc. que aún no se han transformado en semejanza a Cristo. Sin embargo, hay otro extremo, y es no darse cuenta de que la iglesia (2 o 3 reunidos como "representativos" de Jesús, sus discípulos) está facultada para ser el Cuerpo de Cristo... para ser como Cristo. ¡*Pruebe todo*! ¡*Aférrese A Lo Bueno*!

Es de esperar que estemos en la presencia tangible y *materializada* de Jesús cuando se reúnan dos o más de su Cuerpo. Él tiene la intención de discipularnos a través de las personas inspiradas por el Espíritu, instruidas por su Palabra. Informalmente y formalmente. Sin intención e intencionalmente. Debemos encarnar su voluntad - hablando sus palabras, haciendo sus obras - entre nosotros, porque somos el mismo Cuerpo de Cristo.

- *"Porque donde dos o tres se reúnen en mi nombre, allí estoy yo en medio de ellos." Mateo 18:20*

- *"¿No saben que ustedes son templo de Dios y que el Espíritu de Dios habita en ustedes?" 1 Corintios 3:16*

- *"Acuérdense de sus dirigentes, que les comunicaron la Palabra de Dios. Consideren cuál fue el resultado de su estilo de vida, e imiten su fe." Hebreos 13:7*

- *"Que habite en ustedes la palabra de Cristo con toda su riqueza: instrúyanse y aconséjense unos a otros con toda sabiduría... Y todo lo que hagan, de palabra o de obra, háganlo en el nombre del Señor Jesús, dando gracias a Dios el Padre por medio de él." Colosenses 3:16-17*

---

[166] Juan 17:17

Juan Wesley, el padre del Metodismo, llamado así por su proceso metódico para discipular a los perdidos y a los encontrados, escribió, "Porque, después de toda nuestra predicación, muchas de nuestras personas son casi tan ignorantes como si nunca hubieran escuchado el evangelio. *He encontrado por experiencia que uno de estos aprendió más de un discurso cercano de una hora, que de una predicación pública de diez años*".[167]

Por "discurso cercano", se refería a la reunión de pequeñas bandas de creyentes para dialogar acerca de nuestro Dios Triuno, más todos los asuntos que le pertenecen a Él, y para rendir cuentas a Dios y a los demás por el crecimiento personal en relación correcta con Dios. Bajo la atenta orientación de un devoto y creciente seguidor de Jesús, estas reuniones permitieron a los seguidores sinceros de Jesús dialogar (principalmente para responder preguntas) sobre Jesús, su Palabra y su aplicación a sus comportamientos, palabras, pensamientos, actitudes, motivos y valores. Una hora de tal diálogo, ¿más valioso que diez años de predicación? ¿En serio?

Cuán apasionadamente Jesús anhela discipular a todos sus seguidores, por medio de su Espíritu a través de su Palabra y Cuerpo, hasta que hayan madurado hasta el punto de una importante semejanza a Cristo, y luego maduren para ayudar a otros a ser entrenados de manera similar.[168] Las estrategias bíblicas en este proceso de discipulado son los temas de los capítulos 11-21.

---

[167] Obras de Wesley. Jackson, ed. Vol. 8, p. 299
[168] Efesios 4:11-16, 2 Timoteo 2:2, Mateo 28:20

CAPÍTULO 9

¿El Evangelio Parcial O El Evangelio Completo?

Muchos predicadores del primer siglo hasta el siglo pasado, en su mayoría bien intencionados, han proclamado a millones de oyentes un evangelio "fácil": "Solo crea; no hay nada que pueda hacer para ganar su salvación". Ciertamente hay algo de verdad en esa declaración; pero no todo es cierto. Tampoco es toda la verdad. Suena como evangelio (buenas noticias), pero no lo es, porque no es todo el evangelio. Ellos proclamaron alegremente los beneficios del evangelio. Ellos no pudieron decir cuidadosamente el costo. Todos los beneficios, sin costos. Gratis.

Un porcentaje trágicamente alto de los asistentes a la iglesia se "inscribieron" en el evangelio de "todos los beneficios, sin costo alguno, gratis". Para decirles a estos asistentes a la iglesia que el cristianismo normal incluye ser discípulos de Jesús y hacer que los discípulos de Jesús les parecería un "enganche y engaño". Se inscribieron en una cosa, ahora escuchan otra.

EL EVANGELIO COMPLETO: EL EVANGELIO DEL REINO

Jesús y sus discípulos predicaron un evangelio diferente del que hoy se predica ampliamente. Predicaron todo el *Evangelio*: el Evangelio del Reino. Considere conmigo el Evangelio del Reino.

¡La realidad notable en cada reino es la presencia del rey! El rey es responsable de ver que los ciudadanos del reino son atendidos de acuerdo con las responsabilidades del rey, y quizás más allá de eso, el verdadero cuidado del rey por sus ciudadanos y el reino. Los ciudadanos confían en el rey, o al menos desean y esperan que sea digno de confianza. Esperan que el rey cumpla cuidadosamente sus responsabilidades reales.

Parte de la responsabilidad del rey es establecer un gobierno del reino, que incluya leyes que los ciudadanos del reino deben obedecer por el bien de todo el reino... o enfrentar consecuencias reales. Los ciudadanos de cada reino esperan que todos los ciudadanos obedezcan los mandatos del rey, que se dan para el bienestar de todo el reino. También esperan que cualquier ciudadano del reino que no obedezca las órdenes sea penalizado adecuadamente de acuerdo con las leyes del rey. Se espera que todos en el reino obedezcan al rey, ya que son súbditos del rey y de las leyes del reino. Sencillo.

El evangelio cristiano es una buena noticia sobre un Reino... el Reino de Dios. Cada persona en el planeta es amada por El Rey de este Reino. Este Rey desea una relación real con cada persona, y cada uno está invitado a una relación real con este Rey. Jesús (en plena unidad con la Trinidad de Dios) es el Rey del Reino. Fue crucificado, en parte, por ser identificado como el Rey de los judíos. Él recibió "toda autoridad".[169]

El Rey Jesús no solo ama a todos, sino que todos son invitados libremente a su Reino. Esta invitación no se basa en su propio valor, sino en la compasión del Rey por cada uno y en su pasión: sufrimiento y muerte atroces que se incluyen provisionalmente.[170] La muerte sacrificial de Jesús, no por su pecado, sino por el pecado de cada uno de los mundanos, hace posible liberarse de las consecuencias de haber ignorado o rechazado a este Rey. Proporciona a todos los que responden a su invitación a entrar en el Reino. *Perdón por el pecado es provisto para todos; pero solo los que se arrepienten, cambiando de opinión y estableciendo su voluntad de saber, confiar, obedecer y seguir a este Rey, son los beneficiarios de su sacrificio expiatorio.*[171] Estos se incluyen, se reciben y se celebran en el Reino del Rey Jesús.

Gran parte de la iglesia contemporánea o nunca ha escuchado el evangelio del Reino o no ha comprendido el requisito de someterse a la autoridad del Rey Jesús. De alguna manera, no escucharon ni comprendieron adecuadamente el mensaje de Jesús de su Reino. Debido a que no pudieron captar y practicar su mensaje, invitaron a otros a lo que ellos mismos sabían y practicaban, el evangelio "libre". Rara vez presentaban a otros a Jesús como el Rey. Tampoco invitaron a otros a entrar en un Reino, su Reino, donde Él es EL REY con toda autoridad.[172] Por lo tanto, se agregaron nuevos reclutas que no se dieron cuenta de que el Rey de reyes requería para formar parte de su Reino que debían cambiar de reyes.[173] No se les dijo o no entendieron que todos los bautizados deben ser sus discípulos, que deben aprender a obedecer todo lo que el Rey manda con toda autoridad.[174]

La auténtica comunidad cristiana debe anunciar y demostrar lo que Jesús y sus seguidores anunciaron: las buenas nuevas (evangelio) acerca de un Reino, con un Rey. El Rey del Reino se llama Jesús. Los que están en el reino son súbditos del Rey Jesús. Los súbditos de este Rey lo honran y se someten a su gobierno, su gobierno real. ¿Qué observa acerca del Reino en los siguientes versículos?

---

[169] Mateo 28:18
[170] 2 Pedro 3:9, Juan 3:16
[171] El corazón del pecado es relacional: la indiferencia y el ignorar al Rey
[172] Mateo 28:18
[173] Mateo 7:21-23
[174] Mateo 28:19-20

- *"«Arrepiéntanse, porque el reino de los cielos está cerca.»" Mateo 3:2, cf. 4:17, 9:35, 10:7, Lucas 9:2, 9:60, 16:16*

- *"Jesús recorrió a toda Galilea, enseñando en las sinagogas, anunciando las buenas nuevas del reino, y sanando toda enfermedad y dolencia entre la gente." Mateo 4:23*

- *"Dichosos los perseguidos por causa de la justicia, porque el reino de los cielos les pertenece." Mateo 5:10*

- *"Porque les digo a ustedes, que no van a entrar en el reino de los cielos a menos que su justicia supere a la de los fariseos y de los maestros de la ley." Mateo 5:20*

- *"Más bien, busquen primeramente el reino de Dios y su justicia, y todas estas cosas les serán añadidas." Mateo 6:33*

- *"»No todo el que me dice: "Señor, Señor", entrará en el reino de los cielos, sino sólo el que hace la voluntad de mi Padre que está en el cielo." Mateo 7:21*

- *"Y este evangelio del reino se predicará en todo el mundo como testimonio a todas las naciones, y entonces vendrá el fin." Mateo 24:14*

- *"Después de que encarcelaron a Juan, Jesús se fue a Galilea a anunciar las buenas nuevas de Dios ..." Marcos 1:14*

- *"... pero Él les dijo: «Es preciso que anuncie también a los demás pueblos las buenas nuevas del reino de Dios, porque para esto fui enviado.»" Lucas 4:43*

- *"... pero la gente se enteró y lo siguió. Él los recibió y les habló del reino de Dios. También sanó a los que lo necesitaban." Lucas 9:11*

- *"...el reino de Dios está entre ustedes." Lucas 17:21*

- *"Después de padecer la muerte, se les presentó dándoles muchas pruebas convincentes de que estaba vivo. Durante cuarenta días se les apareció y les habló acerca del reino de Dios." Hechos 1:3*

- *"Pero cuando creyeron a Felipe, que les anunciaba las buenas nuevas del reino de Dios y el nombre de Jesucristo, tanto hombres como mujeres se bautizaron." Hechos 8:12*

- *"Pablo entró en la sinagoga y habló allí con toda valentía durante tres meses. Discutía acerca del reino de Dios, tratando de convencerlos."* Hechos 19:8

- *"«Escuchen, yo sé que ninguno de ustedes, entre quienes he andado predicando el reino de Dios, volverá a verme."* Hechos 20:25

- *"Desde la mañana hasta la tarde estuvo explicándoles y testificándoles acerca del reino de Dios y tratando de convencerlos respecto a Jesús, partiendo de la ley de Moisés y de los profetas."* Hechos 28:23

- *"...al que ha hecho de nosotros un reino, sacerdotes al servicio de Dios su Padre, ¡a él sea la gloria y el poder por los siglos de siglos! Amén."* Apocalipsis 1:6

Jesús y sus discípulos predicaron **este** evangelio, estas Buenas Nuevas: un nuevo Reino se acerca y está entre ustedes ahora. El Rey de este Reino ha venido y se ha revelado. Él es el mismo Hijo de Dios, tiene toda la autoridad y toda la sabiduría, pero, en última instancia, se revela a sí mismo como el Amante de todos, que sirve y se sacrifica. Este Reino es supervisado y cuidado por este Rey supremamente bueno, sabio y poderoso, el Rey Jesús. Él gobierna. Él reina. ¿Cómo? ¡Él **habla**! Él habla por medio de su Espíritu, a través de su palabra y a través de su cuerpo. Para entrar en su Reino, uno debe arrepentirse de su propio gobierno y estar **determinado** a escuchar, creer y obedecer la Palabra y la voluntad del Rey Jesús. Cuando el Rey Jesús habla, los de su reino escuchan, creen y obedecen. Cuando las **palabras** y la voluntad del Rey Jesús se escuchan, se creen y se obedecen, Él libera su **poder** y su Reino ha venido y se manifiesta en la tierra como en el cielo.

La buena noticia del Reino de Jesús incluye la más sorprendente de las invitaciones: cualquier persona que lo desee puede ingresar libremente a esta nueva comunidad, la comunidad del Rey. Es una comunidad basada en un nuevo gobierno, encabezada por el Rey Creador que promete un buen gobierno. Nadie se ve obligado a entrar en este Reino, pero quienquiera que entre debe cumplir los términos del Rey: suficiente fe en el Rey para seguirlo, es decir, comprometerse a obedecerle y someterse a su gobierno. Simplemente tiene sentido: para entrar en un Reino, uno debe cambiar de reyes. Para ingresar al Reino de Jesús, ¡uno debe comprometerse a vivir una vida de someterse y honrar al nuevo Rey! La buena noticia del evangelismo es acerca de un Reino con un Rey verdaderamente bueno y una comunidad disciplinada y obediente. Como los niños en una familia, hasta que los individuos sean lo suficientemente maduros para disciplinarse, deben ser abrazados y disciplinados con amor por otros en la comunidad: discipulados, criados, entrenados. Quienes entran y honran al Rey y la comunidad serán salvos.

Los discípulos de Jesús hoy deben proclamar más que el evangelio *parcial* de la gracia para el perdón. Deben proclamar EL Rey, y su Reino, y su invitación a entrar en su Reino, apartándose de todos los reyes anteriores para someterse al Rey de reyes. La invitación se ofrece a aquellos que merecen las consecuencias que sean apropiadas para aquellos que son indiferentes, incluso rebeldes, contra el Rey Creador del universo. Él mismo ha sufrido indirectamente el costo relacional y legal de todos los pecados, y recibe, incluso ordena,[175] a quien quiera que regrese[176] al Reino de su comunidad. Si el Reino no es predicado, no es el evangelio *completo* y exacto, ya que es a través de someternos a la autoridad y al gobierno del Rey Jesús que somos restaurados, sanados, empoderados y finalmente salvados.

A un asistente a la iglesia de toda la vida y un miembro de la junta desde hace mucho tiempo se le hizo esta pregunta: "¿Qué pasa si Jesús te pide que hagas algo que no quieres hacer?". Su respuesta: "Oro que ese día nunca llegue". Piensa que vivirá en el Reino de los Cielos. Pero nunca ha cambiado de reyes. ¿Cuántos reyes habrá en el cielo? ¡Uno! ¡El evangelio completo debe ser proclamado!

ARREPENTIMIENTO

Al crecer no me gustaban a los católicos. No tenía absolutamente *nada* que ver con la teología o la iglesia o la gente. Tenía todo que ver con el fútbol y el baloncesto. La ciudad en la que crecí era 90% católica (o eso me dijeron). Para cada escuela pública, había una o dos escuelas católicas. En cada deporte, las escuelas católicas eran "nuestros" archirrivales. Me encantaban los deportes. Seguía fanáticamente a nuestros equipos de fútbol y baloncesto cuando era un joven.

"Mi" escuela secundaria se llamaba Butte Public. Nuestro nombre de mascota era los Bulldogs. Pero estábamos tan eclipsados en los periódicos por los escritores deportivos católicos que mi escuela no fue llamada por nuestro nombre, los Bulldogs; más bien nos llamaban "los morados". ¿De qué se trata? Sin duda, nuestros colores eran morado y blanco, pero éramos los "Bulldogs". ¿Por qué esos tontos escritores deportivos nos llamaron "los morados"?

---

[175] Hechos 17:30
[176] "Regrese" refleja la opinión de autor que los bebés están de forma segura en el Reino hasta que reciban convicción del Espíritu Santo de pecado y justicia y obstinadamente escogen pecar, es decir, rechazan o ignoran la voluntad, el gobierno, de Dios. Juan 16:7-11

Esa otra escuela, ese enemigo despreciado que con demasiada frecuencia nos sacaba del torneo estatal, no tenía mascota. Eran simplemente "Los granates". Eran los Butte Central Maroons (Granates). Entonces (razoné), debido a que no tenían lo necesario para crear una mascota "real", no se nos describía en los periódicos como "los bulldogs". Nos "bajaron" hasta el nivel granates y hacían referencia a nosotros como "los morados".

El morado se convirtió en mi color favorito, porque era leal a mi equipo. ¿Sabe qué color despreciaba? Sí... granate. Y yo era lo suficientemente inmaduro como para identificar a los Butte Central Granates, y el color granate, con lo católico. Por lo tanto, aunque no tenía racionalidad para todo esto, no me gustaban los católicos en general.

Un día todo cambió. Era enero en Butte, Montana. Tenía ocho años y vendía periódicos en la esquina de la calle, mi territorio asignado para vender. La temperatura en el letrero del Banco de Metales en la calle decía -10 grados. Para salir del frío, entré en el vestíbulo del Teatro Rialto. Estando en el vestíbulo, otro "chico" de periódicos me enfrentó. Era ocho años mayor que yo, medía casi dos pies más que yo y era más grande por al menos cien libras. Para mí, él era Goliat. Me acusó de vender papeles en su territorio. Contesté que solo estaba calentándome. Me llamó mentiroso y me exigió que le diera todo mi dinero y los periódicos restantes para devolverle el dinero y enseñarme una lección. Dije "¡No!" Él rápidamente me dio un puñetazo en la nariz. Una vez más, exigió mis periódicos y mi dinero. ¿Sabe lo que hice? Le di los papeles y el dinero. (Yo no era David.)

Con mucha sangre de la nariz aplastada en mi cara, además de mezclarse con todo lo que fluye del llanto y con tener mucho frío, salí del vestíbulo del teatro a la calle. Yo era un desastre. Me habían golpeado y robado. Devastado, me derrumbé en la acera de concreto congelado contra el edificio. Parecía un niño pobre de aspecto miserable.

Entonces, de la nada, a través de mis ojos cegados por las lágrimas, apareció una imagen borrosa. Todo lo que podía decir con seguridad era que era una "ella" y ella llevaba ese odiado color. Llevaba un abrigo color granate, con el gran "BC" blanco en el frente. No había duda de quién era ella: una granate que iba a la escuela secundaria Butte Central y, por lo tanto, de qué era, una católica.

Entonces, de todas las cosas, se arrodilló sobre el cemento helado, justo a mi lado. Ella puso su brazo alrededor de mí. Luego sacó un pañuelo blanco perfectamente limpio y me limpió la nariz y la cara, incluyendo toda la sangre color granate. Luego me pidió, muy gentilmente, que le contara lo sucedido.

Olvidé por completo quién era ella (abrigo granate y todo), y tratando de contener los sollozos, conté lo suficiente de mi triste historia como para que ella tuviera la idea general. Me tomó de la mano, me ayudó a levantarme y me llevó a una tienda de donas adyacente. Ella me dijo que escogiera el sabor que quisiera. Nunca había recibido esa oferta. Ya me sentía mejor. Luego, pidió más detalles sobre los periódicos y el dinero. En aquellos días, 50 centavos era una ganancia aceptable para el día; $1.00 fue un gran e inusual día. Ella abrió su bolso y sacó un billete de $5.00 (hoy valdría $50 o considerablemente más) y me lo puso en la mano.

Esto fue increíble. Estaba sorprendido, aturdido y abrumado por la gratitud y... sentí que algo brotaba de mí... cuando tenía 8 años lo llamé amor. (¡Primero ella me había amado!) Olvidé por completo quién era ella. Su bondad... su gracia... su amor me abrumaron. ¡La amaba porque ella me amó primero! También tuve un profundo cambio de opinión. ¡Me arrepentí!

¿Arrepentirme? ¿De qué? Adelanto rápido, pero no mucho. Unos 2 minutos. ¿Se imagina qué color se convirtió instantáneamente en mi color favorito? ¡Granate! (Una mente cambiada: arrepentimiento). ¿Puede adivinar lo que pensé sobre Butte Central? Gran cambio de mente - arrepentimiento. ¿Qué hay de los católicos en general? Gran cambio de opinión. Arrepentimiento. Todavía no hay justificación teológica o eclesiológica. Solo un encuentro poderoso con el Cuerpo de Cristo que "cambió de opinión"... me discipuló. Inconscientemente me "*arrepentí*" de mi hostilidad hacia los granates. Al instante me encantó el granate, Butte Central y los católicos. La palabra "ama a tu prójimo" se hizo carne a través de una chica de secundaria que llevaba un abrigo color granate. Conocí a Jesús; era un granate. Fui transformado.

Intente evaluar lo que la chica que llevaba un suéter granate hizo por mí en comparación con lo que hizo Otro por mí... y usted. Había sido golpeado y maltratado, tan severamente que podría o debería haber muerto por las palizas. Su sangre color granate fluyó de cientos de heridas graves en la espalda, cabeza, muñeca, pies y costados. Ya sabe la historia. Sus sufrimientos y sacrificios gobernados por el amor, pero con la misma seguridad que su resurrección prometida de la muerte, han sido el catalizador para permitir que millones y millones de mentes cambien sobre Dios, sobre el pecado, sobre la independencia de Dios, sobre la familia y amigos y enemigos. El amor revelado a través de la Trinidad en los eventos de encarnación y cruz y resurrección es suficiente para que Dios mismo pueda ordenar, razonablemente exigir, que todos en todas partes se arrepientan: que cambien de opinión sobre Él y ellos mismos y toda su vida, pasado, presente y futuro.[177]

Si lo que hizo la chica vestida de granate por un niño de ocho años permitió un arrepentimiento tan radical con respecto a los colores, las escuelas y los católicos, ¿qué podríamos razonablemente anticipar sobre el efecto en la mente de cualquiera que escuche claramente la historia del Rey Jesús, su cruz, y su corazón que soportaría ese horrible evento? El arrepentimiento genuino, un cambio de opinión completo sobre este buen Rey, es completamente razonable. Para la relación restaurada con el Rey de reyes y la entrada al Reino, se *requiere*.

¿ES OPCIONAL O REQUERIDO EL ARREPENTIMIENTO?

El evangelio del Rey Jesús y su Reino incluye un cambio de mentalidad requerido sobre Jesús y su posición en mi vida. Este cambio de mentalidad requerido es arrepentimiento. Lo que sea que Jesús fue para mí antes de escuchar el evangelio *completo* (idea ficticia, buena figura histórica, hacedor de milagros, incluso el Hijo de Dios), ahora me enfrento a una opción: mantener mi mentalidad existente, que es que seré el rey de mi vida o de cambiar de opinión sometiéndome a Él como mi Rey. La elección es permanecer bajo el gobierno de cualquiera o todos los reyes existentes, o arrepentirme, cambiando mi lealtad y gobierno a este nuevo Rey. Entrar en el Reino requiere cambiar las lealtades de los viejos reyes a un nuevo Rey. Este cambio de opinión da como resultado una configuración de la voluntad. Es arrepentimiento. Al escuchar el evangelio del Reino y arrepentirse, los no súbditos del Rey son bienvenidos a su Reino como sus súbditos nacidos de arriba y discípulos recién nacidos.

Muchos "conversos" ven pocos cambios en la vida y están decepcionados, incluso antagónicos, hacia Jesús. Hay una razón. No se arrepintieron. No fueron convertidos. No entendieron adecuadamente su necesidad de arrepentirse y someterse al gobierno de un nuevo Rey. Al no someterse a su autoridad, continuaron como su propio rey, y no vieron una transformación que cambiara la vida, por lo que se rindieron y calumniaron todo el asunto de Jesús.

Hay una razón por la cual muchos asistentes a la iglesia no viven como discípulos de Jesús. La razón: el fracaso desde el principio al convertirse en cristiano para escuchar y/o responder a la necesidad del arrepentimiento auténtico. Se predica un "evangelio del perdón" parcial sin la clara proclamación de que para ser perdonado se requiere arrepentimiento.

---

[177] Hechos 17:30

Ese ciertamente no es el mensaje de Jesús y sus discípulos. Proclamaron el arrepentimiento como un requisito necesario para convertirse en discípulo de Jesús.

- *"Desde entonces comenzó Jesús a predicar: «Arrepiéntanse, porque el reino de los cielos está cerca.»" Mateo 4:17*

- *"Entonces comenzó Jesús a denunciar a las ciudades en que había hecho la mayor parte de sus milagros, porque no se habían arrepentido." Mateo 11:20*

- *"Juan recorría toda la región del Jordán predicando el bautismo de arrepentimiento para el perdón de pecados." Lucas 3:3*

- *De la misma manera, todos ustedes perecerán, a menos que se arrepientan. Lucas 13:3*

- *"... y en su nombre se predicarán el arrepentimiento y el perdón de pecados a todas las naciones, comenzando por Jerusalén." Lucas 24:47*

- *"— Arrepiéntase y bautícese cada uno de ustedes en el nombre de Jesucristo para perdón de sus pecados —les contestó Pedro—, y recibirán el don del Espíritu Santo." Hechos 2:38*

- *"Pues bien, Dios pasó por alto aquellos tiempos de tal ignorancia, pero ahora manda a todos, en todas partes, que se arrepientan." Hechos 17:30*

- *"A judíos y a griegos les he instado a convertirse a Dios y creer en nuestro Señor Jesús." Hechos 20:21*

- *"Al contrario, comenzando con los que estaban en Damasco, siguiendo con los que estaban en Jerusalén y en toda Judea, y luego con los gentiles, a todos les prediqué que se arrepintieran y se convirtieran a Dios, y que demostraran su arrepentimiento con sus buenas obras." Hechos 26:20*

- *"Pero por tu obstinación y por tu corazón empedernido sigues acumulando castigo contra ti mismo para el día de la ira, cuando Dios revelará Su justo juicio." Romanos 2:5*

- *"La tristeza que proviene de Dios produce el arrepentimiento que lleva a la salvación, de la cual no hay que arrepentirse, mientras que la tristeza del mundo produce la muerte." 2 Corintios 7:10*

- *"El Señor no tarda en cumplir su promesa, según entienden algunos la tardanza. Más bien, Él tiene paciencia con ustedes, porque no quiere que nadie perezca sino que todos se arrepientan." 2 Pedro 3:9*

- *"¡Recuerda de dónde has caído! Arrepiéntete y vuelve a practicar las obras que hacías al principio. Si no te arrepientes, iré y quitaré de su lugar tu candelabro." Apocalipsis 2:5*

La palabra "arrepentirse" es una traducción de la palabra griega "metanoia". "Meta" significa "cambio" (piense en la metamorfosis). "Nous" significa mente. Por lo tanto, el significado central del arrepentimiento es "cambiar la mente".

¿Por qué querría confiar en alguien con *mi* bondad, *mi* sabiduría y *mis* habilidades para gobernar mi vida cuando podría cambiar de opinión, arrepentirme y confiar en la bondad, la sabiduría y la capacidad de Jesús?

El arrepentimiento es la más lógica de todas las opciones cuando nos damos cuenta de que hay un Rey perfecto, bueno, sabio y poderoso que quiere salvarnos. Por "salvarnos" me refiero a mucho más que "perdonarnos". Me refiero a liberarnos de todo lo que nos destruiría (incluyendo nosotros mismos) y llevarnos a todo lo que es verdaderamente bueno, ahora y eternamente.

Debido a su amor perfecto por todos, todo lo que nuestro Rey requiere y ordena siempre está motivado por lo que es lo mejor para todos. Él sabe, quiere y está comprometido con lo mejor de nosotros, incluso cuando nos parece difícil. ¡Él ordena que nos arrepintamos! Es, de lejos, lo mejor para nosotros. ¿Confiamos en Él lo suficiente como para arrepentirnos cambiando de reyes?

Arrepentirse con respecto a Jesús se ve así: una vez Jesús no fue mi Rey, mi Señor. Yo era rey. Pero llegué a saber lo suficiente sobre Él como para cambiar de opinión (arrepentirme) y someterme a Él como *mi* Rey. Lo que Jesús fue para mí como un pre-discípulo, Él ahora, a través del cambio de mente llamado arrepentimiento, se ha convertido en mi Dios, mi Rey, mi Señor, mi Maestro. A través de su reinado también se convierte en mi Salvador, mi Libertador, mi Sanador, mi Proveedor, mi Amigo, mi Héroe, mi Pasión... y así sucesivamente. Crezco conociendo y experimentando a Jesús en todas sus formas de "salvarme", pero empiezo por reconocer que Él es el Rey, y yo no lo soy, y establezco mi voluntad de someterme a su gobierno porque he escuchado lo suficiente sobre Él para poner mi fe en Él. Esto es arrepentimiento. La iglesia primitiva lo simplificó todo en una sola frase: ¡Jesús es Señor!

"Por eso, de la manera que recibieron a Cristo Jesús como Señor, vivan ahora en Él..." Colosenses 2:6

CHAPTER 10

Entender La Obediencia

¿La obediencia es obligatoria u opcional para los cristianos?

Depende de lo que entendemos por obediencia. El componente más ignorado de la gran comisión, en mi opinión, es "enseñarles a **obedecer todo** lo que te he **mandado**". ¡Obedecer! ¡Órdenes!

La iglesia debe discipular al arrepentido para obedecer. ¿Qué? Todo lo que Jesús mandó. Los discípulos de Jesús deben ser hacedores de su Palabra, no solo oyentes. "Enseñarles a obedecer todo" lo que Jesús mandó es especialmente difícil cuando tantos cristianos han sido bienvenidos en la familia de Dios con el entendimiento de que la obediencia es opcional. ¿Por qué? Porque se les dijo que son salvos "solo por gracia". El evangelismo auténtico de la gran comisión proclama que los discípulos deben ser bautizados y reconoce que estos discípulos bautizados en agua deben ser comprometidos y discipulados para obedecer todo lo que Jesús mandó.

Esto seguramente significa algo muy diferente a afirmar que somos salvos por gracia, por lo que no debemos, de hecho, no nos atrevemos a "trabajar". Escucho algo como el siguiente párrafo con demasiada frecuencia tanto por los que asisten a la iglesia como los líderes de la iglesia:

> "**Deberíamos** estar agradecidos por el don de la gracia de Dios, lo suficientemente agradecidos como para tratar de obedecer. Y debido a que la Palabra de Dios está llena de sabiduría práctica, sería prudente obedecer. Por supuesto, muchos de los mandatos son demasiado idealistas para que los aceptemos seriamente, y ciertamente no debemos intentar obedecer con nuestras propias fuerzas. Eso no sería fe, sino trabajo. Si no tenemos el poder suficiente para obedecer, confiamos en que Dios sabe lo que está haciendo y celebramos su gran gracia."

Al contrario:

- *"¿Qué concluiremos? ¿Vamos a persistir en el pecado, para que la gracia abunde? ¡De ninguna manera! Nosotros, que hemos muerto al pecado, ¿cómo podemos seguir viviendo en él?" Romanos 6:1-2*

- *"En verdad, Dios ha manifestado a toda la humanidad su gracia, la cual trae salvación y nos enseña a* **rechazar la impiedad y las pasiones munda-nas**. *Así podremos* **vivir en este mundo con justicia, piedad y dominio pro-pio**,..." *Tito 2:11-12*

- *"Más bien, una cosa hago: olvidando lo que queda atrás y esforzándome por alcanzar lo que está delante, sigo avanzando hacia la meta para ganar el premio..." Filipenses 3:13b-14a*

- *"No se contenten con sólo escuchar la palabra, pues así se engañan uste-des mismos.* **Llévenla a la práctica**.*" Santiago 1:22*

- *"—Si alguien quiere ser mi discípulo, tiene que* **negarse a sí mismo**, *tomar su cruz y* **seguirme**.*" Mateo 16:24*

Cada orden de Dios no tiene sentido si Él no tiene la intención de que tenga-mos alguna responsabilidad en obedecer.

¿Dónde comenzamos si vamos a "enseñarles a obedecer todo?"

Si vamos a "enseñarles a obedecer todo" como Jesús nos ordenó que hiciéra-mos, debe existir en nosotros, los padres de la iglesia, un clima de gracia y verdad. Esto, por supuesto, refleja a Jesús. Nadie ha estado más lleno de gracia y verdad que Él. La siguiente historia ilustra no solo la naturaleza de Jesús, sino la naturaleza necesaria de los padres de la iglesia (discipuladores) si van a aso-ciarse con Jesús para hacer discípulos a los que se les pueda enseñar a obede-cer todo lo que Jesús ordena.[178]

GRACIA Y VERDAD: EL CLIMA NECESARIO PARA ENSEÑAR A OBEDECER

Nací en un lunes. El domingo siguiente estaba en el servicio de la iglesia. Mi mamá me llevó y me llevó CADA domingo hasta que salí de la casa. Se estable-ció el hábito. Aún no me he perdido de ir a la iglesia en un domingo. #bende-cidoconbuenasalud #yosoyunpastor

Sin embargo, no fui feliz. De hecho, no me gustaba mucho la iglesia. ¿La razón más grande? Mi madre tuvo la novedosa idea de que debería comportarme durante la iglesia. Comportarse significaba mantener sus "leyes". Ahora, ella

---

[178] Historia tomada del libro del autor, If Jesus Were A Parent (Si Jesús fuera un padre)

era la legisladora, la jueza, el jurado y el verdugo. A menudo violaba sus leyes. Ella, la jueza y el jurado, me encontraba culpable, y ella, la jueza, determinaba la pena por infringir la ley. La justicia tenía que ser servida. Ella, la ejecutora de mi pena, ejecutaba justicia. Desde que violara sus leyes el domingo, que todos saben que es el sábado, y dado que los cristianos no trabajan en el sábado, y que exigir justicia al llevar a cabo mi ejecución era un trabajo muy duro para ella, tuve que esperar hasta el lunes por la mañana para recibir la justicia que me correspondía por violar su ley. Muchos domingos por la noche no dormía, ya que esperaba ser ejecutado al amanecer. Bueno, en realidad no fue *tan* malo.

Para estar seguro, diligentemente inventé formas de evitar ser un criminal durante la iglesia. Un domingo se me ocurrió una idea brillante. Me llené los bolsillos con canicas de mi gran colección. Me encantaba clasificarlas y organizarlas. De alguna manera podría jugar con mis canicas durante el sermón "siempre demasiado largo", que es cuando generalmente me metía en problemas.

Cuando el pastor había estado en su mensaje por unos momentos, me inquietó el aburrimiento. Entonces recordé las canicas que había escondido en mi bolsillo, por un momento como este. Metí la mano y saqué un puñado. Al darme cuenta de que mis mejores canicas aún estaban en mi bolsillo, y siendo codicioso por la mejor, intenté sacar más. En un momento, las canicas se estrellaron por todo el piso de linóleo. No había una alfombra acolchada para niños que amortiguare la colisión.

¡Bam, bam, bam! ¿Se imagina el ruido cuando las canicas chocaron con el piso cubierto de linóleo? Parecía más fuerte que la explosión de una bomba atómica. ¿Puede escuchar esas canicas rodando hasta el frente de la iglesia y golpeando el altar? ¿Puede ver al pastor deteniendo su mensaje para inclinarse sobre el púlpito, mirando con enojo la desaprobación por sus gruesas gafas con montura de cuerno? No era solo él. Toda la congregación se unió, volviéndose hacia mí con asombro de que pudiera destruir un servicio completo sin ayuda. Supuse que era el pecado imperdonable, digno de la pena capital. Estaba petrificado y temblando tanto que estoy seguro de que saqué algunos de los tornillos de la madera que sostenía las sillas en su lugar. Estaba seguro de que en menos de 18 horas la vida como lo conocía terminaría. Al menos, me pareció así.

Entonces, mi corazón estalló. Salté de pánico. Algo muy grande había aterrizado en mi hombro. Miré. Fue una mano muy grande. Mientras estaba abrumado por el pánico y la vergüenza, mi papá había puesto su gran brazo alrededor de mi hombro, su gran mano acariciaba muy suavemente mi brazo. Lo miré. Estaba mirando al frente. Sabía lo que estaba pensando, porque me había dicho muchas veces:

"Este es mi hijo y lo amo. Estoy muy satisfecho con él".

En realidad, no estaba simplemente mirando al frente. También estaba mirando, con gran intensidad, de vuelta al predicador que estaba mirando a su hijo. Y creo que sé qué más estaba pensando mi papá:

> *"Y sí, mi hijo no es muy sabio, todavía. De hecho, él hace algunas cosas estúpidas. Y ciertamente aún no es muy coordinado. Deja caer sus canicas y todos los demás se preguntan sobre él. Pero lo conozco y sé que no quiso ser un problema. De hecho, estaba intentando hacer lo correcto. A pesar de sus desafíos obvios, me quedaré con él. Le diré la verdad y lo probaré para ver si sabe y está comprometido con la verdad. Lo entrenaré pacientemente, el tiempo que sea necesario, para que viva la verdad. Cuando todo termine, lo hará mejor de lo que cualquiera de ustedes se da cuenta. Esperen. Observen. Ya verán. Me encargaré de esto".*

Y él lo hizo. Una y otra vez. A través de muchos de mis altibajos. Él gentilmente, pacientemente, con verdad, caminó conmigo. Gracia y verdad. Como Jesús. Sin su gracia persistente, no hubiera recibido su verdad. Me disciplinó con gracia y verdad... amor y lógica. Mucho más que disciplinarme, él me discipuló.

Haría casi cualquier cosa por mi papá, incluso obedecerle. ¿Por qué? ¡Gracia y verdad! ¡Como Jesús! Incluso ahora mientras escribo este recuerdo, las lágrimas brotan de mis ojos. ¿Por qué? Lo amaba. Me sometí fácilmente a su autoridad. ¿Por qué? Al igual que Jesús, él me amó primero. Me crió con gracia. Era amable, paciente, no grosero, no se enojaba fácilmente. Me perdonó y se puso de pie conmigo. Pasó tiempo conmigo. Escuchaba mis perspectivas inmaduras. Él respondía a mis preguntas. Al igual que Jesús, me explicaba las cosas suavemente. Me instruyó y me corrigió amablemente. Explicó las cosas, para que tuvieran sentido para mí. Me dio instrucciones específicas y me disciplinó de manera justa cuando no obedecí. Él era como Jesús. Él me discipuló. Tomó tiempo. El amor toma tiempo.

Todos estamos haciendo discípulos... de alguien. Para que cualquiera de nosotros haga discípulos *de* Jesús, debemos ser cada vez más *como* Jesús. Debemos ser *sus* discípulos... siendo discipulados por Él... más y más como Él, llenos de gracia y verdad. Mi papá encarnó la gracia de Jesús y su verdad. Pero muy importante, él miró mi corazón... profundamente en mi corazón. Consideró mis motivos y reconoció mis buenas intenciones. *Tal como Jesús*.

LA OBEDIENCIA ES PRIMERO SOBRE EL CORAZÓN

> *"La gente se fija en las apariencias, pero yo me fijo en el* **corazón.**" *1 Samuel 16:7*

Proclamar la obediencia como esencial para ser cristiano (discípulo de Jesús) sería legítimamente criticado como legalismo a menos que se entienda completamente y se comunique regularmente que la comprensión de Dios de la obediencia *comienza* en el corazón. La obediencia es siempre una actitud relacional de sumisión a Dios antes de ser un comportamiento; es una cuestión del corazón de nuestro corazón: nuestra voluntad. Debemos recordarnos continuamente a nosotros mismos y a los demás que nuestra voluntad de obedecer a Dios es lo que Él conoce y lo que le importa. Cualquiera puede inmediatamente, ahora mismo, responder a la gracia de Dios *comprometiéndose* a obedecerle. El compromiso de obedecer es una posición del corazón, y Dios conoce y valora la posición del corazón. La obediencia de corazón es la intención de obedecer, lo que Dios observa perfectamente y con lo que Él está perfectamente complacido. ¿Por qué? Porque Él sabe que si nuestro corazón está decidido a obedecer, tarde o temprano nuestra representación alcanzará nuestro compromiso de obedecer. ¿Por qué? Si estamos decididos a obedecer (posición del corazón), nos esforzaremos en creer y obedecer, trabajando en aquello en lo que Dios ha trabajado.[179]

Actuar perfectamente es, como mínimo, una responsabilidad ominosa y temerosa. Pero un Dios santo que gentilmente ha provisto una expiación completa por la imperfección legal está completamente justificado y razonable en esperar "alcanzar la meta de la perfección".[180] Y "alcanzar la meta", sabiendo cómo deleitará a nuestro Padre, y sin temor a ser juzgado por apuntar y quedarse corto, es realmente manejable e inmediatamente posible. En lugar de la condena por poner una meta y faltar, hay celebración celestial, afirmación y aliento para seguir "alcanzando la perfección". Creo que cuando nuestro Padre, que ve nuestros corazones, nos ve "alcanzando la meta de la perfección", grita un muy fuerte, "*perfecto*". El alto objetivo más el entrenamiento produce progreso. Cuando hacemos nuestro mejor progreso habilitado por la gracia hacia el propósito de Dios, al menos es agradable para Él, tal vez perfecto.

Jesús advirtió severamente a los fariseos acerca de su corazón. Los fariseos eran profesionales, literalmente, que conocían y mantenían su versión de la

---

[179] Filipenses 2:12-13
[180] 2 Corintios 13:11

ley de Dios. Confiaban en la perfección de su desempeño para una relación correcta con Dios, al tiempo que condenaban a otros que no se desempeñaban de manera tan efectiva.

> *"«Ustedes se hacen los buenos ante la gente, pero Dios conoce sus corazones." Lucas 16:15*

Es nuestro corazón, santa resolución de obedecer, lo que importa inicialmente y perpetuamente para Jesús. El progreso en el desempeño seguirá a la santa resolución de obedecer.

La obediencia debe entenderse relacionalmente. Una comprensión relacional ve la obediencia como, primero, una posición mental encerrada de profunda determinación hacia una persona (Jesús) para hacer lo que Él le ordene. ¿Por qué? Si no por otra razón, al menos porque Él es Dios y yo quiero estar en su Reino, lo que requiere someterse a su gobierno. Otra razón es que Él es confiable. A Jesús le importa y sabe lo que es mejor, por lo tanto solo ordena lo que es realmente mejor para todos. La razón más elevada y madura es nuestro amor por Él, al que Jesús se refirió a menudo. Todas estas razones son de naturaleza relacional: sumisión al Rey, confianza en las directivas de un Rey sabio y amor que se niega a sí mismo por el bien del Rey.

Si la obediencia es meramente sobre el desempeño, y si **no** puedo obedecer **todos** los mandamientos de Jesús, y si eso es un **requisito** para relacionarnos con Él y la vida eterna,[181] estoy irremediablemente perdido. La obediencia como desempeño es legalismo. La obediencia como compromiso del corazón es un pacto tipo matrimonio, posible ahora y que da vida.

Debido a que tengo fe salvadora en Jesús, estoy espiritualmente capacitado para comprometerme y mantener esta **santa resolución** de obedecer. Esta es una posición del corazón, y esto es lo que Dios requiere, ve claramente y juzga perfectamente. Vale la pena repetir que, aunque regularmente me falta rendimiento perfecto, puedo, como se lo amonesta bíblicamente, estar determinado a "caminar como Jesús caminó", a "ser santo como Él es santo" precisamente porque soy salvo por gracia y no necesito temer perder la relación con Jesús por no cumplir su voluntad. Mientras me esfuerzo para lograr esta salvación, Dios ve y conoce mi resolución y la llama buena, si no "perfecta". Él conoce mi corazón y sabe que estoy decidido a obedecerle. Si estoy decidido a obedecerle, me aseguraré y recibiré ayuda, y, con el tiempo, lo haré cada vez mejor. Nunca será "aceptable" para mí ignorar o devaluar la voluntad conocida de Dios. Mi santa resolución de obedecerlo, con tiempo y entrenamiento, se convertirá en hacer lo que Jesús ordena. La intención de obedecer de mi

---

[181]

corazón me ha motivado a asegurar la ayuda de Dios, así que maduro con el tiempo, aumentando y creciendo en la capacidad de obedecer externamente a lo que está internamente comprometido en mi corazón. ¡Dios mira el corazón!

Para intentar aclarar la distinción entre la obediencia como actitud del corazón y la obediencia como actuación perfecta, imagine el siguiente escenario de la cena:[182]

Una familia está sentada a la mesa. El padre recuerda a sus hijos que hubo un incidente la noche anterior cuando un miembro de la familia derramó su leche. Él les recuerda a todos que deben tener cuidado esta noche para no derramar su leche. La cena transcurre sin problemas hasta que suena el timbre. El niño de cuatro años salta de su silla. En su emoción, involuntariamente tira su vaso de leche. Se derrama sobre la mesa y cae al suelo. El padre ayuda a su niño llorando de cuatro años a limpiar rápidamente la leche mientras la madre recibe a sus invitados en la sala. Unos minutos más tarde, mientras los padres charlan con su compañía, el hermano mayor ve una oportunidad. No le gusta la leche. Sabe que sus padres esperan que él tome su leche, pero mientras charlan, va a la cocina a depositar su leche en el fregadero. Se deleita en verlo caer por el desagüe, y engañosamente regresa su vaso vacío a su lugar en la mesa.

Analicemos este escenario simple. Ambos muchachos "derramaron" su leche. ¿Eran ambos hijos desobedientes? El hermano menor no quiso derramar su leche. Fue un accidente. Pero algunos técnicamente podrían juzgar que el niño de cuatro años fue culpable de desobediencia. ¿Por qué? Porque técnicamente, de hecho, derramó la leche que le dijeron que no derramara. Y técnicamente, el hermano mayor no "derramó" su leche. A propósito lo vertió en el fregadero. ¿Alguno o ambos muchachos desobedecieron las instrucciones de su padre de no derramar la leche? Si solo uno desobedeció, ¿cuál fue? Para cualquiera que vea el "corazón", el niño más joven sería considerado inocente y el mayor como culpable.

> *"Pero gracias a Dios que, aunque antes eran esclavos del pecado, ya se **han sometido de corazón** a la enseñanza que les fue transmitida." Romanos 6:17*

¡Es esta obediencia de corazón a nuestro Rey lo que se *requiere* en el Reino de Cristo! Jesús, por nosotros en la cruz y en nosotros por su Espíritu, hace que

---

[182] Otra ilustración de If Jesus Were A Parent (Si Jesús fuera un padre)

lo que se requiere, la obediencia del corazón, sea *instantáneamente alcanzable* para cualquiera que lo desee. Así es como funciona:

Jesús fue crucificado por afirmar ser el Hijo de Dios, y por afirmar ser un Rey, de hecho, EL Rey. Lo reclamamos como Rey. Nuestro Rey. Para entrar en su Reino y estar bajo su presencia amorosa, protección y provisión, reconocemos, honramos y nos *sometemos* a su autoridad como *nuestro* Rey. Si *no estamos comprometidos* (piense en el corazón) a obedecerlo, o no lo conocemos y lo honramos como nuestro Rey, o somos rebeldes contra el Rey. En cualquier caso, no estamos incluidos en su Reino. En este capítulo se seguirán enseñanzas claras sobre los *requisitos* bíblicos de la obediencia para ser cristiano. Pero recuerde siempre: bíblicamente, la obediencia comienza en nuestros corazones como *resolución* de obedecer. La resolución se puede establecer en este momento. Madura en actos piadosos de justicia, y con un entrenamiento persistente e intencional, finalmente se convierte en una naturaleza piadosa.

"»No todo el que me dice: "Señor, Señor", entrará en el reino de los cielos, sino solo el que hace la voluntad de mi Padre que está en el cielo." Mateo 7:21

Hacer la voluntad de Dios COMIENZA con la resolución de corazón a obedecer, porque Dios ve el corazón.

"Jesús llegó a ser autor de salvación eterna para todos los que le **obedecen.***" Heb. 5:9*

Esto no podría estar más claramente establecido. Nuevamente, Dios ve el corazón y sabe muy claramente si la resolución santa de obedecerle está presente. La obediencia del corazón tiene que ver con la relación, la actitud hacia una persona. La resolución sagrada de obedecer es la respuesta humana a la gracia, solo es posible por la gracia y conduce a una obediencia visible y mejorada a la vida. Las personas con una genuina determinación de obedecer quieren ayuda y responden voluntariamente a ser discipulados por el Cuerpo, la Palabra y el Espíritu de Jesús, generalmente en ese orden desde el principio. Están casi conmocionados y muy motivados por la misericordia de Dios. Ellos ven claramente que la obediencia del corazón es necesaria para la salvación y están decididos a progresar en el desempeño de lo que se comprometen en su corazón.

"¿Cómo sabemos si hemos llegado a conocer a Dios? Si **obedecemos** *sus mandamientos." 1 Juan 2:3*

Ahí está de nuevo. ¡La obediencia es necesaria! ¿Cuál es la evidencia de que conocemos a Jesús, a quien conocer es la vida eterna?[183] La obediencia visible creciente ocurrirá como fruto. Pero la evidencia fundamental es la seguridad del discípulo, no sólo de la gracia de Dios, sino la resolución del discípulo de obedecer. Obedeceremos cada vez más sus mandamientos porque estamos *decididos* inequívocamente a hacer lo que Jesús manda, a través de su Palabra y las convicciones dadas por su Espíritu.

> *"... para castigar a los que no reconocen a Dios ni* **obedecen** *el evangelio de nuestro Señor Jesús. Ellos sufrirán el castigo de la destrucción eterna, lejos de la presencia del Señor y de la majestad de su poder,..." 2 Tesalonicenses 1:8-9*

¿Quién podría confundir esta posición de Pablo, el gran apóstol de la gracia?

Si nunca ha tomado la determinación de obedecer a Jesús, y si reconoce que Jesús es el Señor con toda autoridad, y que murió para ofrecerle una relación con Él, y si confía en que Él sabe y quiere lo que es mejor para usted,[184] y si lo ama por morir por usted, todo es fácil para que haga una *determinación de corazón* santa, con gracia habilitada, por fe en Jesús, de *obedecer* todo lo que Jesús ordena... en este momento.

SUFICIENTE FE PARA OBEDECER

"Justificación solamente por fe" fue el llamado de los reformadores en reacción a los abusos horrendos de la iglesia, radicados en legalismo atroz. Tomando en cuenta todo lo anterior, considere conmigo *la naturaleza de la fe que resulta en ser justificada*.

¿Puedo tener fe en Jesús que asegura ser justificado, perdonado y la vida eterna sin tener la fe suficiente para ser *resuelto* a obedecer a Jesús? ¿A seguirle? ¿A ser su discípulo?

¿Cuál es la naturaleza de la fe en Jesús que nos salva? ¿Confía en Jesús lo suficiente como para vivir la vida como su discípulo? ¿Buscar seguirlo? ¿Para determinar hacer lo que Él dice? ¿Buscar su entrenamiento en cada parte de la vida? Si no tiene suficiente fe en Jesús para tratar de seguirlo, ¿puede decir honestamente que tiene fe en Él? *¿Tiene suficiente fe en Jesús para buscar sinceramente e intencionalmente seguirlo? Si no, ¿le salvará su tipo de fe el día del juicio?*

---

[183] Juan 17:3
[184] 2 Corintios 5:15

Usted sabe en quién o en qué está basada su fe, ¿no es así? Su fe está en *quien permite gobernar sus ideas, sus palabras y sus actos*. Es decir, a quien sea que deje discipularle. Está siendo discipulado y entrenado... por alguien o algo. Tiene fe en alguien o en algo. Su verdadera fe de corazón es a quien usted sigue activamente o permite pasivamente gobernar su vida. ¿Es Jesús? ¡Esa es la pregunta!

DISCIPULADO POR JESÚS: SUFICIENTE FE PARA SEGUIR

¿Su fe en Jesús le lleva a venir a Él y a seguirlo? Es decir, ¿su fe que cree que le salvará (justificará) en el día del juicio le llevará a buscar sinceramente saber y hacer lo que Jesús diga hoy?

> *"El que* **cree** *en el Hijo tiene vida eterna; pero* **el que rechaza al Hijo no sabrá lo que es esa vida**, *sino que permanecerá bajo el castigo de Dios." Juan 3:36*

No obedecer es estar bajo ira; por lo tanto, obedecer es ser liberado de la ira venidera. Aquí está toda la razón necesaria para ser discipulado por Jesús: Él dará a Sus discípulos vida eterna. Por el contrario, no obedecer a Jesús conduce a la ira de Dios.

Si alguien *cree* en el Hijo (tiene fe en el Hijo), esa persona tiene vida eterna. Por el contrario, no obedecer al Hijo, será no ver la vida, ahora o eternamente. Claramente y sin ambigüedades, la fe en Jesús que finalmente nos salvará busca obedecer a Jesús ahora.

Pablo, el gran apóstol de la gracia, entendió y enseñó que la calidad de la fe que nos salva es fe suficiente para obedecer.

- *"Por medio de él, y en honor a su nombre, recibimos el don apostólico para persuadir a todas las naciones que* **obedezcan a la fe***." Romanos 1:5*

- *"El Dios eterno ocultó su misterio durante largos siglos, pero ahora lo ha revelado por medio de los escritores proféticos, según su propio mandato, para que todas las naciones* **obedezcan a la fe**. *¡Al que puede fortalecerlos a ustedes conforme a mi evangelio y a la predicación acerca de Jesucristo..." Romanos 16:25-26*

Jesús habla de este tema sin ambigüedades. Tenga en cuenta la relación entre ser discípulo de Jesús y la vida eterna.

> *"Luego dijo Jesús a sus discípulos: —Si alguien quiere ser mi discípulo, tiene que negarse a sí mismo, tomar su cruz y*

*seguirme. Porque el que quiera salvar su vida, la perderá;
pero el que pierda su vida por mi causa, la encontrará. ¿De
qué sirve ganar el mundo eterno si se pierde la vida? ¿O qué
se puede dar a cambio de la vida? Porque el Hijo del hombre
ha de venir en la gloria de su Padre con sus ángeles, y entonces recompensará a cada persona según lo que haya hecho."
Mateo 16:24-27*

Jesús viene de nuevo, después de nuestra vida temporal y antes del juicio que
determina la ubicación y la calidad de nuestro destino eterno. La fe impasible
en Él es fatalmente defectuosa. La relación casual con el Rey Jesús es peligrosa.

*"**Trabajen**, pero no por la comida que es perecedera, sino **por
la que permanece para vida eterna**, la cual les dará el Hijo
del hombre. Sobre éste ha puesto Dios el Padre su sello de
aprobación." Juan 6:27*

Jesús les dice a sus discípulos que ***no*** trabajen por alimentos que perecen, pero
les ordena a sus seguidores que trabajen por lo que perdura para la **vida
eterna**.

*"Y ésta es la vida eterna: que te **conozcan** a ti, el único Dios
verdadero, y a Jesucristo, a quien tú has enviado." Juan 17:3*

Jesús identifica que la fe para la vida eterna se iguala a **conocerlo**, es decir,
buscar (corazón) unirse con Jesús en el corazón (voluntad, pensamiento, motivo) y la vida que los dos, discípulo y Discipulador, aumentan perpetuamente
para convertirse en Uno. Una imagen de esta relación es Abraham y Sarah,
cuyo **conocimiento** mutuo resultó en el nacimiento de Isaac.[185]

La vida eterna es conocer a Jesús, una relación profundamente intencional con
Jesús, comprometida y creciendo en la unión con Él. Aquellos que caminen
fielmente, intencionalmente, creciendo "unidos" con Jesús (conociéndolo) en
el día del juicio oirán, "Bien hecho". Jesús vivió y murió para proporcionar expiación a todos, pero aquellos cuya fe en Él no es suficiente para caminar en
expiación fiel, intencional, creciendo con Jesús escuchará, "Apártate de mí. No
te **conozco**".

Jesús salvará a los que creen en Él. Pero, ¿qué significa eso? ¿Qué es el "creer
en Él" que salva? Incluye **suficiente fe para seguirlo intencionalmente**. Incluye
la **obediencia que proviene de la fe**. Es para aquellos que se **niegan a sí mismos**,
que **pierden la vida**, que **trabajan para lo que dura para siempre**, y para

---

[185] Efesios 5:25-32

aquellos que **conocen** tanto a **Jesús** como para unirse con Él, convirtiéndonos cada vez más en "amigos de alma". Esto es creer en Jesús, y esto lleva a la vida eterna. Jesús lo llamó un camino estrecho.

Jesús les dice a todos: "Vengan a mí... cómo anhelo asociarme con ustedes... entren en mis propósitos y procesos conmigo... aprendan de mí... síganme". Yo soy su camino. Soy su luz. Los llevaré a través de la oscuridad, a través de la muerte, a la vida eterna".[186]

Muchos cristianos autodenominados creen en Dios. ¡Pero también los demonios creen en Él![187] La creencia en Jesús que conduce a la vida eterna es completamente diferente de la creencia profesada por muchos que piensan que son salvos debido a su fe... en su asistencia a la iglesia, en su bautismo, en la comunión, o incluso para el perdón. La creencia que conduce a la vida eterna está en una persona (Jesús) que está viva y que conoce perfectamente el nivel al que se toma en serio como nuestro Dios. Es una relación de pacto, no conveniente ni casual, que debe establecerse y mantenerse.

Sin duda, la fe salvadora incluye nuestra confianza en el sacrificio expiatorio de Jesús por nuestros pecados, pero mucho más. Jesús sabe perfectamente si **solo** tomamos en serio su sufrimiento sacrificial por nuestro pecado, pero prácticamente ignoramos casi todo lo que Él es, dice y hace. Él sabe si en nuestro corazón **no estamos dispuestos** a someternos a Él como nuestro Señor y Rey, Dios, incluyendo la sumisión intencional a su autoridad. *Confiar en Él por gracia, pero no por orientación o gobierno, es confiar en una "parte" de una persona, pero no en toda la persona*. La muerte de Jesús por el pecado del mundo fue y es dramática y gloriosa más allá de la imaginación. Pero hay mucho más en Jesús que las tres horas del Viernes Santo. Creemos en *Él*, una Persona viva, y le creemos, lo cual es mucho más que principalmente o solo creer en su provisión para el perdón.

La provisión de perdón de Jesús es establecer y desarrollar una relación, no sustituirla.

La fe que salva es **mucho más** que simplemente creer que todo está eternamente bien para mí porque creo que Jesús logró el perdón en la cruz por mí. Somos salvos por la fe en una persona llamada Jesús. Él es mucho más que una doctrina. Hizo mucho más que colgar en una cruz durante tres horas horribles un viernes. Él vino, vivió, murió, resucitó, y ahora vive y tiene una relación real con sus discípulos por medio de su Espíritu. La razón por la que Jesús *quería* morir incluía que sabía que no teníamos ninguna esperanza de relación

---

[186] Mateo 11:28-29, 16:24, Juan 14:6, 8:12
[187] Santiago 2:19

con Dios aparte de su sacrificio por nuestro pecado. Sin embargo, su muerte nunca tuvo la intención de ser un sustituto de la relación, sino más bien la restauración de una relación salvadora y transformadora.

JESÚS SALVA A LOS QUE CONFÍAN EN ÉL COMO SU ENTRENADOR

Me encantaban el béisbol, el baloncesto y el fútbol. Quería hacerlos bien y, por lo tanto, no me importaba ser entrenado por aquellos mucho mejores que yo. De hecho, buscaba buenos entrenadores, y cuando encontraba uno en el que confiaba, obedecía obstinadamente lo que decía.

Casi todos quieren una buena vida. Hay un Entrenador que sabe y quiere lo mejor para la vida ahora y eternamente. Él nos ama tanto que pagó un precio aterrador para ayudarnos, y ofrece libremente vivir con y en cualquiera que realmente quiera su ayuda. Oh, lo olvidé. Casi libre. Hay un precio que cobra: *fe en Él* para salvarnos, incluso ser nuestro Entrenador. Él nos proporcionó lo que no pudimos asegurar para nosotros mismos. Provisión para restablecer la relación. Provisión que Él nos ofrece libremente. Pero lo que sí podemos hacer y que Él requiere: cambiar de opinión acerca de en quién confiaremos para la vida real y eterna, lo que incluye buscar y crecer a partir de su entrenamiento.

¿Qué pasaría si a la mayoría de los cristianos de hoy se les hubiera dicho originalmente en el "evangelio" que creer en Jesús para salvarse es convertirse en un discípulo de Jesús, lo que significa comenzar y mantener una relación cada vez más sensible con Jesús como "Entrenador". ¿Puede imaginar la diferencia en la iglesia y su impacto en el mundo, por lo tanto, la eternidad?

Muchos pueden no haber respondido. Pero aquellos que lo hicieron revelarían mucho más dramáticamente la vida de Jesús. Se habría establecido una cultura de discípulos y discipulado, y el crecimiento habría explotado exponencialmente.

Jesús es EL Entrenador, El Discipulador, que promete convertir cenizas en belleza,[188] convertir vidas quebrantadas en vidas abundantes,[189] habilitar a los que se sienten sin importancia a darse cuenta de su valor. ¿Podrían estos quebrantados (o cualquier otra persona) considerar creer en Jesús y preguntarle si se convertiría en su Entrenador, en su discipulador? ¿O, para algunos, reconsiderarlo? ¿Sería bueno para muchos cristianos que conoce, tal vez incluso usted, tener el tipo de fe en Jesús que le salvará, es decir, vivir la vida y obedecerlo como su Entrenador?

---

[188] Isaías 61:3
[189] Juan 10:10

Advertencia: Muchos de los que se ven a sí mismos como "cristianos" simplemente no son discípulos de Jesús. Él no es su Entrenador. Advertencia adicional: muchos no quieren un Entrenador y se oponen descaradamente a la idea de que para ser salvo uno *debe* ser entrenado por Jesús, es decir, ser su discípulo.

Si no tiene fe suficiente en Jesús para recibirlo como su entrenador de vida, está en grave peligro de escucharlo un día decir: "Nunca te conocí. Aléjate de mí".[190] Ser cristiano se trata de una verdadera relación intencional de entrenamiento con Jesús (como lo hicieron Pedro y Juan).

MÁS ALLÁ DE ENTRENADOR A SOCIO

Este llamado e invitación es mucho más que una relación entrenador-jugador. Es más como el cortejo y el matrimonio.

Jesús vigila nuestro planeta. Se regocija en todo lo que es bueno... y hay mucho. Sin embargo, le duele todo lo que está roto, malo, malvado... y perdido. Él sabe que, si se le diera la oportunidad, podría ayudar a todos y en cada situación. Él quiere ayudar. Por su Espíritu, le susurra a cada persona en el planeta: "Correcto. Incorrecto. Bueno. Malo. Inteligente. No inteligente. Házlo. No lo hagas. Ve. Gira. Lento. Deténte. Piensa. Ven a mí. Aprende de mí. Sígueme... quiero salvarte".[191] *¡Murió para salvarnos y viene a cortejarnos!*

A través de su Palabra y su Cuerpo, Él anuncia: "Te amo. Dejé todo en el cielo para venir a ti para hacer posible una relación de matrimonio contigo. Moriría, y lo hice, para establecer nuestra relación y restaurar tu vida. Vine para hacerte consciente de mi amor. Me encantaría, apasionadamente, vivir contigo para poder con cariño ser tu marido, entrenador, mentor y discipulador para la vida: vida abundante, eterna, santa y productiva. He puesto mi Espíritu a tu disposición. Te he dado mi Palabra. Te he dado mi Cuerpo. De hecho, te he dado todo lo que necesitas para la vida y la piedad...[192] pero debes responder a mi pedido de vivir contigo - momento a momento - para que yo te discipule. Te hice para que tú y yo cada vez más pudiéramos convertirnos en Uno. Uno en pensamiento, en deseo, en palabra y en acto. A través de nuestra creciente comunión y unión (sabiendo, siendo Uno) te salvaré... ahora y eternamente, si perseveras en la fe lo suficiente como para honrarme, responderme, someterte a mí, seguirme".[193]

---

[190] Mateo 7:23
[191] Juan 16:7-13, Mateo 11:28-29, 16:24
[192] 2 Pedro 1:3
[193] Colosenses 1:22-23

Jesús nos invita a esta relación de matrimonio tipo pacto. Por su Espíritu, se muda a nuestra casa para hacerla su templo para vivir con nosotros.[194] Los que responden a Su invitación a vivir juntos se llaman su Novia. "Acércate a Mí".[195] "He aquí, yo estoy en la puerta y llamo..." se le dice a su iglesia, su Novia.[196] "Vengan a mí".[197] Los cristianos no vienen a Jesús una sola vez para obtener un "seguro contra incendios" permanente. Venimos a Jesús una y otra y otra vez porque estamos en una relación de pacto tipo matrimonio con Él.

¡Venir a Jesús una y otra vez, y seguirlo cada vez más, es precisamente por eso que fuimos creados! Esta es nuestra razón de ser. Vivir la vida con Jesús, no solo como nuestro "entrenador de vida", sino como una pareja de tipo matrimonial, cumple nuestro propósito: relación con Él, depender de Él, incluyendo su poder para asociarnos con Él y dar mucho fruto.[198] Desde la perspectiva de nuestro Creador, ser Uno con Él a través de ser discipulado por Él ES el éxito. ¿Es esa nuestra perspectiva?

Jesús continúa "La pelota está completamente en tu cancha. Te quiero, te doy la bienvenida, he hecho un camino, el camino para ti. La pregunta más importante que debes responder es esta: ¿Tienes suficiente fe en mí como para querer que en tu vida te discipule? ¿Entrenarte? Para gobernar como tu Rey? ¿Ser cada vez más Uno contigo? ¿Para salvarte? Prometo darte todo tipo de vida real: abundante, eterna, santa, productiva.

"Si no dejas que te entrene y discipule, es porque confías en alguien o en algo que no sea mí, independientemente de lo que digas sobre tu 'fe' en mí. ¿De verdad confías en mí? ¿En serio? Si es así, harás lo que sea necesario para que yo te discipule. En resumen, *¿quieres que te salve*, ahora y eternamente?"

¿Por qué confiamos en quién o lo que gobierna nuestra vida más de lo que confiamos en Jesús? ¿Son estos "entrenadores", mentores, más confiables que Jesús? Él es el Amante, el Genio, el Creador, el Dios encarnado, el Salvador sufriente y agonizante, el Señor resucitado y reinante, y tiene toda la autoridad. ¿Confía en Él lo suficiente como para dejar que le discipule? Si no es así, *¿qué cree que piensa sobre sus afirmaciones de tener fe en Él*?

Si no tengo suficiente fe en Jesús para seguir su entrenamiento, ¡casi con certeza no tengo el tipo de fe en Él que me salva! ¡Yo no solo *puedo* ser entrenado (discipulado), sino que *debo* ser discipulado por Él! ¿No estoy dispuesto a ser

---

[194] 1 Corintios 3:17
[195] Santiago 4:8
[196] Apocalipsis 3:20
[197] Mateo 11:28
[198] Juan 15:1-9

discipulado? No soy un discípulo. ¿No soy un discípulo? ¿Soy cristiano? Pregunta grande. Mejor busco la verdad.

Sección B:
Discipulado Por Jesús: ¿Cómo?

CAPÍTULO **11**

Conociendo A Jesús: "¿Quién Dices Que Soy?"

Primera pregunta: Alabanza y adoración

Un día Jesús y los amigos viajaron a otra región. Probablemente debieron dispersarse y mezclarse en las tiendas o en los lugares públicos comunes por un tiempo. Cuando ellos se reunieron de nuevo, probablemente alrededor de una fogata, Jesús les hizo la siguiente pregunta, "Así que, ¿qué se habla por las calles acerca de mí? ¿Qué es lo que sabe la gente de mí? ¿Quién dicen que soy?"

Evidentemente, Jesús se había convertido en el murmullo de la región. Muy probablemente la gente se preguntaba y debatía quién era Él. Tal vez hasta discutían un poco acerca del asunto.

Las chispas volaban hacia el cielo mientras alguien arrojaba una pequeña rama al fuego. Aún el humo alrededor de sus cabezas no impidió a los discípulos de responder a la pregunta de Jesús. Ellos tenían mucho que decir. "Algunos dicen que eres Juan el Bautista: otros dicen que Elías: y aún otros creen que Jeremías o alguno de los profetas".[199]

Después, Jesús se preparó para hacerles otra pregunta. Debido a la gravedad e importancia de la pregunta, me imagino que hubo una profunda y conmovedora pausa. Jesús se inclinó hacia adelante, sus ojos mirando fijamente a cada uno de sus discípulos, esperando que sus ojos respondieran y que fijaran su mirada en Él.

"¿Y qué hay de ustedes?", preguntó Jesús. "¿Quién dicen que soy?"

Hubo una pausa aún más larga y profunda. Silencio. Gran momento. Una ligera tensión.

Finalmente... Simón Pedro respondió, "Tú eres el Cristo, el Hijo del Dios viviente".[200]

---

[199] Mateo 16:14
[200] Mateo 16:16

Si la respuesta a la pregunta de Jesús había sido ambigua hasta el momento, ese ya no era el caso. Ahí estaba la respuesta. Expuesta. Tenía que ser afrontada. Pedro pensó... y lo habló en voz alta: "Jesús, tú eres el Mesías, el tan esperado para liberar al pueblo de Dios". Pedro creyó y se atrevió a proclamarlo en voz alta: él creyó que el Mesías, el tan esperado, aquel sueño mítico en quien muchos habían perdido la esperanza, estaba sentado justo entre ellos.

Ahora la atmósfera estaba muy cargada. Sin sueño y sin soñar despiertos. Todos los cuerpos estaban preparados, apenas tensos debido al enfoque anticipado. Todas las mentes independientemente unidas preguntándose cómo la proclamación de Pedro había afectado a Jesús. Preguntándose qué era lo que Jesús estaba pensando. Preguntándose si Pedro había contestado correctamente. Preguntándose si Jesús les diría la respuesta. Esperando.

Finalmente Jesús respondió. Qué hermosa respuesta. Algo similar a esto. "Pedro, ¿te das cuenta de lo bendecido que eres? Lo que acabas de decir no proviene de tu propia observación o imaginación. Y no lo recibiste de ningún mortal. Lo que acabas de decir fueron y son las palabras directas de Dios mi Padre. Él te susurró y tú oíste su voz lo suficientemente claro para hacer algo con eso; hablaste lo que escuchaste. Y yo te digo, aunque tal vez ni tú ni los demás lo alcancen a ver, tú eres una roca y yo te voy a empoderar, a través de esta magnífica y clara revelación que has articulado, para construir mi familia eterna. Y nada, ni siquiera las puertas del Hades, podrán detener lo que estamos haciendo".[201]

Qué momento. Intente imaginar el impacto en aquellos que escucharon a Pedro pronunciar aquella declaración a la pregunta de Jesús... y luego, mientras Jesús respondía. Yo creo que los discípulos de Jesús fueron marcados como nunca antes y fueron moldeados por el futuro gracias a la respuesta de Pedro: "Tú eres el Cristo, el Hijo del Dios viviente".

Algunas observaciones:

• *Jesús pidió a sus discípulos que pensaran acerca de su esencia, su naturaleza, y después expresar sus conclusiones, enfrente de cada uno. Cuando estamos reunidos, ¿querrá Jesús hacernos la misma pregunta?[202] ¿Sería de ayuda para nosotros, sus discípulos contemporáneos, para responder rutinariamente esta pregunta? ¿De cuánta ayuda sería?*

---

[201] Mateo 16:17-18
[202] Nuestra respuesta sería alabanza, y vendría de nuestra relación con Jesús, no de un mensaje de un predicador o de un escritor de una canción. Sería nuestra propia "canción" a Jesús.

- *La respuesta de Pedro tuvo un significativo impacto en Jesús, y ciertamente tuvo que impactar poderosamente a los otros discípulos, aunque no se hace mención de ello en las Escrituras. ¿Qué pasaría si pasáramos más tiempo juntos en un diálogo real con Jesús acerca de Jesús, aprendiendo a responder a su pregunta acerca de quién es Él en base a lo que recordamos que la Biblia dice sobre Él?*

- *Jesús respondió a Pedro en frente de otros con la Palabra de Dios. Si hablamos con Jesús acerca de Jesús ¿será que Él, por medio de su Espíritu, nos responda con una Palabra poderosa de su Padre para nosotros?*

- *La conversación completa seguramente impactó y elevó a todos los discípulos a una claridad aún mayor, una mejor fe, y un mayor amor por Jesús y su misión. ¿Podría el hecho de hablar **con** Jesús más **acerca de** Jesús resultar en este tipo de claridad, fe, y amor? ¿Es Jesús digno del intento?*

Seguramente Jesús quiere discipular a sus discípulos contemporáneos — nosotros — con la misma clase de pregunta y por la misma razón. Tal vez nos pregunte, "¿Por qué crees que quiero todo de ti para responder a mi pregunta y que todos puedan escucharte?"

¡LA PREGUNTA DE JESÚS ABORDA NUESTRA MAYOR NECESIDAD!

Cuanto más claro respondamos a la pregunta de Jesús, lo conoceremos con mayor exactitud. Entre más sea la exactitud, nuestra fé en Él y nuestro amor por Él y otros será aún mayor. Cuanto más grande sea nuestra fé y amor, mayor será nuestro parecido con Cristo externa e internamente hablando, nuestro carácter y ministerio, y nuestra productividad ahora y por la eternidad. Conociendo a Jesús mejor, a través de la precisión con la que respondemos a su pregunta, nos lleva a una tangible y significativa vida eterna.[203] "Lo que viene a nuestras mentes cuando pensamos en Dios es lo más importante acerca de nosotros".[204] En otras palabras, lo más importante acerca de usted es el conocer a Dios. Jesús dijo, "Cualquiera que me haya visto, ha visto al Padre".[205]

Contrariamente, cuanto más distorsionada o ausente sea nuestra respuesta a la pregunta de Jesús, seremos más *indiferentes* a Jesús. Tal vez *confundidos* sobre Él. O aún *ignorar* quién es Él. Cuanto más desconozcamos, seamos indiferentes, o estemos confundidos acerca Jesús, más inevitablemente será el hecho de no poder confiar en alguien o algo que no sea Jesús. Y el darnos a nosotros mismos o a algo más. Estos son idólatras y, tarde o temprano,

---

[203] Juan 17:3
[204] This World: Playground or Battleground? (Este mundo: ¿Parque infantil o campo de batalla?) por A.W. Tozer, pp. 5-6.
[205] Juan 14:9

destruirán nuestras vidas. Más adelante observaremos esta realidad identificada claramente en Romanos 1:18-32.

Nuestra mayor necesidad es conocer a Jesús como Él es.

- *"Y esta es la vida eterna: que te **conozcan** a ti, el único Dios verdadero, y a Jesucristo, a quien tú has enviado." Juan 17:3*

- *"Es más, todo lo considero pérdida por razón del incomparable valor de **conocer** a Cristo Jesús, mi Señor. Por él lo he perdido todo..." Filipenses 3:8*

Un director de discipulado de distrito y yo estuvimos facilitando una junta sobre "Discipulado por Jesús". Era la primera vez que el grupo se reunía. Eran las 6:00 am.

Como es común iniciar cada una de nuestras reuniones, pedimos por la manifestación de la presencia de Jesús. "Señor Jesús, celebramos tu presencia.[206] Tú estás aquí, y tu deseo es de dirigirnos y guiarnos.[207] Nos comprometemos a escucharte durante este tiempo juntos".

Después pregunté si alguien estaba dispuesto a contestar la pregunta de Jesús, "¿Quién dicen ustedes que soy?" Muchas personas contestaron de una manera significativa. La atmósfera estaba viva, estando conscientes de que la presencia de Jesús estaba en el lugar. Yo pregunté si a alguien le gustaría, en lugar de hablarnos acerca de Jesús, hablar directamente con Jesús, pero solamente sobre Jesús, contestando su pregunta directamente, "¿Quién dices que soy?"

Algunos respondieron. Mientras una persona imaginaba estar frente a Jesús y ver fijamente a través de su mirada y entre lágrimas contestaba su pregunta, di un salto involuntariamente. Estaba asustado porque la mesa había comenzado a temblar. Simultáneamente, escuché un ligero sollozo, y luego un crescendo en la intensidad y volumen. Dirigí mi mirada y me encontré con un hombre de gran tamaño vestido con un overol enorme, con su cabeza en la mesa, temblando y sollozando muy fuerte. Era algo aterrador, misterioso. Nadie intentó orar en volumen más alto que aquel sollozo, al contrario, todos guardaron silencio excepto aquel hombre enorme.

Él comenzó a hablar bruscamente entre cada sollozo diciendo, "Jesús está decepcionado de mí". Yo no sabía qué hacer. Así que, esperé. Una y otra vez, él repetía la misma frase sobre lo que él creía que Jesús pensaba de él. Pero fue aún más allá, "Mi pastor estaría muy decepcionado de mí si supiera".

---

[206] Mateo 18:20
[207] Juan 14-16

Después de un poco, le hice una pregunta al grupo (tal vez un poco peligrosa), "¿Alguien tiene idea de lo que Jesús *pudiera* estar pensando sobre este hombre?"

Algunos fueron rápidos para contestar y todos, de una manera u otra, declaraban el gran amor y gracia de Jesús para con este hombre, independientemente de lo que hubiera hecho. Un hombre del otro lado de la mesa fue algo vehemente. El volumen de su voz se elevó de un tono normal a "gritos de pastor" mientras intentaba de "persuadir" a nuestro sentimental y enorme amigo. Incluso se puso de pie, se inclinó sobre la mesa, y en su emoción, comenzó golpear la mesa con su puño para probar su punto.

Casi con la misma intensidad, interrumpí al buen intencionado, pero excesivamente dominante predicador, insistiendo en que se detuviera. Cuando por fin guardó silencio, yo dije, "Todos estamos de acuerdo con lo que has dicho, ¿pero crees tú que la manera en que lo dijiste, sería la manera en que Jesús lo hubiera dicho?"

Obviamente la pregunta fue una sacudida para él e instantáneamente cambió. Sentado, él extendió las palmas de sus manos hacia arriba, y con lágrimas en sus ojos y con una voz suave, comenzó a explicar cuán profunda y tiernamente Jesús valoraba a aquel enorme hombre en la mesa. El tono y el mensaje fueron tal que pareciera como si el mismo Jesús hubiera dicho aquellas palabras. El mensaje y el método, penetró profundamente en el corazón de nuestro hermano, y la sanidad comenzó.

Mi punto es: ambos, el "gigante" y el "predicador" fueron profundamente afectados por el hecho de estar *consciente* de la presencia de Jesús y de saber quién es Él. Ambos tenían sus propios pensamientos, emociones, deseos, palabras, pero sus acciones cambiaron cuando estuvieron conscientes de Jesús y su presencia. Uno estaba convencido de pecado y estaba claramente fuera de control: el otro, cuando dejó de pensar "quién es Jesús", cambió completamente la manera en que hablaba porque estaba consciente de la presencia y naturaleza de Jesús.

"Acérquense a Dios, y él se acercará a ustedes."[208] Dios se da a conocer, especialmente, cuando su pueblo adora sinceramente.[209] El conocer a Jesús nos cambia en maneras extraordinarias. Si practicáramos juntos el contestar la pregunta, "¿quién dicen ustedes que soy?" podemos 1) tener un mayor

---

[208] Santiago 4:8
[209] Salmo 22:3

regocijo en nuestro tiempo a solas con Jesús y 2) lograr un progreso mensurable en "regocijarnos en el Señor"[210] todo el día.

Pablo era un perseguidor convertido en misionero gracias a un dramático encuentro con Jesús. Aún con esta exposición de cambio de vida, él no estaba satisfecho con su conocimiento de Jesús. Muchos años después, después de haber caminado y de haber sufrido por Jesús en extraordinarias maneras, él podría haber estado satisfecho con su abundante conocimiento de Jesús. ¡Pero no! Mientras se encontraba en prisión por causa de Cristo, habiendo plantado iglesias y habiendo escrito "misterios" sobre Jesús que más tarde se convertirían en las Escrituras, él declaró:

> *"Sin embargo, todo aquellos que para mí era ganancia,*
> *ahora lo considero pérdida por causa de Cristo. Es más, todo*
> *lo considero pérdida por razón del incomparable valor de co-*
> *nocer a Cristo Jesús, mi Señor. Por él lo he perdido todo, y lo*
> *tengo por estiércol, a fin de ganar a Cristo y encontrarme*
> *unido a él." Filipenses 3:7-8*

Después de años de proclamar el conocimiento de Cristo, y ahora encarcelado por conocer a Cristo, Pablo añora más. "Quiero conocer a Cristo".

Contestar a la pregunta de Jesús nos obliga a luchar por claridad con respecto al tema más importante de la vida. Si yo, o mi familia o iglesia, puede hablar articuladamente sobre ciencia, matemáticas, carros, fútbol, sobre cocina, casas, personas, problemas de la iglesia, pero no conocemos a Jesús lo suficiente como para articular, aunque sea algo de lo que Él es, ¿estamos en serio peligro de escuchar, "No los conozco"?[211] La buena noticia es la siguiente: puedo ver profundamente a través de la mirada de Jesús, y luchar para encontrar las palabras adecuadas para declarar quién es el Jesús revelado en la Escritura. El "conocimiento" ganado en esta lucha fortalece mi fe en Jesús. También fortalece nuestra obediencia a Jesús, porque conocer a Jesús significa amarlo, y si amamos a Jesús creceremos al obedecerlo.[212] Este conocimiento "experiencial" de Jesús me cuidará y me dará el poder en esta la vida y para la eternidad, independientemente de mi conocimiento sobre matemáticas, ciencia, política o economía. Luchar constantemente con la pregunta: "¿Quién dices que soy?" aumenta considerablemente mi conocimiento y respuesta hacia Él, ya que el conocerlo es vida eterna.

---

210 Filipenses 4:4, 1 Tesalonicenses 5:16
211 Mateo 7:21-23
212 Juan 14:15

- *"Y esta es la vida eterna: que te conozcan a ti, el único Dios verdadero, y a Jesucristo, a quien tú has enviado." Juan 17:3*

- *"Su divino poder, al darnos **el conocimiento de aquel** que nos llamó por su propia gloria y excelencia, nos ha concedido todas las cosas que necesitamos para vivir como Dios manda." 2 Pedro 1:3*

- *"Así dice el Señor: «Que no se gloríe el sabio de su sabiduría, ni el poderoso de su poder, ni el rico de su riqueza. Si alguien ha de gloriarse, que se gloríe de **conocerme y de comprender** que yo soy el Señor..." Jeremías 9:23-24*

Mientras trabajamos juntamente con las iglesias para hacer discípulos, Debbi dice lo siguiente: "Lo que pensamos sobre Jesús determina lo que creemos que Él piensa de nosotros. Lo que creemos que Él piensa de nosotros determina lo que pensamos acerca de nosotros mismos, y cómo nos sentimos acerca de nosotros mismos determina nuestra manera de tratar y relacionar a las personas a nuestro alrededor." ¿Cuánto tiempo necesitamos tomar para pensar quién es Jesús y lo que piensa sobre nosotros?

La falla en la lucha por responder a la pregunta de Jesús es la base para todo tipo de destrucción.

> *"Ciertamente, la ira de Dios viene revelándose desde el cielo contra toda impiedad e injusticia de los seres humanos, que con su maldad obstruyen la verdad. Me explico: **lo que se puede conocer acerca de Dios** es evidente para ellos, pues él mismo se lo ha revelado." Romanos 1:18-19*

La pregunta de Jesús creó pensamientos sobre Él. La iglesia tiene una razón esencial para reunirse: ayudarse unos a otros a conocer a Jesús, con el resultado de creer en Él y seguirlo.

Teniendo en cuenta la importancia relativa de Jesús para nosotros, las conversaciones en el vestíbulo de la iglesia o en nuestros vehículos mientras conducimos se esperaría que fueran principalmente, si no en su totalidad, sobre Él. Pero si nuestras conversaciones sobre Jesús son mínimas o inexistentes dentro de los vehículos de familias cristianas o en los vestíbulos donde alabamos, los niños perciben la relativa importancia de Jesús aproximadamente 1-2 horas de cada 168 horas.

¿Por qué las conversaciones sobre Jesús son mínimas? No tenemos un lugar donde practiquemos el hablar con Jesús, sobre Jesús. Eso tiene que y debe de cambiar. "¿Quién dices que soy?"

LA PREGUNTA DE JESÚS EXPONE UNA DOLOROSA REALIDAD

Trágicamente, muchos cristianos encuentran difícil hablar sobre Jesús. Hablamos libremente sobre lo que conocemos, o lo que nos importa, o sobre las cosas que tenemos en común con otros. Jesús debería de encajar en estas tres categorías para la iglesia: conocemos a Jesús, nos importa Jesús, y lo tenemos a Él en común. Pero rara vez, en las conversaciones informales y naturales de la iglesia promedio, uno puede escuchar las conversaciones sobre Jesús. ¿No es nuestra razón principal de juntarnos, el conocer a Jesús? ¿Cuál es el problema y qué podemos hacer al respecto?

Jesús es todo lo que la iglesia, universalmente, tiene en común. Él es la razón principal, e incluso la única, de nuestras reuniones. ¿Por qué no aumentamos y desarrollamos lo que tenemos en común en Jesús hablando juntos sobre Él? ¿Sobre quién es Él? ¿Por qué rara vez contestamos la pregunta que les hizo a sus discípulos?

Si le pidiera que me hablara sobre su madre, lo podría hacer fácilmente. La conoce. Podría felizmente poner imágenes de ella en mi mente al contarme cosas maravillosas sobre ella.

¿Porque no podemos hacer lo mismo cuando hablamos de Jesús? O no lo conocemos, o tenemos muy poca práctica hablando sobre lo que sabemos de Él que tenemos nuestra lengua pegada, aún entre cristianos. Para contestar a su pregunta requiere que se nos dificulte el articular las palabras para expresar quién es Él. Además, podemos mejor comunicarnos a nosotros mismos y a otros quién es Él.

Fácilmente hablamos con los hermanos "naturales" sobre nuestra madre, a quién conocemos, quién nos importa y con quién tenemos cosas en común. ¿Por qué no hacerlo con Jesús, a quien conocemos, nos importa, y tenemos en común?

Es en serio. Escuche las conversaciones entre cristianos. La mayor parte del tiempo, la conversación no incluye a Jesús. Lo deja fuera. Eso es impiedad.

> *"Evita las palabrerías profanas, porque los que se dan a ellas se alejan cada vez más de la vida piadosa..." 2 Timoteo 2:16*

La charla sin Dios, lo que omite a Dios de la conversación, conduce a más y más impiedad. ¿De qué o de quién se habla en los vestíbulos de nuestra iglesia? ¿Esto explica algunos de los desafíos en nuestras iglesias y familias?

Hace algún tiempo comencé a invitar a la iglesia a asistir a los hombres a tomar un café o almorzar con la intención de hacerles la pregunta que Jesús hizo, "¿Quién dicen que soy?" Su caminar con Jesús, o lo que Jesús significa para usted, o quién es Jesús para usted". La mayoría tartamudearía, algunos casi se ahogarían, y finalmente soltarían algo sobre el amor de Jesús por ellos, o el perdón de los pecados. Afortunadamente, generalmente cambiaba la conversación debido a su evidente incomodidad.

La mayoría de estos hombres creían sinceramente que eran salvos, con el cielo ganado, y que servían a Dios como él lo desea. Y probablemente tenían razón, por lo menos en las primeras dos. Sin embargo, hablar sobre Jesús era como una extracción dental. Si no nos importa o no conocemos a Jesús lo suficiente como para hablar sobre él, es muy difícil que le podamos ser sensibles en nuestra vida diaria, o ayudar a otros a conocerlo y seguirlo. Si no conocemos a Jesús lo suficiente para hablar sobre él en un café con nuestro pastor, ¿nos podríamos nerviosos o nos sentiríamos incapaces de hablar sobre él en nuestros hogares, trabajo o escuela? ¿Es lo suficientemente importante para incluirlo en nuestras conversaciones? ¿Por qué es tan difícil para los cristianos hablar sobre nuestro Rey, nuestro Salvador, nuestro Amigo?

> *"Si alguien se avergüenza de mí y de mis palabras en medio*
> *de esta generación adúltera y pecadora, también el Hijo del*
> *hombre se avergonzará de él cuando venga en la gloria de su*
> *Padre con los santos ángeles."*[213]

El tema más descuidado en el Reino de Dios es el mismo Rey. Incluso enseñamos, y predicamos, mayormente sobre temas y doctrinas, seguramente importantes. Enseñamos justicia y moralidad, ayuda psicológica, sobre mejorar matrimonios y cómo educar a nuestros hijos, dinero y tiempo, valores y visión, estrategias para el ministerio, etc. Todo lo anterior es bueno, pero son resultados naturales de nuestro mensaje, no el centro de nuestro mensaje. En nuestra predicación y enseñanza, debemos maximizar y mantenernos en el mensaje. Nuestro mensaje es una persona, y esta persona llamada Jesús es nuestra vida.[214]

La iglesia se reúne por algunos minutos cada semana para ayudarse unos a otros a seguir a Jesús. ¿Habrá algo más importante sobre qué hablar que hablar de Jesús? ¿Porque incluimos, honramos y glorificamos tan poco a Jesús en nuestras conversaciones? ¿Cuál es el problema y que podemos hacer al respecto?

---

[213] Marcos 8:38
[214] Colosenses 3:4, Hechos 8:12, 18;5, 28;31, 2 Corintios 4:5, Efesios 3:8, Filipenses 1:18

Un profesor seminarista en una gran ciudad comentó a sus alumnos que Jesús rara vez es el tema principal de un sermón. Uno de sus alumnos no lo creyó, así que decidió visitar 52 diferentes iglesias conservadoras el siguiente año. Al finalizar el año, incluyendo la Navidad y la Pascua, el estudiante confesó que el profesor tenía razón. El estudiante no había escuchado un solo sermón que tuviera el enfoque directamente en Jesús: quién es Él, qué hizo o qué estaba haciendo. ¿Cuál es el problema? ¿Qué podemos hacer al respecto?

"Me propuse más bien, estando entre ustedes, no saber de cosa alguna, excepto de Jesucristo, y de este crucificado." 1 Corinthians 2:2

Pablo tenía fijación con Jesús. ¿Puede imaginar algo más importante que pudiéramos hablar que no fuera Jesús? ¿Quién dicen ustedes que soy yo? Hablamos sobre el clima, deportes, gentes, ideas (incluso teológicas), problemas, y ¿a dónde nos lleva eso? Si hablamos incluso solo con cierta precisión sobre Jesús, él es glorificado, honrado, valorado, confiado y amado. Crecemos en fe, en amor, sabiduría, y somos ayudados. ¿Quién es Jesús para nosotros? Debemos responder y hacerlo bien. Y al respondernos unos a otros, estaremos mucho mejor equipados para articular nuestra respuesta a nuestra familia y amigos... y a nosotros mismos.

RESPONDER CORRECTAMENTE A JESÚS FORTALECE PAZ, GOZO Y AMOR

Al ser entrenados para contestar repetidamente "¿Quién dicen que soy?" seremos capaces de ver a Jesús, de empujar hacia la verdad, conocer qué es la verdad, en nuestra propia mente y corazón. Esto nos da el conocimiento puro necesitado para "regocijarse *en el Señor* siempre."[215]

Regocijarse en el Señor siempre — honestamente, aun moviéndose en esa dirección — transforma nuestro pensamiento, empodera nuestra conciencia sobre Jesús, fortalece nuestra fe (la fe viene por el oír), y produce el buen fruto de paz y gozo, permitiendo que nos olvidemos de nosotros mismos y amemos a otros. Esto es transformador. Fácil de enseñar. Difícil de hacer. Transformador de vidas cuando se practica repetidamente.

"Más bien, honren en su corazón a Cristo como Señor. Estén siempre preparados para responder a todo el que les pida razón de la esperanza que hay en ustedes. Pero háganlo con gentileza y respeto..." 1 Pedro 3:15-16ª

---

[215] Filipenses 4:4, 1 Tesalonicenses 5:16

¿CÓMO LOGRAR UN MEJOR PROGRESO?

Por todas las razones antes mencionadas y más, debemos determinar estratégicamente maneras y formas para responder mejor la pregunta de Jesús. ¿Cómo lo haremos?

La solución más simple pudiera ser el *priorizar* reuniones donde la máxima meta de la reunión sea que el moderador haga la pregunta, "¿Quién dicen ustedes que es Jesús?" y que el grupo de miembros crezca en conocer y articular su respuesta.

No es suficiente gritar rápidamente alguno de los nombres y/o atributos de Jesús que hayamos escuchado o memorizado, aunque es un buen punto de inicio. Debemos aprender a articular el significado y ramificaciones de quién es Jesús.

Hacemos bien en *memorizar* algunos nombres bíblicos de Jesús, y la descripción bíblica de su naturaleza. El contestar esta pregunta es una rápida recapitulación de las más importante y bien conocidas verdades bíblicas: ¡quién es Jesús! Es una recapitulación bíblica de memoria. Práctica, práctica, práctica. Pero no inconscientemente. Hable con Jesús sobre Jesús. Él está escuchando.

Lo que sale de nuestra boca sobre y hacia Jesús es *alabanza*. Nuestras respuestas verbales y de conducta hacia Jesús son llamadas *adoración*, y deben ser practicadas toda la semana, resultando en que otros vean nuestras buenas obras y dando alabanza a nuestro Padre Celestial.[216]

Al reunirnos, intencionalmente trabajamos en nuestra consciente percepción de que estamos en la presencia de Jesús. Nos imaginamos a nosotros mismos sentamos con Él y contestando su pregunta, "¿Quién dicen ustedes que soy?". Nuestras respuestas generalmente son ásperas y feas, pero estamos aprendiendo. Sólo por el simple hecho de tomar el tiempo para sentarnos juntos, *contemplando la presencia real de Jesús*, y hablándole a Jesús sobre Jesús, cosas buenas suceden.

Un grupo de 30 hombres de una iglesia grande estaban practicando su presencia hablándole *a* Jesús *sobre* Jesús. Ellos estaban luchando para contestar la pregunta de Jesús, "¿Quién dicen ustedes que soy?". Incluso contemplando el ministerio a los hombres. Fue una reunión realmente significativa.

Luego, cuando las cosas estaban yendo bien, un hombre más joven en la congregación cambió el tema. Con cada palabra medida cuidadosamente, él pidió

---

[216] Mateo 5:16

permiso para levantar una queja. El permiso le fue concedido. Él procedió a reconocer a todos los hombres presentes por lo que estaban haciendo y hablando, pero después confrontó a todo el grupo. "Desde que asisto a la iglesia, he observado poca disposición de los hombres para apoyar a nuestro pastor. Él ha llamado a los hombres para que se unan con él en oración. Y no lo hemos hecho. Sé que esto es difícil, pero frecuentemente escucho que algunos de nosotros se burlan de él, incluso lo calumnian. Podemos hacer todos los compromisos y planes que queramos para guiar a nuestras familias e iglesia en las cosas que estamos aprendiendo, pero hasta que nosotros, como los hombres de nuestra iglesia, cambiemos nuestra actitud hacia el pastor, no creo que Dios honre o bendiga nuestros bien intencionados esfuerzos". ¡Ay!

La calidez percibida de la reunión repentinamente se congeló. Un hombre mayor, miembro con gran influencia de la iglesia, desembocó un duro y condescendiente discurso hacia el joven.

Yo, siendo el moderador de la reunión, levanté mi mano: "Por favor... ¡esperen! Yo les pido esto antes de que cualquiera de nosotros responda a lo que se ha dicho, que cada uno de nosotros vea profundamente a través de los ojos de Jesús. Tranquilamente hablen con *Él* sobre lo que están pensando o lo que quieren decir. Pregúntenle si es lo que *Él* está pensando. Pregúntenle si *Él* quiere que ustedes expresen lo que están pensando".

El silencio era ensordecedor y prolongado. Después de algunos minutos, el hombre mayor y de gran influencia habló una vez más, identificando su orgullo y lo equivocado que había estado. Después otro y otro más. Solo por enfocarnos conscientemente en la presencia de Jesús y hablando directamente con Él "como si" fuera una persona real (y claro que lo es) y escuchándonos (claro que nos escucha), la reunión cambió completamente. *Por consiguiente, practicamos la presencia de Jesús en nuestras reuniones, y logramos un progreso en la sensibilidad hacia Él en dondequiera que nos encontremos*. Cambios suceden cuando estamos conscientes de que nos encontramos en la presencia de Jesús, y *él siempre* está presente.

Volviendo a la reunión, en lugar de estar a la defensiva, discutir o haber resentimientos, la conversación estuvo llena de introspección, honestidad, humildad y mansedumbre de Espíritu. Pronto, lágrimas de confesión, arrepentimiento y reconciliación fluyeron libremente. ¡Experiencias menores con Dios en su iglesia han sido llamadas avivamiento!

¿Cuál fue la causa de este mini avivamiento? Empiece con un enfoque intencional en la *presencia* de Jesús, añade hombres buenos y bien intencionados que decidan responder a Jesús, esté en silencio para reconocer que el Santo

Espíritu de Jesús está haciendo lo que Él siempre está listo para hacer: hablar. Es una receta para la transformación de individuos, matrimonios, familias, iglesias e incluso culturas.

"Más bien, crezcan en la gracia y en el **conocimiento** *de nuestro Señor y Salvador Jesucristo. ¡A él sea la gloria ahora y para siempre! Amén." 2 Pedro 3:18*

CAPÍTULO **12**

Modelando DPJ: Cómo Conocer Mejor A Jesús

Primera pregunta — Adoración y alabanza

Hemos hablado sobre la pregunta de Jesús, "¿Quién dices que soy?" en el capítulo anterior. Ahora está invitado a entrar a una reunión matutina donde participan 10 de los discípulos de Jesús. Jesús está aquí para discipularnos.[217] Yo, Hal, soy el facilitador de la reunión.

Hal: "Buenos días a todos. Vinieron otra vez. ¡Gracias! Y buenos días a ti, Señor Jesús. Gracias por hacernos la formal invitación de venir a ti. Hemos venido para ser discipulados por ti mientras hablas directamente con nosotros a través de tu Espíritu y tu Palabra a cada uno de nosotros. Una vez más, nos comprometemos a traer nuestros pensamientos cautivos a ti para comprobar si son tus pensamientos. Buscaremos el pensar juntamente contigo antes de hablar y practicar el hablar solo tus palabras. También nos comprometemos a escuchar lo positivo en lo que otros hablan para probar si ellos están hablando tus palabras."

"Empecemos por contestar la pregunta que Jesús hizo a sus discípulos, "¿Quién dicen ustedes que soy?"

PAUSA

Primeramente, nótese que incluí nuestro propósito y proceso de la reunión en mis notas introductorias.

Segundo, al hacer la pregunta de Jesús al inicio, hacemos nuestro mayor esfuerzo para continuar nuestra reunión enfocada en Jesús. Empezamos inmediatamente hablando sobre Jesús. Esto nos ayuda a pensar en Él. Nos ayuda a articular de manera más eficiente quién es Él. Nos ayuda a conocerlo mejor, a confiar y amarlo más. En pocas palabras, iniciamos la reunión en alabanza y adoración.

---

[217] Mateo 18:20

Tercero, en los capítulos 12, 14, 16, 18 y 20, mientras encamino al lector a través de las 5 preguntas de la reunión "Discipulados por Jesús" con sus discípulos, generalmente tomo una *pausa* para hacer comentarios sobre los actuales y futuros hacedores de discípulos. Usualmente me dirijo a estas personas como moderadores, ya que realmente pretendemos que Jesús sea el principal hacedor de discípulos. Luego regresaré a la reunión de discípulos con una *reanudación*.

REANUDACIÓN

Alivia: "He estado pensando sobre cómo Jesús ha provisto en mi vida. Es sorprendente que Él habla a las personas correctas para ayudarme".

Hal: "¿Qué nos dice eso sobre Jesús? ¿Qué nos revela eso sobre su personalidad?"

David: "Él se preocupa lo suficiente para ser nuestro Proveedor".

Madison: "Él conoce nuestras necesidades".

El grupo interviene con algunas ramificaciones de la actividad y personalidad de Jesús.

Hal: "Gracias. "¿Podría alguno de nosotros pensar en algún momento en la Biblia, del que tengamos conocimiento, donde Jesús sea el Proveedor? Si no recuerdan algún momento, ¿alguien podría buscarlo en su Biblia?"

PAUSA

Cuando el grupo está hablando sobre Jesús, usualmente es mejor investigar y meditar en un atributo o nombre específico de Jesús[218] en un contexto escritural que mencionar rápidamente un gran número de nombres. Necesitamos experimentar aún más profundamente con respecto a quién es Jesús que solo una recitación de sus nombres.

REANUDACIÓN

Justus: "Él alimentó a miles con solo unos pececillos y panes".

Otros agregaron cuando convirtió el agua en vino, cuando encontró una moneda en la boca de un pez, proveyendo misericordia a una mujer que estaba postrada a sus pies.

---

[218] En este caso Proveedor

Hal: "Esto es genial. Tan bueno como es para nosotros hablar sobre Jesús, ¿por qué no hablamos con Él? 'Jesús, recordamos que Tú estás sentado en este lugar, y no queremos dejarte fuera. Queremos hablar directamente contigo en respuesta a tu pregunta'. Vamos a imaginar a Jesús — de la manera en que les gustaría verlo. Yo me imagino estando con Él como con Nicodemo. Imagina mirándolo directamente a sus ojos y diciéndole que es tu proveedor".

PAUSA

Un cambio aún más importante debe suceder. Es un *cambio crítico*.

El moderador necesita guiar el diálogo de una discusión horizontal *sobre* Jesús a una discusión vertical *hacia* y *con* Jesús.

Este cambio a menudo resulta en que los presentes se den cuenta que están teniendo un encuentro *con* Jesús. El moderador usualmente necesita recordar al grupo que Jesús está verdaderamente presente. Tan bueno como es hablar de Jesús, es mejor hablar directamente con Él.

Hechos a la imagen de Dios, tenemos imaginación, que es, la habilidad de "ver" en nuestras mentes lo que no podemos ver en lo natural. Así, podemos imaginar ver a Jesús. La imaginación es un gran regalo que debe ser usado consciente y cuidadosamente.

El moderador puede alentar a todos los presentes a imaginar que están viendo a Jesús — cara a cara — y respondiendo la misma pregunta que le hizo a Pedro. "Vamos a hablar con una persona real, quien placenteramente está escuchando, pensando, sintiendo y deseando hablar con nosotros". Al imaginar estar viendo a Jesús a los ojos, y hablar con Él *solamente sobre Él*, a menudo crea un ambiente donde su Espíritu Santo trabaja poderosamente para permitir que sucedan encuentros con Jesús que transforman vidas.

REANUDACIÓN

"Al igual que Nicodemo o la mujer en la fuente, imagine que está sentado con Jesús, mirándolo a los ojos. Luego Él le pregunta, "¿Quién dices TÚ que soy?" Imagínelo haciéndole esa pregunta. Respóndale. Asegúrese de hablar más sobre Él, no sobre usted, a menos que sea una declaración de alabanza en respuesta a quien Él es. Tomemos de nuestro tiempo y demos la oportunidad al Espíritu Santo de revelar las palabras y pensamientos de Jesús hacia nosotros..."[219]

---

[219] Juan 14-16

PAUSA

El Espíritu Santo puede revelar quién es Jesús y todo lo que Él dijo.[220] También puede hablarnos sobre lo que Jesús está pensando o aún lo que quiere decirnos.[221] Una de las cosas en las que la iglesia de Jesús debe madurar, es en aprender a escuchar y reconocer lo que Él nos está diciendo a través de su Espíritu Santo. Esta reunión de discipulado es un tiempo para tener un encuentro con el Dios viviente y para practicar el escucharlo. La forma principal en que lo reconocemos, es en un *buen pensamiento*. *Podría* ser Él. Mientras intencionalmente practicamos su presencia al examinar nuestros pensamientos en nuestras reuniones de discipulado, estamos siendo equipados para conocer y seguir mejor su voz, lo cual no puede suceder si no estamos postrados a sus pies.

Así que, 1) para experimentar su presencia al escuchar su voz,[222] y 2) mejorar la forma en que escuchamos su voz, y 3) para practicar el identificarnos con Él y "poniéndonos dentro de su piel", a veces me atrevo a decir: "Pongámonos en el lugar de Jesús. Basándonos en todo lo que conoce sobre Él, ¿que es lo que diría? ¿Hay algún pensamiento que está viniendo a su mente que *tal vez* sea lo que Él está pensando?"

Cuando nos preocupamos por otros, pasamos tiempo pensando en cómo afecta a los demás lo que decimos y hacemos, y cómo ellos *podrían* responder a eso. ¿Cree que Jesús vale la pena como para pensar como lo estamos afectando, especialmente cuando Él mora en nosotros para ayudarnos a conocer lo que Él está pensando y pidiendo? La razón por la que hay pocos frutos de su Espíritu en muchas de las iglesias y familias cristianas es que no hemos sido discipulados para meditar significativamente en lo que Jesús está pensando, sintiendo, queriendo como su Cuerpo.

REANUDACIÓN

Dawson: "Yo creo que Jesús nos quiere decir que en verdad le gusta que estemos tratando de pensar en Él y en lo que piensa".

Hal: "¿Alguien cree que lo que Dawson acaba de decir es lo que Jesús quiere decirnos? ¿Hay alguien que piense que eso no es lo que Jesús está pensando o quiere decirnos?"

PAUSA

---

[220] Juan 14:26
[221] Juan 16:14
[222] Juan 10:27

144

Cuando alguien se atreve a responder, y generalmente lo hacen, siempre trato de usarlo como una oportunidad para entrenarnos para comprobar si es el Espíritu Santo.[223]

Ciertamente quiero obtener la guía inmediata del Espíritu Santo. Estoy usando este proceso para entrenar y **discipular a los seguidores de Jesús en cómo relacionarse con Él**, para que puedan ser discipulados por Él en privado y cada vez más a lo largo del día.

Esta reunión con Jesús para ser discipulado por Él es una reunión poderosa de **equipamiento**.[224] Al contestar la pregunta de Jesús, "¿Quién dicen ustedes que soy?", nosotros (sus discípulos) estamos desarrollando habilidades de un nuevo idioma. La nueva destreza: la habilidad de declarar la verdad sobre Jesús, no solo a Él, pero también a nosotros mismos y otros. Un gran número de cristianos sinceros no experimentan un ambiente donde la naturaleza de Jesús y sus atributos son el tema de conversación, es muy difícil desarrollar el proceso mental necesario para un diálogo interno con Él. Tampoco desarrollamos adecuadamente las habilidades verbales para hablar sobre Él con nuestras familias, iglesia, etc.

Tenga en cuenta que normalmente es necesario para el moderador proveer nombres bíblicos menos comunes o atributos de Jesús menos conocidos para que el grupo los use para responder a su pregunta. El grupo necesita ser estirado más allá de los nombres e ideas sobre Jesús que ya conocen.

Ahondaremos más de las escrituras más adelante, pero al empezar con esta pregunta, empezamos con lo mejor de lo mejor, que es, nuestro conocimiento bíblico sobre Jesús.

Escuchemos lo que pasa dentro de otra reunión.

REANUDACIÓN

Hal: "Una vez más, Jesús nos pregunta, '¿Quién dicen ustedes que soy?' ¿A quién le gustaría contestar?"

Ellie: "El Buen Pastor".

Debbi: "El que está cerca".

Emma: "Nuestro Rey soberano".

---

[223] Romanos 12:2, 1 Juan 4:1
[224] Efesios 4:11-16

Hal: "Esto es genial. Gracias. Vayamos más despacio y veamos uno de estos nombres más profundamente. Qué les parece si cada uno menciona algo sobre Jesús como el "Buen Pastor". (**Nota para el moderador: enfóquese en un atributo en lugar de mencionar un gran número de ellos**).

Justus: "Él cuida de mí".

Avila: "Me hace descansar en delicados pastos. Puedo descansar en un buen lugar, no me hace descansar en un lugar difícil, ni me da un buen lugar donde no tenga descanso".

Hal: "Eso es especial. Hablemos un poco más sobre eso. ¿Alguien?"

Silencio.

David: "Tal vez significa que nos da el milagro del descanso, no solo en delicados pastos, paro también en lugares áridos y difíciles".

Hal: "¿Cómo funciona eso?"

Adelyn: "No estoy segura, pero para experimentar esa clase de descanso los momentos difíciles se necesita mucho trabajo".

Justus: "Mi Buen Pastor me recuerda que debo pensar en Él cuando estoy en el desierto y me ayuda a descansar".

Hal: "Es bueno hablar **sobre** Jesús. Podríamos pasar toda la reunión haciendo esto y sería una reunión extraordinaria. Permítanme recordarnos, una vez más, que también queremos hablar **con** Jesús. Tomemos algunos minutos para imaginarnos a nosotros mismos sentados a los pies de nuestro Buen Pastor. Tal vez nos encontramos en una fogata, o en la sala de su casa. Imaginen hacer contacto visual con Jesús. Díganle "quién es Él" como su Buen Pastor".

Debbi: "Oh Jesús. Realmente eres mi Buen Pastor. Me has cuidado en lugares oscuros y dolorosos, aun en el valle de sombra de muerte, protegiéndome más de lo que podría soportar. Proveíste para mi aun en la presencia de mis enemigos. Estoy muy agradecida".

Phoebe: "Jesús, tú eres mi Buen Pastor, porque me hablas y escucho tu voz. Tú dices que tus ovejas escuchan tu voz, y sé que es verdad. Me cuidas de algo peor que un oso y un león. Me llamas lo suficientemente alto para sacarme del lodo cenagoso. Mañana tras mañana te escucho hablándome, y estoy eternamente bendecida y agradecida".

David: "Señor Jesús, como el Buen Pastor que eres, me guías de una manera extraordinaria. Tú vas delante de mí y me llamas a seguirte. Haces posible que me aleje de todo en lo que he vivido para seguirte a un lugar nuevo, emocionante y a veces, que da miedo".

Hal: "Cómo creen que esto afecte a Jesús? Basados en lo que saben sobre Jesús, ¿qué se imaginan que Él piensa o le diría a David?"

PAUSA

El propósito de hacer esta pregunta es "para practicar el ponernos dentro de la piel de Jesús". Buscamos conocerlo como una persona real. Para ser sus discípulos, necesitamos conocerlo. Si nadie es arrogante, ya sea por conocer cómo está siendo afectado Jesús, o por criticar a alguien que se atreve a decir en voz alta lo que Jesús *pudiera* estar sintiendo o pensando, la práctica es constructiva al conocer al Jesús verdadero. Tenemos la escritura, al Espíritu Santo, y a cada uno de nosotros para balancear cualquier cosa que parezca no estar balanceada, algo cuestionable o simplemente algo que está equivocado. Podemos saber lo que Jesús siente y piensa gracias a la presencia del Espíritu Santo. Jesús dijo que el Espíritu Santo tomaría de Jesús para hacérnoslo saber.[225]

Es importante que examinemos nuestros pensamientos para discernir si el Espíritu Santo podría estarnos revelando los pensamientos de Jesús sobre lo que acabamos de decirle a Él.[226] Al hacer la pregunta anteriormente citada, es una manera en la que practicamos el llevar cautivo todo pensamiento a la obediencia a Cristo.[227]

REANUDACIÓN

Eden: "No puedo imaginar otra cosa que a Jesús deleitándose en las palabras de David... al dejar todo para seguir a Jesús. De hecho, no puedo imaginar que tan encantado está Jesús con David".

Hal: "¿Verdad que es bueno intentar pensar en lo que Jesús piensa y siente? ¿Alguien está de acuerdo con lo que acaba de decir Eden sobre Jesús?"

Debbi: "Claro que eso es lo que Jesús está pensando. ¿Cómo no pudiera pensar eso?"

---

[225] Juan 16:14
[226] Juan 16:13-15
[227] 2 Corintios 10:5

Hal: "¿Alguien se atrevería a decirle a David lo que usted *cree* que Jesús le diría, si Él estuviera aquí? Que, por supuesto que Él está aquí a través de su Cuerpo. Tal vez a alguien le vino un pensamiento directamente del Espíritu Santo revelando lo que Jesús está pensando lo que quiere decir. Está bien expresar lo que ustedes creen que Jesús pudiera decir...estamos aquí para practicar su presencia. Estamos aquí para ayudar. Estamos destinado a decir las palabras de Jesús — a ser guiados por su Espíritu — el resto de nuestras vidas, así que es bueno practicarlo aquí".[228]

Eden: "David, creo que Jesús quiere hablarte. Creo que Él quiere decir algo así, 'David, te di una gran mente, y podrías estar muy orgulloso y ser independiente de mí, pero en lugar de eso, te has humillado al tratar de encontrar y seguir mi camino. Me deleito en ti mientras buscas mi grandeza. Te he bendecido para que seas de bendición y has respondido humildemente. Haré que seas una bendición".

Madison: "Eden, es grandioso la manera en que recordaste las Escrituras. Gracias. Creo que eso es exactamente lo que Jesús querría decirle a David. Muchas gracias".

David, con lágrimas: "No me había puesto a pensar como sería el imaginar lo que Jesús quisiera decirme. Gracias".

Hal: "¿Alguien cree que estamos siendo entrenados y discipulados por Jesús? ¿Creen que quiera decirnos palabras de ánimo?"

El grupo está de acuerdo unánimemente.

Hal: "Creo que sería bueno si celebramos la presencia de Jesús a través de su Espíritu y la sensibilidad del grupo para escucharlo y hablar las palabras que creemos que Él quiere decir".

Grupo: (aplauso gozoso)

CUANDO EXPRESAMOS BIEN QUIÉN ES JESÚS

Una declaración de gran ayuda llamó poderosamente mi atención hace algunos años: para cambiar la cultura, cambia la conversación. ¿Porqué? Las conversaciones son palabras que penetran la mente como dardos, y cual es su pensamiento en el corazón del hombre, tal es él.[229] O como familia, grupo o iglesia, tal son ellos.

---

[228] 1 Pedro 4:11
[229]

Nuestros pensamientos y palabras son poderosos. Tienen poder para lo bueno o lo malo. Son tan importantes que Jesús dice que daremos cuentas por cada palabra ociosa que salga de nuestra boca.

"Pero yo les digo que el el día del juicio todos tendrán que
dar cuenta de toda palabra ociosa que hayan pronunciado.
Porque por tus palabras se te absolverá, y por tus palabras se
te condenará»." Mateo 12:36-37

Las palabras impías son poderosos misiles que, lenta o rápidamente, destruyen culturas. Por el contrario, las palabras piadosas, especialmente las que Jesús revela, son verdades poderosas que dan libertad, a quienes las escuchan, de las mentiras destructivas. Las palabras piadosas crean fe y amor. Aquellos que hablan la verdad sobre Jesús de manera que sean recibidas, cambian culturas de manera positiva.

Si en nuestras reuniones formales para ser Discipulados por Jesús practicáramos y aprendiéramos intencionalmente cómo expresarnos mejor con Jesús, ¿qué podría pasar? Podríamos cambiar las conversaciones en nuestras mentes, familias, en nuestra iglesia, dando como resultado el cambio de la cultura en la que vivimos. ¿Cómo afectaría esto a las personas y familias invitadas a la iglesia si nos escucharan hablar regularmente sobre Jesús?

NUEVO AUTODIÁLOGO

Mientras maduramos en expresar quién es Jesús al grupo, mejora la forma en que decimos la verdad a nosotros mismos. Estamos más conscientes de Jesús y experimentamos menos el "yo pienso" y más el "Jesús, ¿qué piensas?" Mejora nuestra forma de conocer lo que Jesús piensa, porque lo conocemos mejor.

La cultura de la mayoría de las mentes necesita un gran cambio. Para cambiar la cultura de nuestra propia mente (maneras de pensar, actitudes, motivos), debemos *cambiar las conversaciones* en nuestras mentes.

"... no se amolden al mundo actual, sino sean transformados
mediante la renovación de su mente ..." Romanos 12:2

"Santifícalos en la verdad; tu palabra es la verdad." Juan
17:17

El autodiálogo hace y nos rompe a cada uno de nosotros. Como cristianos ya no estamos solos en nuestras mentes. Hemos invitado a Jesús a nuestro "corazón". Así como *pensamos* en nuestros corazones, así somos nosotros. Por la presencia del Espíritu Santo, tenemos al Proveedor para conocer la mente de Cristo.[230] Pero rara vez habla tan alto que no podemos evitar escuchar. Otras voces son ruidosas. A medida que buscamos intencionalmente pensar "con Él", recordamos quién es Él, o las Escrituras, o nos damos cuenta de lo que es verdadero y correcto, y así llegamos a conocerlo (unirnos a Él) a medida que estamos de acuerdo con los pensamientos de Jesús.

Podemos destruir de manera agresiva y proactiva las mentiras que nos destruyen al proclamar a Jesús quién es Él. Lo que practicamos y aprendemos en nuestro tiempo grupal, o en nuestro propio tiempo con Jesús, podemos decirnos mejor el resto del tiempo.

Unos de los mejores pequeños hábitos de mi vida suceden en mis duchas matutinas. Durante las mañanas, normalmente me siento débil, cansado, ocasionalmente me siento "pesado" por los retos que enfrento. Pongo mi cara directamente al chorro de agua y me imagino que estoy viendo directamente a los ojos de Jesús. Contesto su pregunta "¿Quién dices que soy?". Y proclamo lo que conozco sobre Él, y pronto, mi mente es renovada y mientras le digo las importantes verdades en las que he meditado profundamente sobre Él — "eres lleno de gracia, poderoso, fiel, mi pan, mi luz, la razón de mi vida." Eso es "festejar su nombre". Estos momentos donde proclamo quién es Él, siempre transforma mis emociones y deseos al renovar mi mente, y eso trae como resultado una fe renovada, pasión y propósitos santos. Para cambiar su vida, cambie la cultura interior de su alma. Para cambiar la cultura de su alma, cambie su conversación interna para hablar con y sobre Jesús.

NUEVO DIÁLOGO EN FAMILIA

Para cambiar la cultura de nuestras familias, necesitamos cambiar las conversaciones. ¿Cómo? Practique hablar sobre y con Jesús contestando, "¿Quién dicen ustedes que soy?"

Gran parte de mi libro, *If Jesus Were A Parent (Si Jesús fuera un padre)*, es un testimonio del poder sobre hablar natural y rutinariamente sobre Jesús con la familia. Para hablar naturalmente sobre y con Jesús, normalmente requiere tener reuniones regulares con su familia, algo parecido a la reunión que se ha descrito en este libro. En estas reuniones, hablar sobre y hablar con Jesús, es practicado rutinaria e intencionalmente.

Parte del carácter de Debbi es su manera libre y feliz de hablar naturalmente sobre Jesús. A la corta edad de 3 años, nuestro hijo Dan, le hizo una pregunta a Debbi, "¿Mamá, el apellido de Jesús es Perkins?" Jesús estaba tan

---

[230] 1 Corintios 2:16

incluido en nuestras conversaciones y decisiones que Dan asumió que Jesús era un miembro importante de la familia, que claro que está, que lo era y lo es.

Incluir a Jesús en las conversaciones en casa necesita transmitir una imagen precisa (tono, expresión, lenguaje) de Él.[231] Nuestras conversaciones pueden expresar a Jesús como alguien que cuida amablemente por lo que es mejor para nosotros, sabiendo que es lo mejor, y deseando poder ayudarnos para conocer y saber qué es lo mejor para cada uno. Si los miembros de nuestra familia nos escuchan (en reuniones formales y el resto del tiempo) hablando sobre quién es Jesús, aumentan las probabilidades de que una fe auténtica sea siendo formada en ellos. Esta fe auténtica dará como resultado una facilidad de diálogo sobre Jesús, compromiso para conocer y seguir a Jesús, incluyendo deseos genuinos para hacer su voluntad. Para cambiar la cultura de su familia, cambie las conversaciones.

NUEVO DIÁLOGO EN LA IGLESIA

Lo que se habla sobre la familia, es el reflejo de la iglesia. Para cambiar la cultura de la iglesia, cambie las conversaciones. Cuando nuestras conversaciones incluyen y honran a Jesús, cosas como crecer en conocimiento, creer en Él y amarlo, empiezan a ocurrir. Él habita en la alabanza de su pueblo. Las relaciones son influenciadas por su amor, gracia y sabiduría fluyendo en y a través del Cuerpo de Cristo. Las decisiones que rigen son el fruto de acuerdo con Él. Los ministerios son llenos de poder por Él. Cuando las conversaciones de la iglesia son de cualquier otra cosa y no sobre Jesús, inevitablemente la "carnalidad" de la iglesia es alimentada, crece y domina: carros, jardinería, fútbol, el picnic del año pasado, la nueva comida saludable, etc.

> *"Evite las palabras profanas, porque los que se dan a ellas se alejan cada vez más de la vida piadosa." 2 Timoteo 2:16*

Las conversaciones carnales — *las que dejan fuera a Dios* — nos llevan a incrementar los niveles de impiedad: egoísmo, orgullo, miedo, envidia, conflicto, división, manipulación, y la lista sigue. Hablarle a la iglesia sobre Jesús (alabanza), y a Jesús sobre la iglesia (intercesión), trae transformación.

Conozco un pastor con una enorme congregación. En su tiempo a solas con el Señor, comenzó a buscar atentamente en los ojos de Jesús mientras contestaba la pregunta, "¿Quién dicen ustedes que soy?". Al hacerlo, regularmente tenía un poderoso encuentro con el Espíritu Santo que su relación con Jesús

---

[231] Recuerde como el "predicador" laico tergiversó a Jesús ante el hombre "gigante" hasta que el predicador laico pensó en cómo Jesús le hablaría a tal hombre.

mejoró ampliamente. Su sensibilidad hacia Jesús y otros incrementó. Cambió la forma en que predicaba públicamente, sin darse cuenta. La mayoría de sus oraciones se volvieron más simples "hablar con Jesús sobre Jesús". Esto era seguido de una alabanza del corazón que es ocasionada cuando "vemos" a Jesús: "cómo te honro; cuánto deseo complacerte; oh cuánto te amo" (entre lágrimas). Su estilo de predicación cambió, y ahora dedica más tiempo para hablar con Jesús sobre Jesús o hablar con Jesús sobre las palabras de Jesús. La relación con Jesús fue presentada a la congregación y pronto fue experimentada por la congregación. Pronto, los reportes comenzaron a llegar acerca de la gente siendo cambiada por ver y escuchar a su renovado entrenador espiritual. Todo gracias a que él aprendió a contestar intencionalmente la pregunta de Jesús: "¿Quién dices que soy?"

Cuando hemos aprendido a declarar quién es Jesús en privado o a un grupo, hemos desarrollado una habilidad de lenguaje y una facilidad de comunicación para hablar con otros sobre Jesús. Mientras lo hacemos, estamos ministrándolos en una manera poderosa, porque el conocer a Jesús es el conocimiento disponible más importante para vida (eterna y temporal) y santidad.[232] Es un ministerio de primer orden. "Señor, quisiéramos ver a Jesús."[233] Para cambiar la cultura de su iglesia, cambie las conversaciones.

NUEVO DIÁLOGO EN AMISTADES

Mientras crece nuestra habilidad para declarar quién es Jesús, y las implicaciones multifacéticas de lo que estamos aprendiendo, nos estamos preparando para ministrar a nuestros amigos perdidos. ¿Cómo? Debemos cuidarlos.[234] Así verán nuestras buenas obras[235] y la esperanza que está en nosotros. Pueden preguntarnos por la razón de nuestra esperanza.[236] Seremos equipados para contestarles, porque el evangelio se trata de una persona, un Rey, y estamos creciendo rápidamente en conocerlo y seguirlo. Estamos desarrollando habilidades, no solo para hablar con Él, pero también sobre Él. Y entre más hablar con y sobre Él, más creeremos en Él y más lo amaremos. Imagine presentarle sus amigos perdidos a su mejor Amigo, una persona, en contraste con (estoy tratando de ser cuidadoso) presentarles con una seria de principios o verdades abstractas. Me he dado cuenta que aun los extraños disfrutan un diálogo sobre Jesús. Hablar sobre Jesús y quién es Él, inevitablemente nos llevan a 1) discutir sobre una relación con Él, que nos puede llevar a, y 2) la

---

[232] 2 Pedro 1:3
[233] Juan 12:21
[234] Juan 21:15-17, Mateo 5:44, 22:39
[235] Mateo 5:16
[236] 1 Pedro 3:15

posibilidad de una relación real, tangible con Jesús el Cristo y Rey, y un auténtico arrepentimiento y fe salvadora que llevan a un estilo de vida del Reino.

Todos ganan, incluyendo a nuestro Dios Trino, cuando naturalmente, y a la vez sensibles, pensamos y hablamos de Jesús. Sin un lugar y tiempo para practicar esta "plática", no podemos atraer a otros a una conversación sobre Jesús, o ni siquiera nosotros mismos pensar en Él. Debemos ser discipulados para pensar y hablar más sobre Jesús, y una buena manera de lograr esto es practicar diariamente hacer contacto visual con Jesús y responder su pregunta. Si somos entrenados para hacer esto en un grupo, se nos facilitará más hacerlo en nuestro tiempo a solas con Jesús. Si podemos hacer tanto cuando estamos a solas con Jesús, podemos hacer aún más cuando estemos en público. "Regocíjense *siempre* en el Señor."

CAPÍTULO 13

Ver A Jesús: "¿Entiendes Lo Que He Hecho?"

Segunda pregunta: Acción de gracias

Al responder honestamente a "¿Quién dices que soy?" hemos logrado un comienzo significativo en nuestro tiempo de discipulado por Jesús. Pero aún hay más. Debemos dirigirnos al siguiente enfoque en cuanto a tener una mejor relación con Jesús. Nuestras reuniones deben pasar de tener un diálogo con Jesús sobre quién *es* Él a una conversación con el grupo y con Jesús sobre lo que Él *ha hecho*... no 2000 años atrás, sino la semana pasada, o desde la última vez que nos reunimos. Vamos de "quién es Jesús" a "qué hizo Jesús" (la semana pasada) al contestar la siguiente pregunta: "*¿Entiendes lo que he hecho por ti*?*" Vea conmigo el contexto de esta pregunta.[237]

Jesús amó a sus discípulos.[238] Él estaba profundamente consciente de su inminente muerte y partida, y del doloroso impacto que esto ocasionaría en sus discípulos. Para exteriorizar la profundidad de su cuidado y preocupación interna, hizo lo menos probable. El Maestro sirvió a los sirvientes.

El sirviente de la casa debió estar ausente, quien normalmente, en esa cultura, ayudaba a los huéspedes con la necesidad del lavamiento de pies. Ninguno de los discípulos de Jesús pensó en lo impensable... hacer el trabajo del siervo. O si acaso lo pensaron, no hicieron nada al respecto. Pareciera como si nadie hubiera reconocido por lo menos que su Rey, su Mesías, necesitaba tener sus pies limpios. Si alguien lo hizo, la timidez, o algo más, anuló la idea.

Pero Alguien estaba presente. Él pensó en lo impensable y actuó.

La cena estaba por comenzar, y ahí estaban, sin hablar del "problema más obvio" — tener los pies sucios. Ellos empezaron a comer... muy cerca de esos pies. Finalmente, a mitad de cena, Jesús se puso de pie y procedió a quitarse sus vestiduras exteriores. ¿Se puede imaginar que estaban pensando los discípulos en ese momento?

---

[237] Esta pregunta también se puede utilizar para iniciar la reunión.
[238] Este evento se registra en Juan 13:1

Algunos de ellos, indudablemente, se estaban preguntando qué era lo que Jesús estaba pensando. Pero ninguno de ellos había pensado en detenerlo de lavar los pies a los demás.

Su Maestro, su Rey y Mesías, era diferente. Los amaba. No le importaban las jerarquías o clase. Todos estaban bajo su poder, pero ya que Él era y es amor, usó su poder — no para dominar o intimidar en ninguna manera — pero lo usó para humillarse a sí mismo ante aquellos que estaban bajo su poder.[239] El Rey Mesías procedió a lavar los pies de sus discípulos.

Los discípulos debieron entrar en shock. Esto era absurdo. ¡El Maestro sirviendo a los siervos! Por lo menos Pedro tenía en su mente el tratar de resistir a su Mesías inclinándose ante Él para lavar sus pies. Pero Jesús rápidamente ganó el debate.

Hubo un gran silencio. Todo el estrépito de la charla despreocupada a la hora de la cena, los platos golpeando la mesa, chasquido de labios y el sonido de masticación fueron disipados. El silencio reinó, excepto por el sonido de la toalla siendo introducida en el agua, siendo frotada en los pies sucios de los suyos. Sus discípulos están, una vez más, sorprendidos por Jesús, y seguramente preguntándose "¿Por qué está haciendo esto?" "¿Qué está pensando?"

"–¿Entienden lo que he hecho con ustedes?" *Juan 13:12*

Ahora el silencio era total. Ensordecedor. Largo. Nadie, ni siquiera Pedro, se atrevió a especular. Ellos no tenían la más mínima idea de cómo contestar a la pregunta que Jesús acababa de hacer.

Sin tener una respuesta, Jesús procedió a contestar su propia pregunta.

> *"Ustedes me llaman Maestro y Señor, y dicen bien, porque lo soy. Pues si yo, el Señor y el Maestro, les he lavado los pies, también ustedes deben lavarse los pies los unos a los otros. Les he puesto el ejemplo, para que hagan lo mismo que yo he hecho con ustedes." Juan 13:13-15, cf. Mat. 20:20-28, Marcos 10:35-45, Fil. 2:4-9, 1 Ped. 5:1-3*

Jesús no solo lavó los pies de sus discípulos, también lavó sus mentes. Las ideas que puso en sus mentes estaban de cabeza, perspectivas no mundanas.

- *En mi reino, el que quiera ser grande, que se haga servidor de todos".*

---

[239] Juan 13:3

- *"Mis discípulos siguen mi ejemplo, porque son como yo. Ustedes son mis siervos al lavar los pies y las mentes de aquellos a quien amo."*[240]

- *"Lo que hago por ti, debes hacerlo por los demás... ¡lava ambos pies y mentes!"*

En el reino de Jesús, el lenguaje de lo alto es "¿cómo puedo ayudarte?". La postura de poder es humillarse. Así que... los discípulos del reino de Jesús debían inclinarse ante Él y luego obedientemente inclinarse para servir a aquellos hechos a su imagen.

Jesús tiene una buena razón para preguntar a sus discípulos contemporáneos la misma pregunta:

"¿Entienden lo que he hecho por ustedes?"

Esta pregunta que Jesús le hizo a sus primeros discípulos necesita ser preguntada y respondida desesperadamente por sus actuales discípulos. ¿Qué tan seguido?. Semanalmente. Diariamente.

¿Por qué? Siga leyendo...

VER AL SEÑOR

Pedro fue discípulo de Jesús, eso significa que el fue invitado a observar a Jesús todo el día. Esto le permitió a Pedro ver las cosas asombrosas que Jesús hacía, como alimentar a los hambrientos, caminar sobre el agua, sanar a los enfermos, tener compasión del quebrantado, calmar la tormenta, y más. Pedro tenía el gran privilegio de ver físicamente lo que Jesús hizo.

Si yo soy un discípulo de Jesús, parece que debería, al igual que Pedro, tener el privilegio de *observar* a Jesús y *ver* lo que ha hecho. Después de muchos años, por fin me he dado cuenta de que *puedo* ver a Jesús, como lo hizo Pedro, regularmente. Puedo ver lo que ha hecho... esta semana. Por lo tanto, ahora puedo responder a la pregunta de Jesús, "¿Entiendes lo que he hecho?". Poder hacer esto, me transforma la vida.

¿Cómo alguien de nosotros puede ver lo que Jesús ha hecho esta semana que acaba de pasar?

---

[240] Por ejemplo: Mateo 10:7-8, 19-20, 27, 32, 42

Creo que el Espíritu Santo me reveló como puedo ver a Jesús, incluyendo el ver lo que acaba de hacer. Estaba meditando en Santiago 1:17, "Toda buena dádiva y todo don perfecto desciende de lo alto, del Padre de las luces..."

Me dí cuenta que *si* pudiera identificar lo que Dios llama bueno y perfecto, podría ver, conocer y posiblemente entender lo que Él había hecho. Por lo tanto, una de las principales actividades de mi vida tenía que ser *perseguida* por lo que Jesús (Dios encarnado) identifica como bueno y perfecto. ¿Actividades principales de vida? Siga leyendo...

CAZAR

Muchos hombres dan su dinero, tiempo, energía, vacaciones, y aun sus conversaciones para cazar... venado, faisán, y todo tipo de animal. Ya que quiero y necesito apasionadamente ver a Jesús y entender lo que ha hecho, he determinado que, en lugar de cazar animales, puedo darme a mí mismo para *cazar* lo *bueno* y *perfecto*. Si hubiera aprendido a cazar lo bueno y perfecto décadas atrás, mi vida hubiera mejorado dramáticamente, sin mencionar las vidas de aquellos a mi alrededor, y el propósito para el que Dios me ha llamado.

Si puedo cazar lo suficientemente bien para encontrar lo que es bueno y perfecto desde la perspectiva de Dios, puedo ser capaz de conocer y de alguna manera, entender lo que Jesús ha hecho. Puedo ver su actividad. Puedo verlo de manera tangible. ¿Cómo funciona esto?

Primero, necesito entender que solo Dios es bueno.[241] Dios es santo, justo, eterno, etc. Por lo tanto, lo bueno incluye aquello que es santo, justo, eterno, etc. Si voy de caza y encuentro lo que es bueno — santo, justo, eterno, etc., y si todo don perfecto (santo, justo, eterno, etc.) proviene del Padre, significa que cuando vea lo "bueno", estoy viendo al Padre en acción. Además, hay una infinidad de buenas dádivas que, aunque temporales, también provienen de Dios. Así que, para ver a Dios trabajando, puedo cazar y encontrar lo bueno.

¿Pero qué hay de lo perfecto? En pocas palabras, se dice que algo es perfecto cuando está cumpliendo el propósito para el cual fue creado. En este caso, se llama perfecto si algo está moviéndose hacia, o logrando un progreso, para cumplir el propósito de Dios. Una pluma que está arañada, incluso doblada, pero que aún sirve para escribir como su creador pretendía, puede ser llamada perfecta, aún cuando ciertamente tiene algunos defectos.

Por lo tanto, estoy comprometido a cazar lo que yo discierno que es bueno y perfecto. Cuando descubro que algo pasa el examen para ser bueno y

---

[241] Marcos 10:18

158

perfecto, he encontrado — de cierta manera — lo que Dios ha hecho o está haciendo.

Así que, estoy comprometido a cazar constantemente — dondequiera que esté o con quien sea que me encuentre — algo bueno y perfecto. ¿Porqué? Quiero ver a Jesús...

- *en cada una de las personas que conozco (Jesús tiene algo que ver con cualquier cosa buena que pueda encontrar en la gente)*

- *en cada circunstancia en la que me encuentro (Jesús está presente y prometió traer algo bueno en cada circunstancia porque yo lo amo)[242]*

- *en todo lo que pienso y quiero (el Espíritu de Jesús siempre está trabajando* **en** *mi corazón)*

- *en todo lo que digo y hago (El espíritu de Jesús me ayuda y trabaja* **a través de** *mi).*

Cuando encuentro lo que yo considero bueno y perfecto, estoy viendo el ***fruto*** del espíritu de Dios. Al identificar este fruto bueno y perfecto, puedo saber y entender que existe una causa ***principal: El Espíritu de Cristo ha hecho algo***, y yo puedo ver el efecto que Él ha tenido en lo que considero bueno... porque toda buena dádiva y don perfecto proviene de lo alto.

Así, habiendo buscado y encontrado algo bueno y perfecto, yo — por fe — he ***visto al Señor***. El Verbo (directamente por el Espíritu o a través de las Escrituras) se ha hecho carne. Veo la "buena y perfecta" carne, y sé que ***estoy viendo a Jesús físicamente***. Veo a Jesús, como Pedro lo hizo. Tengo una respuesta que dar a Jesús cuando Él me pregunta, "¿Entiendes lo que he hecho?".

Habiendo visto aquello, que yo verdaderamente considero que es Jesús en acción — a través de su Espíritu, usualmente a través de su Cuerpo, puedo y necesito ser estimulado. Estoy viendo el Reino de Jesús, su reinado, así en la tierra como en el cielo. Desde las cosas más pequeñas (comer, dormir, una sonrisa, perdón, servir, sanidad del cuerpo o de un matrimonio, liberar a un adicto) hasta las más grandes (un corazón convertido a Jesús, un corazón transformado por Jesús, etc.), tengo la certeza de que estoy viendo a Jesús. Si la fe viene por el oír, y si una imagen vale más que mil palabras, imagina lo grande que es mi fe cuando *veo* claramente a Jesús en acción. ¡Esto transforma vidas!

---

[242] Romanos 8:28

PROBAR

Debo mejorar en poner a prueba *todas las cosas*.[243] Para no entristecer al Espíritu (incluyendo el fallar al reconocer su actividad), y para no "despreciar la profecía" (la profecía simplemente son palabras y hechos iniciados por el Espíritu), debo poner "*todo* a prueba", aferrarme a lo *bueno*, rechazar lo *malo*. Trayendo todo pensamiento cautivo en obediencia a Jesús. Esto es parte de la oración-diálogo continuo y perpetuo con Jesús.

Por lo tanto, me he comprometido a cazar lo bueno, y luego preguntar a Jesús, "Señor, ¿es esto bueno y perfecto? ¿Mueve a las personas involucradas en tu propósito?" (El amor por Jesús conduce a la angustia cuando olvido probar si es Dios en acción.)

Al crecer en cazar lo bueno y poniendo todo a prueba con Jesús, estamos — por lo menos — creciendo en incluir a Jesús en nuestros pensamientos cada vez más y más. No está bien que yo trate a Jesús como si no estuviera presente. Así que, estoy comprometido a poner a prueba todas las cosas acompañado de Jesús. Estoy ayuda nuestras platicas con Jesús (oración). Esto ayuda a traer cautivo todos nuestros pensamientos en obediencia a Él.[244]

Así que, si lo que está pasando es verdaderamente bueno y perfecto, estamos viendo a Jesús, de la misma manera en que Pedro lo hizo, porque Pedro vió "el Verbo" (el Espíritu Santo en Jesús) convertirse en carne (el Espíritu Santo iniciando las obras y palabras a través de Jesús). Cuando los discípulos contemporáneos de Jesús cazan y encuentran aquello que es "bueno y perfecto", al igual que Pedro, estamos viendo al Verbo (Espíritu Santo) hecho carne... otra vez. Estamos viendo el Cuerpo contemporáneo de Cristo. Nota: gracias a que el Espíritu Santo habla a los perdidos, frecuentemente ellos dicen y hacen las obras y dichos de Dios, aunque ellos no se dan cuenta de que Dios está trabajando a través de ellos. Ciertamente no acreditan a Dios por lo bueno. Pero como creyentes, *sabemos* dónde se origina lo "bueno", y somos llamadas a ver y reconocer la obra de Dios, que somos creados por su palabra. Entonces podemos dar testimonio de su obra manifiesta y dar gloria a Dios — como sus testigos.

ESTAR AGRADECIDOS Y DAR GRACIAS

¿Cuál es el impacto de esto? Estoy persuadido de que estoy viendo a Jesús en acción en lo bueno que veo. Así, puedo dar gracias genuinas y sinceras a Jesús. Cuando pienso claramente, estoy estimulado, porque estoy *viendo* la actividad

---

[243] 1 Tesalonicenses 5:19-22
[244] 2 Corintios 10:5

de mi gran Rey, así en la tierra como en el cielo. Ahora puedo crecer, con celo, en la calidad y cantidad de agradecimiento a Dios, porque lo estoy viendo obrar. Mi fe en Él y mi amor por Él, se expanden, porque lo estoy viendo obrar, y es bueno. Todos creemos y amamos a alguien que siempre está haciendo algo bueno, especialmente cuando reconocemos que lo está haciendo.

El agradecimiento genuino que lleva a un sincero agradecimiento es primordial en nuestra relación con Jesús. Él es el Autor de todo lo bueno en nuestras vidas. Lo que es verdaderamente bueno es lo que es *mejor* para nosotros a la luz de nuestras circunstancias y las circunstancias de los que nos rodean. Cuando Jesús hace algo bueno (por nosotros, en nosotros, o a través de nosotros), se trata de su expresión de amor por nosotros. Cuando reconozco su buenas dádivas y lo reconozco a Él como el dador, me doy cuenta de su tangible, amor por mí y toca mi corazón. Siento su amor, y eso enciende el amor en mí hacia Él.

¿Su familia es igual a la mía en la Navidad? Se necesitaron semanas para reflexión, comprar regalos y preparación solo para pasar un par de horas juntos abriendo regalos alrededor del árbol de Navidad. Un regalo de reflexión estaba a punto de ser abierto. El beneficiario vería el regalo y gritara con emoción. Inmediatamente, el recibidor del regalo correría hacia el dador del regalo, sintiendo el amor que lo motivó a dar tan gran regalo. Sintiendo amor de parte del dador del regalo, el corazón del recibidor estaría profundamente lleno de amor, abundarían los abrazos — a veces entre lágrimas, expresiones de agradecimiento y amor abundarían.

De la misma forma con Jesús. Cuando reconocemos sus buenas dádivas y nos damos cuenta de que son expresiones de su amor por nosotros, nuestros corazones son profundamente conmovidos. El agradecimiento normalmente se convierte en amor apasionado por el dador de buenas dádivas. Gran parte de la razón por la que somos llamados a dar gracias en y por todo[245] es para *bajar el ritmo*, ver las buenas dádivas perpetuas de Jesús, verlas como expresiones de su amor, y agradecer sinceramente. Resultado: sentimos su amor, experimentamos amor por Él y somos ligamos en un vínculo de amor. Sus buenas dádivas, reconocidas y apreciadas, nos dan la capacidad de una pasión recíproca por Él. Lo amamos porque Él nos amó primero.[246]

Lo contrario es igualmente cierto pero destructivo. Cuando mi esposa Debbi me bendice con algo bueno y yo no valoro el regalo o ni siquiera le presto atención, literalmente estoy bloqueando mi habilidad de experimentar su amor por mí. El amor existe en su corazón; es muy real. Para que su amor se

---

[245] 1 Tesalonicenses 5:18, Efesios 5:20
[246] 1 Juan 4:19

vuelva tangible, para sacarlo a la luz, necesita decir o hacer algo bueno por mí para poder experimentar su amor. Cuando no tomo en cuenta su regalo, o no medito en el amor que está detrás del regalo, fallo al experimentar su amor. Cuando no experimento su amor, no hay amor recíproco, por lo tanto, fácilmente se ausenta. Mi corazón no es conmovido. Este es un lugar peligroso para una relación de marido — mujer.

Cuanto más peligroso es cuando Jesús, motivado por amor, hace cosas buenas por nosotros y nosotros no lo tomamos en cuenta, cortando así, el amor del dador del regalo. Al hacer eso, apagamos nuestra experiencia de su amor. Trágicamente, al no experimentar su amor, nuestros corazones no son conmovidos y nuestro amor por el no es fortalecido, y con el tiempo, disminuye.

El corazón humano buscará ser amado. Si no experimentamos el amor de Jesús, consciente o inconscientemente, buscaremos amor en los lugares equivocados. Pablo revela esta verdad en Romanos 1. Cuando alguien falla en reconocer la verdad de lo que puede ser conocido sobre Dios, y falla al dar gracias, tarde o temprano, viene el desastre.

> **"A pesar de haber conocido a Dios, no lo glorificaron como a Dios ni le dieron gracias, sino que se extraviaron en sus inútiles razonamientos, y se les oscureció su insensato corazón."**[247]

Fallar al ver lo que Dios ha hecho y ser agradecido perjudica severamente nuestra relación con Él. Jesús está continuamente "lavando nuestros pies y mentes", haciendo bien por, en y a través de nosotros. Si lo reconocemos y somos agradecidos, experimentamos su amor. Si fallamos al reconocerlo, sofocamos su demostración de amor. De cualquier manera, hay serias y severas consecuencias eternas. La mayoría de nosotros necesita mucha ayuda para desarrollar este hábito: cazar y poner a prueba lo bueno en todo, para que así podamos, "en todo dar gracias"[248] por las demostraciones específicas de su gran amor por nosotros.

Mientras crecemos en seguir a Jesús, es de suma importancia que aprendamos a dar gracias a Dios por las circunstancias buenas y malas y por la gente difícil de tratar.

Cuando las circunstancias son fáciles podemos relajarnos. Eso nos atrae fácilmente hacia la tibieza. Estamos en una prueba. Las circunstancias fáciles nos ponen a prueba para ver si nos relajamos y desviamos nuestra relación con el

---

[247] Romanos 1:21
[248] 1 Tesalonicenses 5:18

Señor o continuamos viendo cada buen regalo como dado por Dios y regocijándonos en sus maravillosas expresiones de amor.

Las circunstancias también son una prueba. Cuando las cosas se tornan difíciles, somos tentados a quejarnos, murmurar e incluso dudar de Dios. Es una prueba. Y podemos pasarla o fallar. Al atrevernos a creer que nuestro Señor es bueno, y que está obrando en todo para dar lo bueno a aquellos que lo aman,[249] podemos elegir ser agradecidos por el proceso que estamos pasando, porque al menos, está fortaleciendo nuestra fe, que es mucho más valioso que el oro.[250] De la misma forma en que Jesús vio fijamente los ojos de Pilatos, así nosotros enfrentamos nuestros problemas, y elegimos agradecer a Dios el hecho de que está por nosotros, trabajando en y a través del problema. Es como hacer "lagartijas de fe". Por lo general, no podemos fortalecer nuestra fe durante momentos fáciles, suaves, por eso son "buenos" tiempos. No se atreva a desperdiciar la oportunidad de crecer nuestros "músculos en la fe".

Del mismo modo, queremos aprender a ser verdaderamente agradecidos por la oportunidad de crecer en amor gracias a las personas que son "difíciles". Jesús dijo que cualquiera puede amar a aquellos que son buenos con nosotros. Si queremos ser como Él, quien claramente amó y ama a sus enemigos, debemos aprender a amar a aquellos que se comportan como nuestros enemigos.[251] No podemos crecer en este nivel de amor hasta que tengamos enemigos reales a quien amar. Cuando la gente actúa como enemigos, no debemos desaprovechar la oportunidad de crecer en amor. Podemos dar gracias a nuestro Rey por ellos, porque nos están "entrenando" en amor. Haz una lagartija: perdona y ama.

Por todas estas razones, debemos ser discipulado efectivamente para cazar lo bueno, probar si es perfecto, por fé ver lo bueno que Jesús está haciendo y *ser* agradecidos.

INFORMAR

Es de suma importancia que los discípulos contemporáneos de Jesús estén en un entorno solidario y responsable como el que Jesús proveyó a sus primeros 12. Cuando los discípulos regresaron para reunirse con Él después de sus viajes misioneros, algo muy importante sucedió:

---

[249] Romanos 8:28
[250] 1 Pedro 1:7
[251] Mateo 5:43-48

- *"Cuando regresaron los apóstoles,[252] le relataron a Jesús lo que habían hecho."* Lucas 9:10

- *"Los apóstoles se reunieron con Jesús y le contaron lo que habían hecho y enseñado."* Marcos 6:30

Los primeros discípulos de Jesús **reportaron** todo lo que habían hecho y dicho. Jesús empleó estrategias para hacer discípulos que utiliza casi cualquier negocio exitoso, gobierno, equipo u organización de cualquier tipo: informar... responsabilidad.

Si sabe acerca de fútbol americano profesional, sabe que la mayoría de los movimientos de ciertos jugadores son grabados (algunas veces con más de una cámara para obtener más ángulos) para después ser evaluados y discutidos intensamente. Responsabilidad inexpresable.

¿Qué pasa con los negocios de dietas? Después de que las metas han sido identificadas, y se han comprometido, y se han hecho planes para alcanzar dichas metas, viene el "reporte". Informar. Responsabilidad.

Yo pregunto, ¿qué es más importante? ¿Las Eagles apuntando a ganar otro Super Bowl, alguien perdiendo unas cuantas libras, o nosotros, la Iglesia de Cristo, comisionados a ser la luz del mundo siendo y haciendo discípulos de Jesús? Si estamos aprendiendo a fijar nuestros ojos en Jesús, reteniendo lo que nos da, y corriendo con ese conocimiento, la gente va a conocer y seguirá a Jesús y será salva ahora y por la eternidad. ¿Qué importa más? ¿Un primero y diez o perdonar y restaurar una relación? ¡No existe comparación!

La mayoría de las iglesias no tienen un informe de si los equipos han hecho lo que Jesús les mandó hacer. La mayoría de las iglesias solo reporta dos cosas: asistencia y ofrendas. Centavos y cabezas.

Somos propensos a enfocarnos en producir resultados en aquellas áreas de las cuales somos responsables...por las que tenemos que dar un informe.

- *Centavos — finanzas (incluyendo la habilidad de construir edificios, proveer eventos de calidad, contratar empleados, etc.)*

- *Cabezas — asistencia (crecimiento o decrecimiento numérico de la iglesia)*

---

[252] Los enviados

No necesito explicar el porcentaje de los recursos de la iglesia típica (tiempo, dinero, energía, discusiones, conflictos) que son dados para incrementar la asistencia y apoyo financiero. El porcentaje es muy alto.

En el extremo opuesto está la desesperada necesidad de ser llamados por Jesús a un ministerio personal específico, ser entrenados y enviados, y dar cuentas de los resultados en amar a Dios (ser discipulados por Jesús: escuchar y responderle, crecer en conocer, creer, obediencia y amor por Él) y amar al prójimo. Esto incluye hacer discípulos: escuchar y preocuparnos por nuestra familia, iglesia y nuestros vecinos perdidos hasta que todos seamos influenciados consistentemente para un paso más hacia Jesús.[253]

Es mucho más fácil dar un seguimiento de la asistencia y ofrendas que una transacción de relación entre Jesús y sus discípulos y entre sus discípulos y otros. Somos propensos a enfocarnos sobre eso para lo cual debemos dar un informe. Por lo tanto, debemos crear entornos, métodos y estrategias para dar reportes sobre aquellas cuestiones de las cuales tenemos que dar un último informe. Esto se necesita hacer, sin importar el costo. Vamos a dar un último informe sobre…

- *nuestra relación o falta de relación con Jesús, incluyendo nuestros actos, palabras, actitudes y motivos. Esto impacta todas nuestras relaciones, identificadas a continuación.*

- *nuestras relaciones y ministerio con nuestra familia*

- *nuestras relaciones y ministerio con la iglesia*

- *nuestras relaciones y ministerio con los perdidos*

Los discípulos actuales deben mejorar en la gran necesidad de responsabilidad sobre las cuatro prioridades de relaciones, listadas anteriormente, de mayor importancia. No estoy discutiendo sobre la responsabilidad en cuanto a asistencia y finanzas, sino por una mejor preparación para el ministerio y por responsabilidad en transacciones entre Jesús y sus discípulos contemporáneos, aquellos discípulos y sus familias, su iglesia, y las ovejas perdidas. ¿Dónde y cómo podemos reportar dentro de la iglesia — ser responsables — esos ministerios bíblicos a los que somos llamados? Yo propongo que lo hagamos respondiendo la pregunta de Jesús, "¿Entiendes lo que he hecho?" cada semana en grupo. Esto entrena a los asistentes a reportar diariamente a Jesús en

---

[253] El gran mandamiento y gran comisión, entre muchas otras instrucciones

privado. Esto, naturalmente, conduce al crecimiento en ayudar positivamente a sus familias a reunirse y dar informes.

INFORMAR DE LO BUENO

Debemos ver y hablar sobre lo que Jesús ha hecho y no es nuestros intentos fallidos por hacer lo bueno.

Yo no permito que los discípulos de Jesús reporten sus fallas en este primer nivel de Discipulado por Jesús. O a cualquier otra persona. No tenemos tiempo para eso. Queremos ver a Jesús y no a nuestra carne. Además, todos somos llamados a convertirnos en hacedores de discípulos[254] y la mayoría no están calificados para dar terapia grupal en cuanto a los retos y fallas de los miembros del grupo.

Ciertamente necesita haber un lugar en la iglesia para la gente que necesita apoyo y consejería, y generalmente es a través de las relaciones desarrolladas en estos grupos de discipulado donde las necesidades son identificadas. Pero la ayuda necesaria es que se produzca fuera del grupo por un laico calificado o un pastor. El grupo de Discipulado por Jesús no es un grupo típico de apoyo. Sin embargo, es el *mejor* de todos los grupos de apoyo, porque la mayoría de los problemas que son llevados a los típicos grupos de apoyo son resueltos de mejor manera gracias a lo que está sucediendo en el grupo de discipulado. Por lo tanto, es el principal grupo de apoyo, aunque no permitimos que las personas hablen sobre sus propios desafíos físicos o financieros, o de sus heridas, hábitos, etc.[255] Este grupo se trata sobre Jesús solamente — Él es nuestro *plan de estudio*: quién es Él, qué ha hecho esta semana, qué está diciendo, qué es lo que quiere, y qué ha prometido. ¿Estaría bien si tuviéramos por lo menos una reunión en la iglesia que fuera enteramente sobre y para Jesús? Queremos quitar la mirada de nosotros mismos, y crecer en concentrarnos en amar a otros, empezando con Jesús, después nuestro prójimo, iglesia, los perdidos. Esto, no por casualidad, es la mejor solución a nuestros deseos, necesidades, de un grupo típico de apoyo.[256]

¿Hablar sobre las cosas buenas que hemos hecho no sería presumir? No, porque estamos contándole al grupo lo que Jesús ha hecho. Es Jesús quien nos pregunta, "¿Entiendes lo que, yo, Jesús, he hecho?"

Estamos siendo entrenados estratégica e intencionalmente para ver lo que Jesús hace, y hablar de ello, dando gracias, en nuestros grupos. Pero es un reto para la mayoría de nosotros como seguidores de Cristo hablar sobre las cosas

---

[254] Para ser identificado en detalle más adelante en el libro

[255] Repito: no estoy criticando a los grupos típicos de apoyo. DPJ simplemente tiene otros procesos y propósitos.

[256] Orar por necesidades temporales (salud, finanzas, etc.) se aborda poderosamente en la pregunta 5

buenas que Jesús hace a través de nosotros. Sentimos como si estuviéramos presumiendo o glorificándonos a nosotros mismos. Pareciese como si fuera orgullo. Y puede serlo.

Pero no decir lo que Dios ha logrado a través de nosotros puede ser motivado por no querer que otros piensen que estamos jactándonos, lo cual también es egocéntrico, por lo tanto, es orgullo. Los motivos lo son todo, y si el motivo de la persona que está dando su informe es verdaderamente reconocer lo que Jesús ha hecho, y honrarle y agradecerle, se enviará el mensaje correcto. (Solo para ser claro, cuando sentimos que alguien se está jactando, debemos hacérselo saber).

De hecho, el apóstol Pablo, quien dijo, "Sean imitadores de mí, así como yo de Cristo"[257] nos da un claro ejemplo en reportar las cosas buenas que Jesús ha logrado a través de él.

"Después de saludarlos, Pablo les *relató* detalladamente lo que **Dios** había **hecho** entre los gentiles por medio de su ministerio." Hechos 21:19

"No me atreveré a hablar de nada sino lo que **Cristo** ha **hecho** por medio de *mí* para que los gentiles lleguen a obedecer a Dios. Lo ha hecho con palabras y obras,..." Romanos 15:18

Sin orgullo, o miedo de ser juzgado como una persona orgullosa, Pablo habla libremente lo que Jesús había logrado a través de él. De hecho, dice que prefiere estar en silencio a menos que tuviera que decir lo que Jesús hizo a través de él.

La iglesia primitiva regularmente daba y recibía reportes de lo que Dios había hecho a través de cada uno.

- *"Cuando llegaron, reunieron a la iglesia e informaron de todo lo que Dios había hecho por medio de ellos, y de cómo había abierto la puerta de la fe a los gentiles." Hechos 14:27*

- *"Al llegar a Jerusalén, fueron muy bien recibidos tanto por la iglesia como por los apóstoles y los ancianos, a quienes informaron de todo lo que Dios había hecho por medio de ellos." Hechos 15:4*

---

[257] 1 Corintios 11:1

Jesús reportó todo lo que Él había hecho con su Padre.[258] Los discípulos de Jesús — a oídos de cada uno — dieron informes a Jesús de todo lo que habían hecho.[259] En *aquel* día, todos daremos reporte de nuestras palabras y hechos.

- *"Pero yo les digo que en el día de juicio todos tendrán que dar cuenta de toda palabra ociosa que hayan pronunciado. Porque por tus palabras se te absolverá, y por tus palabras se te condenará»." Mateo 12:36-37*

- *"Porque es necesario que todos comparezcamos ante el tribunal de Cristo, para que cada uno reciba lo que le corresponda, según lo bueno o malo que haya hecho mientras vivió en el cuerpo." 2 Corintios 5:10*

¿Tenemos algún lugar para reportar lo que el Señor ha hecho por nosotros? ¿En nosotros? ¿A través de nosotros? Si no es así, ¿es posible que pudiéramos tener un mejor progreso si tuviéramos un lugar para hacerlo?

REPORTAR EL PROGRESO DEL CORAZÓN

Jesús estaba lleno de gracia y verdad. Rodeados por su gracia, los discípulos contemporáneos de Jesús deben ser cuestionados sobre su comunicación con Jesús desde la última reunión.

Una de las preguntas más importantes de la que debemos ser cuestionados y dar un reporte es acerca de nuestra personal condición del *corazón*. ¿Entiendes lo que he hecho *en* ti? La respuesta revela el grado de conciencia y diálogo que tenemos con Jesús. Nuestros pensamientos están ya sea con o sin Jesús. Nuestro objetivo es aumentar de forma persistente nuestra conciencia y diálogo con Jesús, para que su verdad en nosotros aumente a medida que las ideas, palabras y actos fuera de Él disminuyan.[260] Debemos aprender a examinar y hablar sobre nuestros pensamientos, porque es en nuestros pensamientos donde más experimentamos una relación con Jesús o donde fallamos al experimentar una relación.[261]

Jesús nos habla de muchas maneras, especialmente a través de la Biblia y otros cristianos, pero recibimos y nos relacionamos con Él principalmente en nuestra mente. Cada pensamiento es un pensamiento que recibimos de Él o no. Si no proviene de Él, es independiente de Él, en parte o completamente equivocado (nuestros pensamientos verdaderamente no son sus pensamientos) y no

---

[258] Juan 17:4
[259] Lucas 9:10
[260] Juan 3:30
[261] Hablar sobre nuestro corazón incluye algunas repeticiones, pero es muy importante en este contexto arriesgarse a la repetición.

queremos que nos gobierne. La mesa de nuestros corazones representa esto. (Capítulo 2, 4 y 5)

Además, nuestra relación con Dios ocurre primeramente en nuestro corazón, ya que es en el corazón donde principalmente recibimos y respondemos a la revelación de su Espíritu. Es el corazón lo que Dios ve y juzga.[262] La condición de nuestro corazón también está determinada en cómo recibimos y respondemos a todo lo que viene de fuera hacia nosotros.

Por lo tanto, somos exhortados, sobre todo lo demás, a guardar nuestro corazón. Todo lo que hacemos es producto de lo que está pasando en nuestro corazón.[263]

Así que, en respuesta a la pregunta ¿qué ha hecho Jesús *en* nosotros? Estamos tomando tiempo para públicamente guardar nuestro corazón, reflexionar y reportar el "estado de nuestro corazón"...

- *progreso en estar conscientes de Jesús*[264]

- *progreso en el diálogo con Jesús*[265]

- *progreso en el gozo, oración y agradecimiento*[266]

- *progreso en la fe*[267]

- *progreso en traer todo pensamiento cautivo en obediencia a Cristo*[268]

- *progreso en motivos desinteresados y actitudes Cristo - céntricas*[269]

- *progreso en deseos y valores piadosos*[270]

> *A toda costa, necesitamos conocer y hablar sobre la condición de nuestro corazón. Al contestar "¿Qué ha hecho Jesús en nosotros?" recibimos el poder para recibir la ayuda necesaria para examinar y conocer la condición de nuestros pensamientos, actitudes, deseos, motivos, que están, en nuestro corazón. Al ser juntos discipulados por Jesús, su pregunta,*

---

[262] 1 Samuel 16:7
[263] Proverbios 4:23
[264] Filipenses 3:8-10
[265] Juan 15:1-9, 2 Corintios 13:14
[266] 1 Tesalonicenses 5:16-17
[267] Hebreos 11:6
[268] 2 Corintios 10:5
[269] 1 Crónicas 28:9, Filipenses 2:5-9
[270] Romanos 8:5, 2 Pedro 1:4

"¿Entiendes lo que he hecho por ti?" debe ser aplicada a lo que Él ha permitido hacer en nuestro corazón. En nuestros grupos **DPJ***, estamos siendo equipados para pensar y evaluar nuestros pensamientos.*

Esto es *críticamente importante* para ser transformado.

"No se amolden al mundo actual, sino sean **transformados mediante la renovación de su mente.** *Así podrán* **comprobar** *cuál es la voluntad de Dios, buena, agradable y perfecta."*[271]

Juan Wesley amonestó a sus seguidores a tener "cuentas pequeñas". Esta responsabilidad rutinaria nos ayuda a evitar que nos desviemos de nuestra "pura y sincera devoción a Cristo".[272] No puedo exagerar la importancia de reportar nuestros buenos pensamientos.

En contexto de una gran gracia, también debemos cuestionarnos lo siguiente, "¿Entiende lo que he hecho *a través* de ti?" Los discípulos contemporáneos de Jesús necesitaban desesperadamente ser cuestionados sobre su amor por Jesús al preocuparse y alimentar a otros: "¿Sabes y entiendes lo que he hecho *a través* de ti esta semana que pasó?"

Si se nos dificulta recordar alguna cosa buena que Jesús logró a través de nosotros, necesitamos ser discipulados mucho más *intencionalmente* en seguir a Jesús al servirle en nuestras familias, iglesias, lugar de trabajo, escuelas, comunidades. Esta es una verdad mayor de la pregunta 4.

"Así que comete pecado todo el que sabe hacer el bien y no lo hace. *"*[273]

Así como guió a Jesús, el Espíritu Santo también nos guiará para hacer el bien,[274] para intencionalmente orar, escuchar, afirmar lo que es bueno, regocijarnos con aquellos que se regocijan, llorar con los que lloran, animar, servir, dar, hablar la verdad en amor, etc. Jesús era intencional y proactivo, y no hacía nada fuera de su Padre.[275] Necesitamos mucha ayuda para ser como Él en todo lo que hacemos.[276]

SER TESTIGO PARA PODER TESTIFICAR

---

[271] Romanos 12:2
[272] 2 Corintios 11:3
[273] Santiago 4:17
[274] Hechos 10:38
[275] Juan 5:19
[276] 1 Pedro 1:15, Colosenses 3:23

¿Quién es llamado a ser testigo en un juicio? ¿Alguien que leyó algo? No. ¿Alguien que escuchó algo? No. ¿Alguien que *vió* algo? ¡SÍ! Alguien que observó algo. Alguien que fue testigo de algo.

No puede testificar en la corte, a menos que personalmente haya sido testigo — visto — un suceso. Necesita ver y estar presente en un suceso para poder ser un testigo.

Todo el que ha recibido el Espíritu Santo es un testigo.[277] Sólo los testigos pueden testificar. Para testificar con credibilidad a otros sobre lo que Jesús hace, necesito observar, ver, experimentar sus obras. Si no he sido testigo de sus obras, solamente soy un testigo conceptual, académica, ideas meramente. Pero sí puedo decir, "una vez fui ciego, pero ahora veo", entonces tengo un testimonio, una historia real, acerca de quién puedo testificar.

Al mejorar en cazar las cosas buenas y poniendo todo a prueba para ver si es bueno y perfecto, crezco en conocer que estoy siendo testigo de las obras divinas de Jesús, por su Espíritu, a través de las personas y circunstancias. Si soy testigo de sus obras, estoy casi obligado a dar testimonio a otros sobre Él y sus obras.

"Porque no podemos dejar de decir lo que hemos visto y oído." Hechos 4:20

Cuando soy testigo de sus obras y lo comparto con otros, Él es honrado y glorificado, otros crecen en el conocimiento de Jesús, en creer en Él y amarlo. Además, yo soy beneficiado, y beneficio a otros en gran manera, ahora y por la eternidad. Todo esto es posible gracias a que yo elijo cazar lo bueno.

Usted pudiera decir "¡Guau!" Esa pregunta, y el ser capaz de responder a ella, debe ser mucho más importante de lo que parece.

Obviamente, estoy de acuerdo con usted. Si los beneficios antes mencionados que obtenemos al responder la pregunta de Jesús son remotamente precisos, ¿cuanto más valdrá la pena tomar el tiempo de aprender a responder la pregunta de Jesús, y seguir respondiendo continuamente?

Me gusta pensar que Jesús es el quarterback perfecto de nuestro equipo. Él puede avanzar con el balón, y cada vez que lo hace, anotamos, porque la oposición no puede derribarlo. (Él es el Dios omnisciente, omnipotente y soberano). Pero casi siempre, Él prefiere pasar el balón. Muy rara vez fuerza su voluntad. Más allá, Él tiene la intención de ser Uno con su Novia, asociarse con

---

[277] Hechos 1:8

nosotros en lugar de trabajar independientemente.[278] Así que nos reunimos con Él, asegurando su llamado y su plan, para luego dirigirnos hacia el juego (mejor dicho, la guerra). Él lanza el balón de una manera perfecta, es decir, el Espíritu Santo habla. Pero si mis ojos no están sobre Él, sino en la multitud, o en el enemigo, o en lo bueno que es nuestro equipo, o que tan bueno o malo soy, su pase perfecto me golpea directamente en el "casco", rebota, y la oportunidad de progreso es perdida. En la vida real, si no seguimos las perfectas indicaciones del Espíritu Santo, nos lleva a un doloroso mal, porque el Espíritu ve nuestra ignorancia, confusión, peligro, y constantemente nos revela la verdad que nos salva — si atrapamos el balón y corremos con el. Al contrario, cuando mantenemos nuestros ojos fijos en el quarterback, y atrapamos lo que nos lanza (escuchar su voz) y corremos con el balón (creer y obedecer lo que Él dice), algo extremadamente *bueno* ocurre. Separados de Él, no podemos hacer nada bueno.[279] Sin nosotros, rara vez anula la ignorancia y el mal o impone el bien. Juan Wesley creía que Dios no hace nada en el ámbito relacional, moral y eterno sin oración-diálogo entre Jesús y su iglesia, su Novia, su Cuerpo.

CELEBRAR JUNTOS

Ahora nos regocijamos. Celebramos. ¿Cómo? Juntos, en el grupo DPJ, algunos o muchos de los discípulos de Jesús pueden expresar un profundo agradecimiento por el papel que desempeña en lo *bueno* y *perfecto* en cuanto al progreso del Reino, que han reportado. El papel que desempeña Jesús en el progreso del Reino usualmente es que Él "lanza el balón" a alguien. ¿Cómo? Él habla a través de su Espíritu, seguido a través de su Palabra, algunas veces a través de su Cuerpo. Estamos abrumados, casi en shock, que el Dios del universo nos habla y nos invita a asociarnos con Él en sus altos y santos propósitos. Esto requiere una gran celebración. Hacemos contacto visual con Jesús y le *agradecemos* enfáticamente.

Más allá de esto expresamos una gran admiración por aquellos que "atrapan el balón y corren con el" — escuchando, creyendo y obedeciendo a la voz de Dios. (Recuerde: ECO.) Creemos que debemos honrarlo y celebrar con estos al afirmar la gloria de su asociación con Jesús.

Usualmente aplaudimos, si alguien nos anima a hacerlo. Algunas veces gritamos. Otras veces, "chocamos esos cinco santos". A veces lloramos de felicidad. Creemos que el progreso del Reino, del cual hemos escuchado, es mucho más importante que cualquier equipo de fútbol logrando una anotación. Ya que el progreso del Reino es mucho más importante que una anotación, creemos que debemos celebrar por lo menos de la misma forma en que un fan celebra

---

[278] Mezclando metáforas de fútbol y el matrimonio
[279] Juan 15:5

una "simple" anotación. Debemos regocijarnos en el hecho de que la voluntad de Dios está siendo cumplida en la tierra, así como en el cielo. ¿Cómo? Cuando hemos sido enviados a una misión por nuestro Rey y regresamos con un informe de victoria, creemos que debemos celebrar de una manera digna. Así que, **agradecemos** A *Jesús* con todo lo que tenemos y también celebramos porque sabemos que aquellos han atrapado el balón y han corrido con Él... escuchar, creer, ¡obedecer!

En resumen, para responder adecuadamente a Jesús cuando nos pregunta si entendemos lo que ha hecho, debemos 1) incrementar la caza de lo bueno e identificar especialmente **cómo** el Espíritu Santo ayuda a que lo bueno ocurre (generalmente al lanzar el balón — hablando). Esto 2) nos da la capacidad de dar testimonio de las cosas buenas que hemos visto (ser testigos) a Jesús hacer por medio de su Espíritu. Así, al dar testimonio y dar un buen reporte, estamos 3) siendo responsables de lo que nuestro Señor nos ha llamado y nos ha enviado a hacer. Todo esto nos lleva a 4) dar gracias y a una poderosa celebración. El último efecto es que todo aquel que escuche crece en la fe y amor por Jesús, mientras lo vemos obrando por, en y a través de nosotros.

El siguiente capítulo nos permite ver y escuchar a Jesús, al facilitador de un grupo y a un grupo de sus discípulos mientras tienen una reunión y se preguntan "¿Entienden lo que he hecho por ustedes?"

CAPÍTULO **14**

Modelando DPJ: Cómo ver mejor a Jesús

Segunda pregunta: Acción de gracias

Hoy mismo, Jesús está "lavando los pies" de sus amigos y enemigos. Él cuestiona a sus discípulos actuales, probablemente a la mayoría, "¿Entienden lo que he hecho por ustedes?" Es de suma importancia que nosotros, sus discípulos contemporáneos, **reconozcamos** lo que **Él** ha **hecho** desde nuestra última reunión. Él ha estado obrando por, en y a través de nosotros. Él quiere que estemos conscientes de lo que ha hecho, que busquemos entender cómo lo hizo y que seamos tan impactados por su bondad que seamos pasionalmente agradecidos, que celebremos y demos testimonio de Él.

Vemos hacia **arriba** para contestar quién es Jesús (pregunta 1); después miramos **atrás** para contestar con lo que Él ha hecho. Pero este "mirar atrás" es diferente. Típicamente miramos atrás 2000 años para ver sus obras. Pero ahora miramos atrás para ver lo que Jesús ha hecho **desde** la última reunión.

Tome una silla y únase al grupo de discípulos de Jesús mientras somos discipulados por Él. Observe y escuche mientras trabajamos en esta segunda pregunta que Jesús nos hace. Yo estaré facilitando la reunión, y uno de mis especiales amigos me estará auxiliando. Mi mejor amiga, mi constante animadora y ayudadora, Debbi, está sentada en su posición normal, justo al lado mío.

Hal: "Gracias a cada uno de ustedes que ayudó a responder la primera pregunta que Jesús nos hizo. Señor Jesús, podríamos pasar toda la reunión sin hacer nada más que responder a tu pregunta, "¿Quién dices que soy?" Sería una maravillosa reunión. Gracias, Espíritu Santo, por traer tal claridad a cada uno de los que participó, a cada uno de los que nos ayudó a contemplar las probables respuestas de Jesús a nuestra alabanza y adoración.

"Ahora, necesitamos avanzar a la siguiente pregunta que tú, Jesús, le hiciste a tus discípulos y que también nos quieres hacer a nosotros. Y es la siguiente:

"¿Entiendes lo que he hecho por ti?"

'Jesús, tú dices que tu **Padre siempre ha estado obrando hasta el día de hoy, y que Tú también estás obrando.**"[280] Nos comprometemos a mirar atrás, a la semana pasada, para reconocer tus obras y reportar lo que hiciste. Espíritu Santo, esperamos en Ti para que nos ayudes a recordar las cosas que hiciste la semana pasada'. Recuerden que el silencio en nuestra reunión es oro. Crea un espacio para el Espíritu Santo. También, recuerden dar solamente los detalles que necesitamos para entender lo bueno que Jesús ha hecho.

"¿Alguien recuerda algo bueno que haya ocurrido en su relación con Jesús, o con su familia, iglesia, o en su tiempo con las ovejas perdidas de Jesús? ¿O cualquier otra cosa bueno que ustedes consideren perfecta?"

Silencio.

Phoebe: "No puedo recordar algo que Jesús haya hecho. ¿Qué significa eso?"

Hal: "No estoy seguro. Déjame hacerte esta pregunta: ¿Sabes cómo ver lo que Jesús ha hecho en tu vida?"

Phoebe: "No. Nunca había escuchado a alguien decir o insinuar que hay una manera para ver lo que Jesús está haciendo".

Hal: "Grupo, quiero hacerles una pregunta. ¿Existen buenas dádivas? Si las hay, ¿de donde proviene todo don bueno y perfecto?"

Muchos comienzan a responder. Así que, señalo a Hudson.

Hudson: "Bueno, Jesús dijo que si los padres físicos dan buenas cosas a sus hijos, 'cuánto más nuestro Padre celestial dará cosas buenas a los que le piden'".[281]

Elle: "¿Dónde dice que todo don perfecto desciende de lo alto?"

Hal: "¿Alguien sabe?"

Avila: "Santiago 1."

Hal: "Gracias, Avi, por favor léelo".

---

[280] Juan 5:17
[281] Mateo 7:11

Avila: "Mis queridos hermanos, no se engañen. Toda buena dádiva y todo don perfecto descienden de lo alto, donde está el Padre que creó las lumbreras celestes, y que no cambia como los astros ni se mueve como las sombras."[282]

Hal: "Maddie, estás muy callada el día de hoy? ¿Te puedo hacer una pregunta?"

Madison: "Solo si prometes que no será muy difícil".

Hal: "Lo prometo. ¿Cómo podemos reconocer lo que el Padre y el Hijo están haciendo?"

Madison: "Eso no es tan difícil. Si existe algo bueno en tu vida, proviene del Padre".

Hal: "¿Qué piensan de eso los demás? ¿Podemos estar seguros de eso? ¿Cómo sabemos lo que es 'bueno'?"

Emma: "Si le dan a alguien $1,000,000, ¿sería eso bueno?"

Avila: "Yo lo llamaría algo bueno y los tomaría".

Hudson: "No necesariamente. Depende si el dinero tiene un buen efecto en ti".

Hal: "¿A que te refieres?"

Hudson: "Bueno, si el dinero causa que no confíes en Dios, y compras muchos "juguetes" que destruyen las buenas prioridades, eso no sería bueno".

Hal: "Alguien ayúdenos. Pensemos con Jesús para sentir lo que Él piensa que es bueno".

Madison: "Yo creo que lo bueno tiene que ver con el amor, como las buenas relaciones, ayudar... creo que incluye decir la verdad, justicia... oh, esa es otra palabra para describir lo 'bueno'".

Elle: "Con todo lo que implica la eternidad, me refiero a personas que llegan al cielo y acumulan tesoros en el camino".

Hal: "Hagamos una lista específica de las cosas que creemos que realmente son buenas dádivas de nuestro Padre".

---

[282] Santiago 1:16-17

Elle: "¡La luz del sol!"

Avila: "Comida".

Phoebe: "Vida eterna".

David: "El unigénito hijo de Dios".

Eden: "Nuestros propios hijos".

Adelyn: "El Espíritu Santo".

Debii: "El fruto de Espíritu".

Justus: "La memoria".

Dawson: "La habilidad para pensar".

Hal: "¿Los pensamientos son buenos o malos?"

David: "Todo depende si provienen de Dios o no".

PAUSA

Toda esta discusión está ocurriendo como si fuera la primera vez que se hace esta pregunta al grupo. Después de algún tiempo, el grupo conocerá a fondo de donde proviene todo don perfecto y tendrá una mayor claridad sobre el significado de "bueno y perfecto".

Nosotros seguimos por un rato. Después de un tiempo, concluimos en 3 categorías de regalos que queremos ver:

Buenas dádivas que Jesús provee para nosotros o la gente a nuestro alrededor:

- *Regalos eternos (formas en que el Cuerpo de Cristo nos ayuda a seguir y conocer mejor a Jesús)*

- *Regalos temporales (la luz del sol, la habilidad de ver, comida, etc.)*

Buenas dádivas que Jesús trabaja en nosotros (usualmente pensamientos de parte de Dios, o deseos santos)

- *Todas las cosas que nos enseña a través de su Palabra*

- *Todas las veces que nos ayuda a recordar su Palabra*

- *Todas las veces que su Espíritu nos convence, nos guía, corrige, anima y nos inspira en nuestras reacciones, palabras, tono, pensamientos, motivos, actitudes, prioridades, valores, etc.*

Buenas dádivas que Jesús le da a otras personas a través de nosotros:

- *Orar por otros*

- *Demostrar el carácter y personalidad de Jesús: amor, perdón, gracia, misericordia, gozo, paz, paciencia, benignidad, bondad, mansedumbre, fe, templanza, etc.*

- *Lavar los pies: ayudar, servir, dar, bendecir*

- *Lavar las mentes: animar, afirmar, escuchar, hacer preguntas para entender mejor, pedir permiso para compartir nuestra perspectiva, hablar en verdad y en amor, etc.*

- *Ayudar a otros a lavar sus pies y mentes*

Habiendo identificado estos conceptos, se hace más fácil para el grupo "ver" y hablar sobre lo que Jesús ha hecho en la última semana, o aun en las últimas 24 horas.

Entre más inmaduro sea el grupo, el facilitador más tendrá que hacer preguntas como esta, "¿Qué cosas **buenas** han pasado desde la última vez que nos reunimos?" ¿Por qué? Los menos maduros tendrán más dificultad para reconocer lo que "Dios hizo", pero fácilmente podría identificar algunas cosas **buenas**, que después pueden ser probadas para saber si son "buenas y perfectas", y después saber si "vienen de Dios". (Santiago 1:17)

Entre **más** maduro sea el grupo, el facilitador puede hacer preguntas como "¿Qué pueden reportar sobre lo que el Espíritu Santo ha hecho en y a través de ustedes para su familia, iglesia o el mundo?"

REANUDACIÓN

Hal: "Sigamos adelante ahora con la pregunta que Jesús les hizo a sus discípulos después de haber lavados sus pies: '¿*Entienden lo que he hecho*?' ¿Ha hecho Jesús algo bueno por ti, en ti, o a través de ti esta última semana? O, ¿sucedió algo bueno?"

Emma: "Él me enseñó sobre su herencia en Efesios".

Hal: "¿Te habló por el Espíritu a través de su Palabra?"

Emma: "Sí. Significa mucho para mí que la herencia de Jesús — por lo que Él vivió y murió — me incluya. El gran Creador y Rey del universo murió para tenerme con Él".

Hal: "Grupo, ¿creen que esto es bueno y que viene de parte de Dios?"

Dawson: "¿Cómo no podría serlo? Viene directamente de la Escritura".

Hal: "¿Podemos celebrar la bondad del Espíritu Santo por hablarle a Emma en tan significativa manera? ¿Alguien puede agradecer a Jesús por hablar con Emma en tan gran manera?"

Elle agradece sinceramente a Jesús por hablar con tanta claridad a Emma. Hay muchos "amenes" de los miembros del grupo. ¡Estamos teniendo una buena reunión!

PAUSA

Emma reportó la actividad del Espíritu Santo *en* su *corazón*. Tenga en mente la tarea fundamental del facilitador de ayudar a los discípulos de Jesús a estar conscientes de lo que está sucediendo en sus corazones (pensamientos, emociones, deseos, motivos, actitudes, valores, prioridades, etc.) ya que esto es la ubicación de la obra del Espíritu Santo. Diríjase al capítulo 4 y la voluntad del Pequeño Rey Voluntad.

REANUDACIÓN

Hal: "¿Qué otra cosa buena pasó esta semana?"

Madison: "Vendimos nuestra casa". (Hay muchos aplausos.)

Hal: "¡Guau! ¿Cuántos estuvieron orando?" (La mayoría del grupo levanta la mano). "¿Podemos asumir que esto es una buena dádiva de parte de Jesús? Si es así, ¿Por qué?"

Madison: "Cualquiera que supiera lo mucho que necesitábamos venderla pensaría que es algo bueno".

Eden: "Jesús dijo que si buscamos primero su Reino y su justicia, que Él se encargaría de todas las demás cosas que realmente necesitamos. No sé cómo alguien podría buscar más cuidadosamente el reino de Dios que Maddie. Esto es una bendición de parte de Dios". (Hay más aplausos.)

Hal: "Qué hermoso es escuchar las maneras en que Jesús está lavando 'nuestros pies'. ¿Cómo responden cuando se da cuenta que Jesús ha hecho algo bueno por ustedes?"

Eden: "¿Por haber vendido la casa de Maddie? Gracias Señor. ¡*Gracias Señor*!"

Hal: "Me pregunto si Jesús hizo algo bueno *a través* de cualquiera de nosotros esta semana. Hacer el bien es lo que Él hizo cuando estaba en el cuerpo.[283] Estoy seguro que Él nos habló para servir, animar o bendecir a gente con la que estuvimos esta."

Silencio prolongado.

Hudson: "No me siento cómodo hablando sobre las cosas buenas que hice la semana pasada, aunque reconozco que es gracias a Jesús. Suena como si estuviera presumiendo".

PAUSA

Recordemos la larga discusión en el capítulo 13 con respecto a no querer presumir al informar el bien que Jesús logró a través de nosotros al lanzarnos el balón para que nosotros lo atrapáramos y corramos con él.

REANUDACIÓN

Hal: "Lo entendemos y estamos de acuerdo. Pero has sido llamado a ser testigo de lo que Jesús ha hecho, así que al contarnos lo bueno que sucedió a través de ti, nos estas ayudando a ver lo que Jesús ha hecho a través de ti. Y no te preocupes. Si pensamos que te estas jactando, estaremos seguros en hacértelo saber".

Hudson: "Ok. Bueno, ustedes prometieron orar por mi hijo de 20 años para que fuera a cenar conmigo y que yo pudiera escucharlo sin corregirlo o confrontarlo. Bueno... pues sí sucedió. Fuimos a cenar el viernes por la noche. Fue un gran tiempo. Incluso me platicó un poco sobre el lío en el que está involucrado. El Señor me dijo que no volviera a sermonearlo, y que simplemente lo siguiera escuchando y que tratara de entenderlo. Los dos disfrutamos la noche, y su oración para que nuestra relación mejorara, fue contestada. Creo que vamos a poder crecer en la relación y que él va a darse cuenta que en realidad me importa y quiero ayudarlo, no mandarlo".

---

[283] Hechos 10:38

Hal: "¿Alguien escuchó algo que sonara bueno y perfecto en el reporte de Hudson?"

Debbi: "¿Es en serio? El Espíritu Santo le habló a Huds durante la cena. Huds reconoció su voz y respondió de forma obediente al no sermonearlo, sino escucharlo. Parece como si Jesús le lanzó el balón, él lo atrapó y corrió, y nuestro equipo avanzó".

Hal: "Y yo creo que el hijo de Huds, y todos nosotros, pudimos ver a Jesús. El Verbo le recordó a Huds que tenía que escuchar, y el Verbo se hizo carne mientras Huds escuchaba y obedecía a Jesús. Cuando Hudson hizo lo que el Espíritu Santo le mandó hacer, él caminó al igual como Jesús lo hizo,[284] todos vimos a 'Jesús'".

Hay un gran aplauso para ambos, Jesús y Hudson: a Jesús por trabajar en Hudson al guiarlo y a Hudson, quien sensiblemente escuchó y obedeció... resolviendo lo que Jesús hizo en su interior.[285]

PAUSA

Queremos "cazar" lo bueno en cada uno de nosotros y en cada una de las situaciones. Una de las maneras en que practicamos "ver lo que Jesús está haciendo", en esta reunión, es cazando lo bueno que cualquier de nosotros pudiera reportar, lo cual lo ponemos a prueba para saber si está cumpliendo el propósito de Dios (perfecto). Al practicar "la caza" y encontrar lo bueno y perfecto en el grupo, mejoramos en buscar y encontrar lo bueno en las personas y circunstancias alrededor de nosotros, e incluso en lo bueno que se logra a través de nosotros. Mientras mejoramos en reconocer lo bueno, nuestra fe, nuestro amor y nuestro testimonio de Él crece.

REANUDACIÓN

Hal: "Jesús, ¿hiciste algo más a través de alguien esta semana? Necesitamos tu ayuda para poder verlo".

Debbi: "Recuerdan que yo pensaba que el Espíritu Santo me estaba guiando a pasar un tiempo específico en oración por mis nietos. Quiero agradecerles a todos por orar. Pedí al Señor que me ayudara a levantarme cada mañana 15 minutos más temprano para incrementar mi tiempo con Él, para así poder tener más tiempo para orar por cada uno de mis nietos. Él me ayudó, y fue

---

[284] 1 Juan 2:6
[285] Filipenses 2:12-13

maravilloso invertir, de manera consistente, ese tiempo en oración por cada uno de mis nietos".

¡Aplausos de celebración! Todo el "equipo" (ejército) obtiene progreso cuando uno lo hace. Estuvimos agradeciendo a Jesús y a Debbi por lo bueno que fue hecho al despertar más temprano (asistido por el Espíritu) y su oración guiada por el Espíritu.

Hal: "Escuchamos que Jesús estaba obrando en vender una casa, revelando que somos su herencia, ayudándonos a orar y a tener progreso en nuestras relaciones familiares. ¿Ayudó a alguien a tener un progreso en relación con los perdidos?"

Silencio.

David: "Yo recuerdo haber orado por un amigo que no es salvo, pero no le envié el correo electrónico que el Señor me pidió que le enviara".

Adelyn: "Celebramos el hecho de que oraste. Y agradecemos que reportes honestamente que olvidaste mandar el correo electrónico a tu amigo. Me ayuda mucho el escuchar esa clase de honestidad".

Hal: "¿Alguien tiene algún pensamiento, tal vez de parte del Espíritu Santo, sobre lo que Jesús *podría* estar pensando o lo que tal vez quiera decirle a David?"

Silencio.

Emma: "No estoy segura de lo que el Señor esté pensando, pero sé que estoy muy agradecida de que David esté tratando de conectarse con su amigo perdido y orar por él. Pienso que Dios está altamente complacido en que David se interese por sus amigos perdidos y que esté comprometido a mejorar esa conexión con ellos. Eso me recuerda que necesito orar por un amigo que está teniendo problemas".

Hal: "Gracias. Les recuerdo que estamos practicando 'actuar como si fuéramos Jesús'. Estamos practicando su presencia, tratando de crecer en ser más sensibles a Él... de hecho, Jesús, perdóname por hablar de Ti como si estuvieras en otro estado... estamos practicando que nuestra conciencia sobre tu presencia continua crezca, y sentir lo que tú y tu Espíritu Santo, nos quieren decir. Al *practicar* esto aquí, estamos siendo equipados para pensar y comportarnos como el Cuerpo de Cristo fuera de estas paredes. Necesitamos practicar el ser guiados por ti y tu espíritu en todo lo que decimos y hacemos. Muchas gracias,

Emma, por luchar con tu respuesta. ¿Qué piensan los demás sobre lo que Emma dijo? ¿Creen que sean palabras guiadas por el Espíritu?"

Madison: "Pienso que lo que dijo es muy similar a lo que Jesús le quiere decir a David. Tal vez Jesús quiere preguntarle a David si está dispuesto a comprometerse una vez más a enviarle ese correo electrónico a su amigo esta semana".

David: "Claro que sí. Odio que dejé pasar toda una semana y no hice la única cosa por la que les pedí que oraran".

Justus: "Me uno al grupo. Yo prometí la semana pasada que oraría por ti y lo olvidé. Lo siento. Te prometí a ti y a Dios que oraría por ti esta semana. De hecho, si tú quieres, puedo enviarte por correo electrónico mi oración por ti, y el Señor puede usar eso para recordarte que tienes que enviarle un correo a tu amigo".

David: "Muchas gracias. No me gusta que te sientas así..."

Justus: "No te preocupes, no es la gran cosa. Además, creo que fue Dios quien me pidió que te mande un correo electrónico para ayudarte a recordar que tú tienes que hacer lo mismo".

Hal: "¡Guau! Justus cree que Jesús le habló. ¿Los demás que piensan? ¿Creen que mandarle ese correo a David sea bueno? Perfecto... ¿las circunstancias mueven hacia el propósito de Dios? Si es así, pudo haber sido el Señor. ¿Creen que fue Dios quien puso la idea de mandar ese correo a David?"

Eden: "Creo que fue Dios".

Hal: "Hagamos una votación. Todos los que piensen que Dios le habló a Justus, den un fuerte aplauso".

Aplausos.

Hal: "Todos los que estén contentos de que Justus esté en nuestro equipo, nuestro ejército, como alguien que ve y atrapa el pase que Jesús lanzó y después corre con el balón, por favor celebren su asociación en nuestra misión... nuestra gran comisión".

Más aplausos. Es bueno ser discipulado por el Espíritu de Jesús a través de su Cuerpo y su Palabra.

Bueno, ya fue suficiente de esa reunión.

Es mi tarea como facilitador de la reunión *no* ser el maestro.

Estas son las razones principales por las que no debo ser el maestro en el grupo DPJ.

Primero, las reuniones de este grupo *no* son para enseñar, sino para *entrenar* y poner todo a *prueba* mientras *escuchamos*... a través de las buenas preguntas que son hechas. La especialidad de la iglesia es enseñar (sermones, estudios bíblicos, libros, etc.) El grupo DPJ es un tiempo para descubrir si aquellos que han sido enseñados han 1) aprendido lo suficiente para expresar lo que han escuchado en repetidas ocasiones. Al contestar preguntas (examen oral... una y otra vez) los participantes del grupo están siendo *capacitados* recordando y expresando lo que han visto y oído en repetidas ocasiones. Además, el grupo DPJ es un tiempo donde ponemos a *prueba*. Hacer preguntas a los miembros del grupo le permite al facilitador saber qué saben y qué es lo que no saben los participantes del grupo. Más importante aún, le permite al facilitador saber lo que los discípulos están, y lo que no están haciendo. El buen pastor, como nuestro Pastor Dios, necesita *conocer* a sus ovejas.[286]

Hemos sido llamados a no ser oidores de la palabra, sino hacedores.[287] El facilitador no sabe si los discípulos conocen y están obedeciendo la Palabra a menos que *haga preguntas específicas*.

Segundo, el tiempo que pasamos juntos es mínimo; necesito usar el tiempo para cumplir los propósitos. Cada tiempo que hablo con el grupo, es un tiempo donde no estoy escuchando. Tengo un tiempo limitado con los discípulos de Jesús. Si hay 5 personas en el grupo, y tengo una reunión de 90 minutos por semana, entonces tengo máximo 18 minutos por semana para enterarme de todo lo que tengo que saber sobre la relación con Jesús de cada discípulo, su familia, unos pocos cristianos que necesitan ser cuidados, algunos perdidos que necesitan ser cuidados. Necesito practicar (y ser ejemplo) en ser pronto para escuchar y tardo para hablar.[288]

Tercero, los discípulos *ordinarios, sin educación*, deben ser entrenados para convertirse en hacedores de discípulos. No se debe exigir a los discípulos que sean pastores o maestros profesionales (o maestros laicos altamente dotados) para convertirse en hacedores de discípulos efectivos. El requisito es que hayan *estado con Jesús*. Si yo, como profesor y pastor profesional, enseño mis estudios y entrenamiento, los laicos asumirán que ellos no pueden hacer discípulos porque no tienen la educación y entrenamiento que está siendo

---

[286] Juan 10:14
[287] Santiago 1:22
[288] Santiago 1:17

presentado en la reunión. El modelo de DPJ está diseñado para que yo no necesite mostrar mi entrenamiento profesional para poder enseñar, precisamente para que los que no son profesionales o la gente menos dotada también puedan hacer discípulos usando este modelo. Puede haber excepciones, si es que se identifican como tal.

La enseñanza es aceptable si (y solo si) el facilitador les ha dado a otros la oportunidad de hablar o si ha hecho una pregunta para ver si esa persona sabe lo que el facilitador quiere que sepa. El facilitador luego debe identificar que él/ella está enseñando, pero nunca se espera que los futuros hacedores de discípulos enseñen... evitando así la idea de "nunca podré ser un hacedor de discípulos como él/ella".

El facilitador en crecimiento, con mucha práctica, aprende a escuchar mejor al hacer preguntas mejor elaboradas. Uno de mis entrenadores dice, "Quiero beber de tu fuente seca antes de permitirte que pruebes de mi fuente".

Para facilitar a los presentes en el discipulado, los facilitadores necesitan frecuentemente hacer preguntas que permita al grupo recordar que Jesús está presente y pudiera estar hablando a través de su Espíritu, para probar su mente y hablar con ellos, etc. Por ejemplo:

- *"¿Estás dispuesto a decirle a Dios lo que nos acabas de decir a nosotros?"*

- *"¿Alguien tiene algún buen pensamiento que pudiera venir de parte de Dios?"*

- *"¿Qué estás pensando? ¿Crees que ese pensamiento venga de Dios?"*

- *"¿Qué crees que el Señor esté pensando en este momento? O, ¿qué crees que Dios quiera decirnos?"*

- *"¿Alguien considera que las palabras que expresó Hudson vienen del Espíritu?"*

Ahora pasamos a conocer a Jesús en mayor profundidad. Hemos aprendido a ver a Jesús en los dos capítulos anteriores; ahora trabajaremos en escucharlo. Tenemos el privilegio de sentarnos a los pies de Jesús, escucharlo mientras nos habla por medio de sus propias palabras que han sido grabadas para nosotros. Hagámoslo...

CAPÍTULO **15**

Escuchar A Jesús: "¿Me Estás Escuchando?"

Tercera pregunta: Diálogo bíblico devocional

"Pedro, Santiago, Juan... necesito hablar con ustedes. ¿Ven aquella montaña? Iré a orar a ese lugar.[289] Me gustaría que vinieran conmigo".

Así que subieron aquella montaña ellos y su círculo íntimo siendo guiados por Jesús.[290] Al llegar, Jesús comenzó a orar. Mientras oraba, su rostro fue, cómo pudiera describirlo, transfigurado... literalmente. Su rostro brillaba como el sol.[291] Sus vestiduras estaban transfiguradas también, convirtiéndose en un blanco deslumbrante, como una luz o un rayo.[292]

Pero el drama apenas estaba iniciando. Moisés y Elías de alguna forma aparecieron... con impresionante gloria. Ellos hablaron con Jesús sobre su experiencia venidera en Jerusalén, incluyendo su partida.[293]

Los discípulos estaban quedándose dormido, pero, ¿quién podría dormir con esa luz tan brillante, o con Moisés y Elías platicando con Jesús? Probablemente Pedro no estaba completamente despierto. No sabía lo que estaba diciendo, pero de alguna manera continuó hablando.[294] "Construiré un refugio para cada uno de ustedes".

Me pregunto con qué frecuencia, porque no estoy completamente despierto, o no estoy realmente pensando, o tal vez tengo miedo, o quiero impresionar a los presentes, digo... cualquier cosa. (Realmente no quiero saber). Las conversaciones impías se identifican particularmente como errores graves que deben evitarse.[295]

---

[289] Lucas 9:28
[290] Siguiendo la guía de su Padre, como siempre
[291] Mateo 17:2
[292] Mateo 17:2, Lucas 9:29
[293] Lucas 9:30-31
[294] Marcos 9:6, Lucas 9:33
[295] Efesios 5:4, 1 Timoteo 6:20, 2 Timoteo 2:16, 23, Tito 3:9

Mientras Pedro aún hablaba, una nube los envolvió, y de la nube salió una voz... la Voz. "Este es mi hijo, a quien amo; con él estoy muy complacido. *Escúchenlo*".[296]

¿Alguna vez ha sido confrontado en público, y gravemente avergonzado? No puedo imaginar cómo se estaba sintiendo Pedro.

Pero ese no es el punto. El punto es el siguiente: en una de las pocas veces de las que tenemos registro de la voz audible de Dios Padre, Él nos manda *escuchar* a su Hijo a quien ama y en quien se complace.

O tal vez el dolor y vergüenza de Pedro son parte del punto, el componente de algo más grande. ¿Por qué no reconocemos la voz de nuestro Pastor? Probablemente hay mucho ruido alrededor... muchas palabras. Saliendo de nuestra boca. Palabras de otros entrando en nuestros oídos. Dentro de nuestra mente. Mucho ruido. "Éste es mi Hijo. ¡Escúchenlo!"

Por medio del Espíritu, Jesús está más cercano a mí que de Pedro. El Padre de Jesús me ve y escucha todo el tiempo que, al igual que Pedro, estoy hablando. Su Palabra para mi es la misma que le dio a Pedro: "Escúchenlo".

Por muchos años, mientras me preparaba, escuchaba la Biblia en una grabadora de casetes. La tenía en un volumen bajo para no despertar a los otros miembros de la familia. Pero mantener un volumen bajo causó un problema. Cuando encendía mi rasuradora eléctrica, era tan bajo el volumen de la Biblia, que no podía escuchar. Cuando abría la llave del agua, ocurría lo mismo — no podía escuchar el casete de la Biblia. ¿Lavarme los dientes? El volumen era muy alto para poder escuchar la Biblia.

Tenemos problemas en escuchar a Jesús porque hay muchos ruidos — distracciones de todo tipo. El ruido no solo está en nuestros oídos provenientes de fuentes externas. De hecho, la mayoría de los ruidos que obstaculizan escuchar a Jesús, son ruidos internos. Los pensamientos, emociones y deseos de nuestras almas retumban fuertemente, más fuerte que una rasuradora, ahogando nuestra capacidad de reconocer la voz de Jesús.

¿Cuándo habla Jesús? ¿Dónde lo podemos escuchar? ¿Cómo podemos escucharlo?

Regresando al mandado para Pedro de *escuchar* a Jesús, muchos de los discípulos contemporáneos de Jesús necesitan profundamente darse cuenta que, al igual que Pedro, *siempre* estamos en la presencia de Jesús. Él siempre está

---

[296] Mateo 17:5, con énfasis adicional

presente y nos habla, mucho más de lo que nos damos cuenta. Él nos ama y conoce cada una de nuestras ideas y deseos que son diferentes a los suyos — un poco o tal vez mucho. Así que, Él susurra a nuestros corazones, a pesar de todos los ruidos. Cada vez que hablamos, o escuchando los ruidos externos, el Espíritu está hablando mucho o está siendo silenciado. Debemos comprometernos y ser entrenados para *escuchar* el Espíritu de Jesús. Podemos crecer en ser prontos para escuchar[297] la voz de Jesús en nuestros pensamientos, al ser tardos para hablar. Podemos traer cautivos nuestros pensamientos en obediencia cada vez más[298] poniendo a prueba las ideas "buenas y perfectas"[299] que pueden ser de parte del Espíritu de Jesús.

Cuando estoy hablando, me es difícil poder escuchar a Jesús. Aún y cuando estoy hablando mientras oro, cuando me estoy comunicando intencionalmente con Dios, se minimiza mi habilidad de escucharlo porque soy yo el que está hablando. Pedro estaba hablando cuando el Padre dijo, "Este es mi Hijo. Escúchenlo". El concepto típico que tenemos de la oración es que somos nosotros los únicos que hablamos y Dios solo escucha. Porque esta es la práctica normal de oración, cuando pensamos en la oración, la mayoría de las veces pensamos en hablarle a Dios, y no en escucharlo.

- *"El problema con las personas que oran es que dicen "amén" y corren lejos de Dios antes de que Él pueda responder. Escuchar a Dios es mucho más importante que contarle nuestras ideas." Frank Laubach*

- *"Los Padres del Desierto no creían que la soledad era estar completamente solos, sino estar a solas con Dios. No creían que el silencio significaba no hablar, sino escuchar a Dios. La soledad y el silencio son el contexto en el cual la oración es practicada." Henri J.M. Nouwen*

- *"Entre más recibamos en oración silenciosa, más podremos dar en nuestra vida activa. El silencio nos da un nuevo panorama. Necesitamos silencio para tocar almas. Lo más importante no es lo que decimos, sino lo que Dios nos dice. Jesús siempre está esperándonos en silencio." Madre Teresa*

Cuando estoy en la presencia de Dios (y siempre lo estoy) hablando como Pedro, es difícil que pueda escuchar a Jesús.

Es difícil escuchar a Jesús cuando otros están hablando, incluso cristianos. Cuando asisto a las reuniones de la iglesia, intento escuchar a Jesús hablando a través de su Cuerpo. Sigue siendo un reto para mí. Hay mucho ruido, mucha

---

[297] Santiago 1:19
[298] 2 Corintios 10:5
[299] Santiago 1:17

distracción. Necesito tener más disciplina para recordar que el Hijo de Dios mora en su iglesia a través de su Espíritu, y después cuidadosamente escuchar a Jesús a través de su pueblo. "Este es mi Hijo. Escúchenlo".

Cuando la televisión, celulares y otros dispositivos generadores de ruido están entrando por mis oídos, es muy difícil escuchar a Jesús, aunque Él puede y claro que habla a pesar de cualquier tipo de ruido.

Aún cuando estoy a solas, pensando, estoy escuchando a alguien. ¿A quién? ¿Qué estoy escuchando? A mi mente. Estoy escuchándome a mí mismo. Ruido. Mis emociones responden a mi mente con paz o dolor, compasión o enojo, gozo o miedo. Ruidos fuertes. Mis deseos quieren esto y aquellos. Ruidosas y poderosas distracciones.

Durante todo el ruido, interno y externo, Jesús está esperando para hablar, o incluso está hablando, pero el "agua" o la "rasuradora" apaga el sonido de su voz en mi alma. La provisión genuina e impresionante de la experiencia cristiana es que escuchar a Jesús a través de su Espíritu se vuelva algo normal. Los discípulos de Jesús oyen y siguen su voz.[300]

- *"Pero cuando venga el Espíritu de la verdad, él los **guiará** a toda la verdad, porque no hablará por su propia cuenta, sino que **dirá** solo lo que oiga y les **anunciará** las cosas por venir. Él me glorificará porque tomará de lo mío y **se lo dará** a ustedes."*[301]

- *"Mis ovejas **oyen** mi voz; yo las conozco y ellas me siguen."*[302]

La provisión de los discípulos contemporáneos de escucharlo a través de su Espíritu no ha sido lo suficientemente honrada. Me duele y estoy preocupado por el hecho que el cuerpo de Cristo se haya desconectado involuntariamente, pero en detrimento de la Cabeza.

> *"... no se mantienen firmemente unidos a la Cabeza. Por la acción de esta, todo el cuerpo, sostenido y ajustado mediante las articulaciones y ligamentos, va creciendo como Dios quiere."*[303]

---

[300] Juan 10:3, 4,16, 27
[301] Juan 16:13-14
[302] Juan 10:27, con énfasis adicional
[303] Colosenses 2:19

Fallamos al honrar la grandeza del Espíritu Santo. Las promesas y disposiciones de escuchar a Jesús a través su Espíritu son un tesoro que vale la pena perseguir mucho más que nuestras apresuradas experiencias de cultura cristiana.[304]

Sin embargo, hay una cierta legitimidad en esta búsqueda de escuchar a Jesús hablarnos a través de su Espíritu. A pesar de todos los que dicen, "Dios me dijo", no conozco a nadie que haya experimentado lo que Pedro hizo en el monte. Pedro claramente escuchó la voz de Dios sin tratar de oírla. Nosotros escuchamos diligentemente, esperando escuchar, y cuanto más lo intentamos, menos parece que escuchamos. Así que, algunos desisten en escuchar al Espíritu. Es fácil darse por vencido en pescar cuando parece que nunca atraparemos ningún pez.

Sin embargo, existe una manera de multiplicar las probabilidades de que yo pueda escuchar a Jesús. De hecho, existe una forma — con clara certeza — en que podemos escuchar a Jesús. ¿Cómo? Podemos escucharlo a través de su Palabra, la Biblia.

Cuando estoy leyendo la Biblia, puedo tener la certeza de que estoy escuchando a Jesús (aún y cuando lo malinterpreto, que debería esforzarme para no hacerlo).[305] Hay una razón significativa y suficiente para creer que la Biblia, interpretada propiamente, es la manera fundamental en que el Padre pretende que *escuchemos* a su Hijo.

Para estar seguros, debemos dar la debida diligencia, no, extrema diligencia, para no agregar, menoscabar ni malinterpretar las Escrituras. Pero en última instancia, en nuestra diligencia para interpretar adecuadamente, debemos tener cuidado de recordar que estamos escuchando a una persona que nos habla a través de su carta agape (de amor).

La pasión de este capítulo es para influenciar a todos nosotros, especialmente a aquellos que obstinadamente afirman que la Biblia es la palabra inspirada por Dios, para hacer un esfuerzo extremo para *escuchar* a Jesús hablarnos a través de su Palabra.[306] Aún y cuando tomamos tiempo para estudios bíblicos, es fácil para nosotros no estar conscientes de escuchar a Jesús. Es fácil adentrarse en hacer obedientemente lo que los cristianos deben hacer (devocionales, tiempo en silencio, estudios bíblicos). Es demasiado fácil desviarse para escuchar, no a Jesús, sino a nuestras ideas o deseos de ser apoyados por la Biblia, es decir, poner a Dios de nuestro lado.

---

[304] Vea Capítulos 1-3 para la discusión de ser guiado y discipulado por el Espíritu Santo

[305] 2 Timoteo 3:16. Este no es el lugar para buscar establecer el fundamento de la inspiración de las Escrituras. Hay muchos recursos disponibles. Considere Josh McDowell, "Evidencias que Demandan un Veredicto"

[306] Demasiados "batallan por la Biblia" pero no hay seriedad al escuchar a Jesús, incluyendo sus claras palabras sobre batalla

Esto nos lleva a un pasaje de la escritura aún más desafiante en Juan 5. Pero antes de investigar, debemos revisar 3 experiencias centrales de mi historia que compartí anteriormente.

- *Mi hermana me regaló un Nuevo Testamento (versíon Phillips) cuando estaba en mi primer año de secundaria (high school). Comencé a leer la palabra escrita de Dios (Mateo) y fui transportado de relacionarme con leyes a ser un seguidor de mi nuevo héroe, una persona real llamada Jesús. Mi vida y mi eternidad fueron cambiadas para siempre, de las tinieblas a la luz, del gris al color, de muerte a vida por escuchar a Jesús a través de su Palabra. ¡Amo la Biblia y los estudios bíblicos!*

- *Fue a través del estudio de la cuenta escrita de Jesús en el jardín[307] en mi cuarto año de universidad cuando llegué a amar a Jesús con toda mi mente y todas mis fuerzas. Responder a Jesús en amor con todo lo que soy y todo lo que tengo ha transformado completamente cada parte de mi vida, incluyendo cientos de miles de "pequeñas" decisiones del Reino que me salvaron, además de propósito y las bendiciones actuales y eternas. Estoy totalmente agradecido. Amo los estudios bíblicos; mi vida ha sido transformada para siempre gracias a estudios bíblicos.*

- *Ha sido a gracias a "comer" devocionalmente la palabra escrita de Dios como alimento espiritual antes de comer alimentos físicos la mayoría de las mañanas durante los últimos 47 años que mi vida ha sido bendecida en exceso por la eternidad. Amo el estudio bíblico.*

El punto: yo amo, amo, amo la palabra escrita de Dios y estudiarla. Mientras sostengo mi vieja Biblia que literalmente se está deshaciendo, debo tener cuidado de no "adorarla". Cuando me la robaron algunos días, lamenté la pérdida como si hubiera perdido a un ser querido.

Todas las declaraciones anteriores sobre amar la palabra escrita de Dios fueron dichas para abordar un pasaje desafiante de la palabra de Dios en Juan 5.

Jesús sanó a un enfermo en el sábado. Sanar a un enfermo es bueno, pero no en el día de reposo, o al menos eso pensaban los fariseos. Entonces Jesús dijo que Dios hace lo mismo... justo frente a los fariseos. No es inteligente por la sabiduría convencional. Entonces Jesús hizo la peor declaración que pudiera imaginar: Él declaró ser el Hijo de Dios. Aquellos policías de la época que juzgaron a Jesús culpable de delitos que merecen la muerte y estaban tratando de ejecutar ese juicio, es decir, matar a Jesús.

El amor por sus enemigos reinaba en el corazón de Jesús. Él quería que sus perseguidores fueran salvos.[308] No fue nada menos que ese gran amor por ellos lo que se derramó cuando les advirtió sobre la situación desesperada de su relación con Dios. Ellos asumían que eran los "justos". Pero Jesús vio más profundamente que solo su conocimiento de las Escrituras, su escrupulosa manera de guardar la ley y su presunta justicia delante de Dios.

"Ustedes nunca han oído su voz, ni visto su figura..."[309]

Esto pareciera ser aceptable, después de todo, ¿cuántos han "oído su voz" como lo hizo Pedro en la montaña, o cuántos lo han visto?

"...ni vive su palabra en ustedes..."[310]

¿Pero qué hay de esto? Es posible que líderes religiosos no hayan escuchado la voz de Dios, o visto su aspecto, pero seguramente la Palabra de Dios moraba en ellos. Ellos estudiaban las Escrituras continuamente, incluso profesionalmente hablando. Incluso Jesús lo dijo. Estos profesionales, lo mejor de lo mejor...

"...estudian con diligencia las Escrituras ..."[311]

Pero, ¡oh oh! Vea su motivación y a lo que habían llegado a creer sobre las escrituras:

"...porque piensan que en ellos hallan la vida eterna."[312]

Estos eran líderes altamente sinceros, inteligentes y moralmente disciplinados. Sin saberlo, ellos creyeron una mentira. La mentira era un giro muy sutil de la verdad, pero un fatal giro espiritualmente, a menos que escucharan a Jesús y se arrepintieran. Sin saberlo, habían llegado a creer que conocer y dominar las Escrituras determinaba su destino eterno. Así, el celo por conocer las Escrituras dominó sus vidas. Ellos estudiaban, conocían y confiaban en las palabras de Dios, pero no conocían a Dios. Se relacionaban con ideas y comportamientos, no con Dios. *¿En serio?* Eso los hace como muchos de nosotros. ¿Conoce algún cristiano que se relaciona e interactúa con ideas bíblicas y ética, pero no mucho con la Persona llamada Jesús?

---

308 Juan 5:34
309 Juan 5:37
310 Juan 5:38
311 Juan 5:39
312 Juan 5:39

Jesús confrontó este problema. Su fe estaba en las Escrituras, no en Él quien había sido enviado por el Padre.[313] Las Escrituras son la Palabra de Dios, con el propósito de revelar a una persona. Es esta persona que las Escrituras revelan que ha sido enviado por Dios para ser conocido, para confiar en Él y ser seguido.

> *"¡Y son ellas las que dan testimonio en mi favor! Sin embargo, ustedes no quieren venir a mí para tener esa vida."*[314]

Las inspiradas Escrituras, un regalo invaluable y honorable, son los mejores medios que tenemos para conocer objetivamente acerca de Dios. Son estas Escrituras que han sido dadas para que Dios sea conocido. Pero para estos líderes religiosos, el significado había venido a reemplazar al Omega — El Fin. La fe había pasado del Dios de las Escrituras a las escrituras de Dios. Resultado: su preocupación por las Escrituras llevó al Dios de las escrituras a segundo plano. Muy sutil, pero devastador. Ellos creían en su conocimiento de la Biblia, y no en su conocimiento del Dios de la Biblia. Habían llegado a confiar en su propio conocimiento, sus doctrinas y teología, no en su relación personal con Dios, hecha realidad a través de la comunión enfocada y una unión real. Aunque conocían las Escrituras, Jesús lamentaba que la Palabra de Dios no moraba en ellos.[315]

¿Es posible que conozcamos las Escrituras y que la Palabra de Dios no more en nosotros? ¡Seguramente no! Jesús dice, "Si, es posible". Terrible, pero posible.

Estudiar diligentemente la Biblia es algo muy bueno. Pero el estudio bíblico es el medio, no el fin que se busca.

ESTUDIAMOS LA BIBLIA PARA ESCUCHAR A UNA PERSONA

Su nombre es Jesús. Este capítulo tiene la finalidad para motivar a todos para que cuidadosa y diligentemente amen estudiar la Biblia, pero para conocer a la Persona quien originó la Biblia, el conocerlo es vida eterna.

Todos conocemos a alguien a quien no le interesa conocer a Dios como para estudiar su Palabra diligentemente. Pero también conocemos mucha gente que se preocupa por "estudiar las Escrituras diligentemente" reconociendo que la Biblia es su objetivo no reconocido. El estudio de la Biblia se ha convertido, para ellos, un fin en lugar de un medio para llegar a un fin determinado. Ellos tal vez sean como esos líderes religiosos a los que Jesús se dirigía en este sentido: su fe está puesta en su propio conocimiento y entendimiento

---

[313] Juan 5:38-39
[314] Juan 5:39-40
[315] Juan 5:38

teológico, en lugar de estar en una Persona. Su fe está puesta en su fe. Ellos no están escuchando a una Persona hablando a través de las Escrituras. Ellos buscan conocer, entender, dominar y vivir, incluso enseñar las Escrituras. Cuando presumen estar hablando sobre Dios, en realidad no lo hacen. Ellos hablan principalmente, si no es que enteramente, sobre "cosas de Dios" … doctrinas y teología, moralidad, crecimiento de la iglesia, incluso hacer discípulos. Sus conversaciones no incluyen a la Persona llamada Jesús. Pareciera como si estuvieran en una relación estrecha, afectuosa con Jesús. En todos sus estudios, análisis y enseñanzas, se quedan cortos con la intención divina de las Escrituras, que el conocerlo significa vida eterna.[316]

> *"La Biblia no es un fin en sí misma, sino un medio para llevar al hombre a un conocimiento íntimo y satisfactorio de Dios, para que puedan entrar en Él, para que puedan deleitarse en su Presencia, para que puedan saborear y conocer la dulzura interior del mismo Dios en el núcleo y centro de sus corazones." A.W. Tozer*

El propósito de este capítulo es simplemente el siguiente: lograr un intencional y persistente progreso en escuchar a Jesús.[317] La manera más fundamental de hacer esto es estudiar cuidadosamente las Escrituras, pero con la conciencia de que estamos escuchando al Cristo vivo que nos habla a través de las Escrituras correctamente entendidas. Estudiamos la Escritura diligentemente como el prerrequisito necesario para hacer lo que el Padre mandó: "Escuchen a mi Hijo". No nos atrevemos a detenernos en un simple paso para estudiar con diligencia. Debemos estudiar porque el Padre nos ordenó claramente, "Este es mi Hijo, *escúchenlo*".

El siguiente capítulo modelará algunas maneras útiles para escuchar a Jesús hablar a través de las Escrituras y responder. Identificará algunos retos y posibles soluciones al ser discipulados por Jesús, en grupo y en privado.

---

[316] Juan 17:3, 1 Juan 5:13
[317] Mateo 17:5

CAPÍTULO 16

Modelando DPJ: Cómo Escuchar Mejor A Jesús

Tercera pregunta: Diálogo bíblico devocional

¿Cómo se ve cuando un grupo está escuchando hablar a Jesús a través de su Palabra?[318]

El siguiente ejemplo es un recuento tan preciso como lo permite la memoria de una reunión grupal matutina. Estábamos listo para avanzar a la tercera pregunta que Jesús podría hacernos, "¿Me están escuchando a través de mi Palabra?" Intencionalmente elegimos un libro relativamente simple, Filipenses, para iniciar el estudio.

Hal: "Mientras estudiamos Filipenses, meditaremos en cada palabra para asegurarnos que estamos escuchando cuidadosamente a lo que Jesús quiere decirnos por medio de su Palabra.[319] La primera palabra aquí es "Pablo". Alguien en el grupo podría contarnos brevemente sobre Pablo o cualquier cosa que crean que Dios nos quiera decir sobre Pablo".

Grupo: Dos o tres personas hacen comentarios sobre Pablo.

Hal: "Gracias. Sigamos adelante. Que hay sobre Timoteo. ¿Quién es él? ¿Qué sabemos sobre él?"

Grupo: Una vez más, hicieron varios comentarios breves sobre Timoteo. Después, un comentario abrupto fue hecho por el pastor de la iglesia, que estaba sentando a mi derecha. Su nombre era Randy.

Randy: "Te saltaste una palabra."

Hal: Oh, perdón. Pablo **Y**... (me di cuenta que Randy no estaba intentando ser chistoso o hacer énfasis en algún error de mi parte. Volteé a verlo, realmente preguntándome que iba a decir). ¿Necesitamos definir la palabra 'y'? O, ¿el Señor te está diciendo algo sobre la palabra 'y'?"

---

[318] Gran parte de este libro, incluyendo el capítulo anterior, es sobre escuchar el Espíritu de Jesús, a través de su Cuerpo y su Palabra. Este capítulo se enfoca en escucharlo a través de su *Palabra*

[319] Este es el proceso de "análisis" descrito a continuación

Randy no respondió. No pudo hacerlo. Estaba con la mirada agachada hacia la mesa, obviamente tratando de ahogar las lágrimas. Todos esperamos. Finalmente habló.

Randy: "Sólo estaba haciendo lo que tú dijiste, pensando en cada palabra. Mientras pensaba en la palabra 'y' una idea dolorosa vino a mi mente." Una vez más, agachó la mirada... lágrimas descendían de su rostro. Finalmente pudo hablar.

"Creo que Jesús dijo, 'Tú no tienes un "Y" en tu vida.' Hubo otra pausa. "Jesús me mostró que, si yo estuviera escribiendo esta letra, no podría decir, 'Randy y Timoteo'. No tengo un Timoteo".

Ahora, muchos de nosotros estábamos con lágrimas en los ojos mientras observábamos y escuchábamos el relato de Jesús, por medio de su Espíritu y su Palabra, discipulando a una de sus personas especiales. El dulce silencio del encuentro con su Espíritu continuó. Después de un poco, hablé, esperando que no estuviera apresurando el proceso.

Hal: "¿Hay algo más que Jesús te haya dicho?"

Randy: "Claro que sí. Mi Timoteo es Kenneth."

Kenneth es el hijo de Randy, un niño de 8 años de edad en ese tiempo. Muchos de nosotros estábamos entre lágrimas. No había necesidad de preguntar al grupo si creían que Randy había escuchado correctamente la voz de Dios. Era obvio que todos los presentes percibieron que estábamos teniendo un encuentro santo, casi como si Moisés y Elías hubieran aparecido.

Tomaría años, de hecho, una eternidad, para explicar lo que significó el hecho que Randy estuviera sentado a los pies de Jesús esa mañana, escuchándolo hablar por medio de las Escrituras de un padre sobre su hijo.

Desde esa ocasión, Randy y Kenneth se sentaban juntos a los pies de Jesús todas las mañanas. El padre le hace a su hijo las mismas preguntas que se nos hacían a nosotros para ser discipulados por Jesús. Juntos escuchan la Palabra y el Espíritu de Jesús, incluso entre ellos dos. Juntos responden, hacen compromisos, oran y realizan sus actividades diarias separados, pero juntos en Jesús. Las "historias de Kenneth" que sucedieron el último año pedían ser contadas y, con suerte, serán contadas. Kenneth ahora tiene encuentros con Jesús por su cuenta, ya que su padre lo entrenó con la habilidad más importante de la vida: cómo relacionarse con Jesús. Kenneth sacrifica placeres temporales por valores eternos, una disciplina difícil para cualquiera, por no decir para un niño de su edad. Él recibe corrección y entrenamiento al seguir a Jesús. Otros padres desean que Kenneth fuera a sus hogares para influir en sus familias. Él guía a otros para tener encuentros con Jesús y anima a los adultos a que hagan lo que él ha aprendido a hacer.

Claro, no todas las reuniones tienen este tipo de drama que cambia vidas. Pero muchas sí lo tienen.

Al dirigir una reunión en la que buscamos escuchar a Jesús a través de su Palabra (una herramienta primaria en ser discipulado por Jesús), es mi costumbre trabajar directamente con un libro de la Biblia. He dirigido grupos a través de casi todos los libros del Nuevo Testamento, incluyendo Apocalipsis, y muchos libros del Antiguo Testamento.

Hay muchas razones importantes para llevar a cabo esta práctica:

Para ser discipulado mejor por Jesús, sus seguidores necesitan ser auxiliados para estudiar la Biblia cuidadosamente para escuchar con precisión al Hijo de Dios. Esto no lo podrán hacer por su propia cuenta. Necesitan a alguien para realizar esta disciplina espiritual *con* ellos.[320] Ya que escuchar directamente a Jesús es crítico para ser *su* discípulo, ser discipulado para escuchar directamente a Jesús a través de su palabra es esencial para hacer discípulos de Jesús.

Los discípulos contemporáneos necesitan ser entrenados para ser discipulados por Jesús en privado, no solo en reuniones grupales. Cuando dos o más se reúnen para estudiar las escrituras para escuchar a Jesús (#1 arriba), los asistentes están siendo *entrenados* y *equipados* para efectivamente encontrarse y escuchar a Jesús por su propia cuenta, independientemente del grupo, durante la semana.[321] Están siendo discipulados para sentarse a solas con Jesús, a sus pies, para ser discipulados por Él. Es mi continua meta que lo que pasa en el grupo pueda persuadir a los asistentes para que escuchen a Jesús hablar a través de las Escrituras para que no puedan esperar para estar a solas con Jesús para escucharlo hablar por medio de su carta de amor hacia ellos.

Los discípulos de Jesús que han sido entrenados (#1 arriba) para escuchar a Jesús por su propia cuenta (#2 arriba) son más capaces de ayudar y facilitar a sus familiares u otros en escuchar a Jesús a través de su Palabra. La manera en que el Discípulo A ha aprendido a ser discipulado por Jesús puede ser transferido al Discípulo B (#1 arriba), que ahora es capaz, después de encontrarse con Jesús por su propia cuenta (#2 arriba), ayudar al Discípulo C a ser discipulado

---

[320] Marcos 3:14

[321] Nota: estoy sorprendido e irritado porque le damos una Biblia a los nuevos convertidos y les decimos, "Necesitas leerla cada día", pero cuando una clase de escuela dominical o un grupo pequeño es animada a estudiar un libro de la Biblia, un grupo de 20 miembros antiguos de la iglesia prefieren un libro contemporáneo o uno popular, diciendo que "la Biblia es muy difícil de entender". ¿Qué estamos pensando? Necesitamos "equipar a los santos" para escuchar a Jesús hablarnos por medio de su Palabra. Este entrenamiento se planea que suceda en este pequeño grupo de discípulos de Jesús.

por Jesús. Esto inicia una multiplicación de discípulos convirtiéndose en hacedores de discípulos.

Veamos otra reunión.

Hal: "Amo estos tiempos de 'sentarnos a los pies de Jesús'. Gracias a cada uno de ustedes por relacionarse y responderle a Él tan significativamente. Creo que es un buen momento para pasar a otra pregunta que Jesús quiere hacernos, '¿Me están escuchando a través de mi Palabra?' Abramos nuestras Biblias en Hebreos 5. La semana pasada trabajamos en el versículo 6. ¿Alguien trabajó con el resto del capítulo durante la semana?"

Alivia: "Si, y estoy ansiosa por escuchar lo que Jesús tiene que decirnos".

Hal: "Muy bien. Justus, ¿podrías leer los versos 7-10 lenta y cuidadosamente? Estas son ideas y palabras dadas por el Espíritu, así que escuchemos cuidadosamente mientras Él nos habla a través de su Palabra".

Justus lee.

Hal: "Gracias, Justus. Me pregunto si alguien pudiera tomar estos versos y leerlos como si Jesús se los estuviera diciendo personalmente a ustedes. Recuerden, no cambien el significado. Simplemente dejen que Jesús hable lo que está escrito. Permitan que Jesús se presente y les llame por su nombre".

Silencio largo.

Hal: "Ok. No hemos practicado mucho esto, así que déjenme mostrarles a lo que me refiero y luego alguien más puede intentarlo.

'Hal, soy Jesús. Mientras estaba en la Tierra, oraba y hacía peticiones con gran clamor. Incluso lloré muchas veces. De hecho, sudé sangre. Sabía que mi Padre podía salvarme de la muerte, y por eso oraba apasionadamente. Y mi Padre me escuchó gracias a mi sumisión reverente.'

(Después, dejé de hablar por un momento. Tuve un encuentro real con el Señor. Yo, Hal, experimenté lo que estaba escrito en el siguiente párrafo, primero *en mi mente* antes de hablarlo al grupo sobre mi experiencia).

'Hal, ponme atención. *Tu mente está distraída*. ¡No dudes! Quiero que creas al igual que yo, que mi Padre y tu Padre *te* escucha cuando oras, y que tus apasionadas oraciones — como las mías — le importan a Él, aún y cuando no responde lo que pediste. Sigue clamando — como yo lo hice — hasta que tengas la certeza de que Él te escucha, y tendrás paz.'

Hal (ahora hablando con el grupo sobre el párrafo anterior, el cual experimenté internamente mientras dirigía el grupo DPJ): "Ok. Permítanme contarles lo que acaba de suceder. Estaba escuchando a Jesús hablarme por medio de estos versos. Luego, *me di cuenta* de que mi mente estaba distraída tratando de hacer preguntas sobre la oración y las respuestas a las oraciones. El darme cuenta fue como un dardo en mi mente. Tomé el dardo de la verdad para ser ***Jesús hablando por medio de su Espíritu***. El dardo fue algo así: 'Tu mente está distraída. Pon atención. No dudes. No debes dudar. Clama hasta que estés seguro que estás siendo escuchado'. ¿Alguien entendió eso?"

Aiden: "Creo que sí. Entiendo a Jesús hablando como Él lo hizo. Y entiendo la parte errante de la mente. La mía siempre lo hace. Parece como si Jesús te dijo que oraras y que no dudaras aun y cuando tus oraciones parecen no ser contestadas".

Eden: "Eso fue muy bueno, Aiden. Realmente escuchaste bien".

Hal: "Claro. Aiden entendió perfectamente lo que acaba de suceder. Aiden, ¿crees que Jesús te esté diciendo lo mismo que me dijo a mí?"

Aiden: "Sí, porque lo que te dijo es algo que no me deja tranquilo".

Hal: "¿Estarías dispuesto a hablar con Jesús sobre esto? Recuerda, Él está sentado aquí con nosotros y es un participante activo en esta conversación".

Aiden: "Jesús, me pregunto qué piensas sobre ese versículo que dice, 'has sido escuchado'. Supongo que es exactamente lo que dice. Fuiste escuchado, incluso cuando tu oración parecía no ser contestada. Ya que tú inspiraste este escrito, voy a asumir que quieres que nos demos cuenta que orar es bueno, y que siempre somos escuchados, y eso es bueno, aún cuando no vemos respuestas específicas a nuestras oraciones. Creo que eso es lo que estoy sintiendo que me dices por medio de todo esto".

Hal: "Grupo, ¿qué piensan? ¿Creen que Aiden está siendo discipulado por Jesús?"

Silencio de nuevo.

Hal: "¿Hay algo bueno, en lo que Aiden dijo sobre lo que él piensa que el Señor le está diciendo?"

Madison: "Yo creo que donde aterrizó es un buen lugar, y probablemente de parte de Jesús porque suena más comprometido a orar, incluso cuando las oraciones parecen no ser contestadas".

Hudson: "Estoy de acuerdo".

Hal: "¿Hay alguien que no esté de acuerdo?"

Silencio.

Hal: "¿Entonces está bien si Aiden se aferra a lo que él pensó que proviene de Jesús?"

Todos aprueban con su cabeza.

PAUSA — PERSONALIZAR

Mi propósito en lo que yo llamo "Diálogo bíblico devocional" es que intencionalmente *escuchamos a Jesús hablarnos directamente* por medio de su Palabra, y después platicar con Él sobre cualquier tema que *Él*, a través de su Palabra, *inicie* con nosotros. Él empieza la conversación. Yo lo llamo *personalizar* el estudio de las Escrituras. Justo eso hice en Hebreos 5 en el grupo de DPJ. Personalizar es relativamente fácil en libros como las epístolas, Salmos y Proverbios. En los libros históricos (los evangelios, Hechos, Génesis — Esther) y libros proféticos, es un poco más difícil (algunas veces muy difícil). Pero, una vez que la idea se ha establecido en el grupo, resulta más fácil hacerlo en privado. Personalizar las Escrituras nos protege de un "simple" estudio bíblico que *no llega a desarrollar una relación*. Una relación es comunicarse de *jesús hacia mi, y mi respuesta a lo que dijo*. Además, personalizar las Escrituras a menudo conduce a una aplicación muy importante guiada por el Espíritu. Literalmente nos lleva a estar conscientes de Jesús y lo que nos quiere decir. Esto es de suma importancia. (Esto es diferente a pero no menosprecia el estudio académico bíblico.)

Personalizar las Escrituras busca evadir intencionalmente el problema por el cual Jesús confrontó a los líderes religiosos: estudiar las escrituras, pero no conocerlo.[322] Personalizar significa simplemente a) leer una oración o párrafo de las Escrituras cuidadosamente, luego, ya que Jesús inspiró ese escrito, en lugar de pensar en el pasaje como si fuera de parte del escritor de Hebreos, b) pensar en el escrito como si fuera de parte de Jesús hacia usted. c) Leer o escribir el texto como si Jesús estuviera diciendo esas palabras a usted. Cambie pronombres de tercera a primera y segunda persona. No cambie el significado. Por ejemplo, "Cree en el Señor" se convertiría en "Cree en mí". En lugar de "Él fue escuchado gracias a su reverente sumisión",[323] personalizarlo sonaría así: "Hal, mi Padre me escuchó gracias a mi reverente sumisión a Él". Ponga su

---

[322]
[323]

nombre y el de Jesús, y permita que Él le hable sin cambiar el significado del pasaje. "Hal, soy Jesús. Confía en mí con todo tu corazón. No confíes en tu propia opinión. En todos tus caminos, piensa conmigo y seamos uno, y yo dirigiré tus pasos".

Advertencia: cuando un pasaje es leído de manera lenta, inevitablemente habrá gente en el grupo que por años se les ha permitido, incluso se les ha animado, a dar su opinión, aún "enseñar" sobre el pasaje. Eso *no* es lo que queremos. Queremos que Jesús, por medio de su Palabra, y a veces adornado por su Espíritu, sea el Maestro y el iniciador de la conversación. El facilitador debe recordarle al grupo cuando las Biblias están siendo abiertas, que nos estamos reuniendo para ser discipulados por Jesús, y en esta parte de la reunión, DPJ sucede cuando nos apegamos rigurosamente a las palabras de las Escrituras. Intencionalmente tomaremos personal la palabra de Dios: en lugar de "Pablo" escribiendo a los Filipenses (3a persona a 3a personas) buscaremos personalizar la Palabra de Dios, de Jesús (1a persona) a uno de nosotros en el grupo (2a persona) o a todos los que estamos en el grupo.

REANUDACIÓN

Hal: "¿Alguien más que esté dispuesto a practicar el personalizar algo de este pasaje?"

Avila: "Voy a leer los versículos 8-9, e intentaré hacerlo, pero estoy un poco nerviosa".

Eden: "Adelante. Lo harás muy bien".

Avila: "No estoy nerviosa de personalizar los versículos. Estoy nerviosa sobre lo que yo pienso que Jesús me va a decir a través de esos versículos. Pero, aquí voy. 'Avi, soy Jesús. Yo conozco muy bien quién era mi Padre, de hecho, tuve que pasar por mucho sufrimiento para aprender la obediencia. Necesitas saber que Él también es tu Padre, y que si yo tuve que sufrir para aprender a obedecer, tal vez tú también tengas que sufrir. Después de haber sido perfecto, me convertí en la fuente de eterna salvación para todo aquel que me obedece. Tú debes obedecerme'".

Hal: "¿Creen que Avi recibió correctamente el mensaje de Jesús?"

PAUSA

Este pasaje de las Escrituras fue elegido al azar como ejemplo de personalización. El problema de las "oraciones sin respuesta" y "la salvación por medio de la obediencia" son tan difíciles como los problemas que enfrentas al ir directamente a un libro. Tal vez no los elegí al "azar". ¿Tal vez fui guiado a ellos?

Ya que le hemos dado todo un capítulo a la obediencia y es un tema importante para aprender a hacer discípulos — "enseñándoles a **obedecer todas las cosas** que les he mandado" — detendré esta reunión para recordar al lector este punto: los moderadores de grupo necesitan ser entrenados cuidadosamente para no responder o tratar de resolver retos bíblicos o teológicos que vayan surgiendo. Necesitan ser guiados para cuando el conflicto o la confusión lleguen al grupo simplemente **detener** la discusión, y preguntar a Jesús sobre el problema en lugar de pelear con el grupo. Si eso no funciona, rete al grupo a buscar una respuesta durante la semana. O, como facilitador, prometa al grupo que buscará una respuesta. El moderador no está para enseñar, y tampoco son miembros del grupo. Cuando un miembro del grupo comienza a "exponer" el significado, el sabio facilitador detendrá al "maestro", se le hará saber al grupo que él/ella está enseñando y se le pedirá al grupo que escuchen a Jesús y al "maestro" se le pedirá que pregunte al Espíritu Santo si quiere que el "maestro" enseñe.

REANUDACIÓN

Emma: "¿Puedo comentar algo sobre este pasaje?"

Hal: "Claro".

Emma: "Mientras leíamos, mi mente estalló al pensar que el gran Dios, quien creó todas las cosas y tenía absoluta comodidad, se vaciara a sí mismo como Jesús lo hizo, y viniera a vivir como un pobre siervo, sabiendo que sería crucificado. Creo que estoy pensando en Filipenses 2".

Hal: "¿Alguien está escuchando a Jesús decir algo sobre lo que Emma dijo?"

Silencio.

PAUSA

Desesperadamente deseo que nosotros — discípulos de Jesús — bajemos la velocidad y practiquemos traer nuestros pensamientos cautivos en obediencia a Él (por obvias razones), "como si" Jesús estuviera presente, como si fuera importante y como si tuviera algo que decir.[324] En el ejemplo anterior, pregunté si alguien tenía algo que decir sobre lo que Emma había dicho, y posiblemente tenían algo que decir de parte de Jesús. Necesitamos desarrollar

---

[324] 2 Corintios 10:5

este hábito, y al practicarlo juntos, podemos ayudarnos unos a otros. Además, estamos creando relaciones alrededor de la actividad de incluir a Jesús (compañerismo). Por último, estamos siendo entrenados para traer más y más nuestros pensamientos a Jesús para ver si está de acuerdo, o incluso que nos dé su opinión.

REANUDACIÓN

Hal: "¿Alguien quiere decirle algo a Jesús sobre lo que Emma dijo sobre Él?"

Debbi: "Oh Jesús. Levanto mi voz en honor a Ti... nuestro gran Rey quien creó y es dueño de todas las cosas y sufrió por causa de su gran amor. Eres digno de toda alabanza, honor y amor".

PAUSA

Como moderador, mi tarea es monitorear y guiar a los miembros del grupo a escuchar y responder a Jesús. Busco convertir con sensibilidad la conversación *sobre* Jesús, o ideas o teología, en conversaciones *con* Jesús. "¿Hay alguien dispuesto a hablar *con* Jesús sobre esta idea?" "¿Alguien cree haber escuchado a Jesús hablar en esta discusión?" "¿Hay alguien dispuesto a responder a Jesús en base a lo que usted piensa que Él le dijo a usted?"

Note que simplemente cambiamos la Escritura dirigida a los hebreos y la personalizamos al dirigirla de Jesús hacia nosotros. Resultado: una plática significativa sobre las palabras de Jesús y una plática con Jesús sobre su Palabra. Luego Emma, reflexionando en las ideas, *recordó* Filipenses 2, y resultó en un intercambio significativo entre todo el grupo y Jesús.

REANUDACIÓN

Hal: "¿Hay algunas otras verdades que estén llamando su atención? Vean cada palabra. Sigan buscando en sus pensamientos la posibilidad de que el Espíritu Santo pueda estar hablándote a través de estas palabras o ideas. ¿Alguna pregunta o comentario?"

Avila: "¿Cuál es la diferencia entre 'oración' y 'petición'?"

Hal: "Buena pregunta. ¿Alguien sabe?"

PAUSA

Primero, estoy insistiendo en este pasaje más de lo normal. Generalmente, si solo una persona tiene un intercambio significativo con Jesús, creo que el grupo entiende cómo y porqué ocurrió dicho intercambio, iré a la pregunta 4...

simplemente por el tiempo. Mi meta no es convertir al grupo en eruditos, sino que se den cuenta que Jesús está hablando por medio de las Escrituras. Oro por cada uno de ellos para que sean capturados por la anticipación y la seguridad de que ellos, cuando están solos, puedan escuchar a Jesús hablar en la mesa de su cocina temprano en la mañana o tarde por la noche. Una enorme meta para cada persona del grupo es ser celoso en pasar tiempo a solas con Jesús, escuchándolo hablar por medio de su Palabra.

Segundo, aunque el moderador tenga la respuesta a la pregunta, él/ella casi siempre es sabio para no dar una respuesta al grupo, excepto como *último* recurso cuando es aparente que nadie es capaz de contestar correctamente. Cuando el facilitador es el "maestro" quien responde todas las preguntas, entrena al grupo a ser dependientes del moderador, en lugar de ser entrenados a crecer y alimentarse a sí mismos. Además, eso enseña al grupo que ellos no pueden guiar porque no tienen todas las respuestas, como las preguntas que pudieron haberse hecho en el pasaje de Hebreos.

Lo más importante, cuando el moderador contesta las preguntas, le roba la oportunidad a cada miembro del grupo de examinar su propio entendimiento, incluso nuevas ideas (que pudieran ser de parte del Espíritu Santo) y de crecer en expresar sus propios pensamientos sobre Jesús y todo lo relacionado a Él.

Cuando se alienta a los miembros del grupo a hablar con y sobre Jesús frente del grupo, ese proceso de pensar y articular es un proceso de capacitación, ambos, hablar sobre Jesús con otros, y para cambiar el diálogo interno que *excluye* a Jesús en un discurso interno que *incluye* a Jesús.

Necesitamos desesperadamente aprender a incluir a Jesús en nuestras conversaciones internas. Por ejemplo, en lugar de la mente simplemente vagando sin rumbo fijo o con temor, los que aprenden a incluir a Jesús en la conversación en un grupo están mejor equipados para incluir a Jesús en su autodiálogo. "Jesús, me sorprendo a mí mismo pensando '_____'. ¿Qué piensas sobre eso? ¿Qué es lo que quieres?" Para cambiar una cultura (de corazón, una familia, iglesia), cambie la conversación.

CATEGORIZAR

Para ayudar a aplicar de manera práctica el mensaje de Jesús a nuestras vidas, es de gran ayuda para el moderador tener las siguientes preguntas — categorías — listas para hacerse, o disponibles para el grupo. "En el párrafo que Joe leyó, ¿escuchan a Jesús darnos un(a)....

- *Verdad que creer sobre Dios (V)?*

- *Promesa que reclamar (Po)?*

- *Mandamiento que obedecer (M)?*

- *Ejemplo que seguir (Ej)?*

- *Error que evitar (Er)?*

- *Advertencia que necesite atención (A)?*

- *Condición que cumplir (Cn)?*

- *Oración que hacer (Or)?*

- *Hecho sin ningún significado obvio (H)?*

Cada grupo puede ser provisto de esta simple lista. Se basa en la personalización al preguntarle a Jesús sobre lo que Él nos está diciendo.

REANUDACIÓN (MÁS ADELANTE EN EL ESTUDIO DE HEBREOS 5:7-10)

Hal: "Hemos tenido una buena conversación con Jesús sobre las palabras e ideas de este pasaje. ¿Alguien tiene más preguntas? Puedo ver un ejemplo que nadie ha mencionado. ¿Alguien lo puede ver?"

Eden: "Claro. Es el ejemplo de Jesús. Se **sometió** a su Padre **reverentemente**. Esto es tan grande, no solo sobre cómo es Jesús, sino lo que soy para ser su seguidor. El que haya estado dispuesto a someterse reverentemente a su Padre y estar dispuesto a ir a la cruz me sacude en gran manera. Debo seguir su ejemplo de negarme a mí mismo y tomar mi cruz".

Hal: ¿Cómo se puede tomar la cruz?"

Emma: "Cada vez que hago lo que Jesús quiere, que es diferente a lo que yo quiero".

Avila: "Como mantenerme en silencio cuando quiero decirles a ciertas personas lo molestas que son".

Adelyn: "Para mí, seguir el ejemplo de Jesús significa que por lo menos estaré dispuesto a ir regularmente a 'mi jardín del Getsemaní' y preguntarle a Jesús sobre lo que Él quiere que yo haga".

Hal: "¿Alguien cree que Addie está escuchando al Espíritu de Jesús en lo que está pensando?"

PAUSA

El facilitador del grupo necesita, persistentemente, seguir recordando al grupo a estar conscientes que Jesús, por medio de su Espíritu, está presente y tal vez está hablando. Si es meramente mi pensamiento, está bien, pero no es lo que estamos buscando en esta reunión. Si realmente creo que es el Espíritu, tengo una palabra de autoridad de parte de Dios para creer y actuar en ella.

Además, el moderador debe ayudar al grupo a evaluar si lo que se está diciendo es "carnal" o proviene de Jesús. Uno de los propósitos principales del grupo es intencionalmente sentarse a los pies de Jesús, buscando aprender a reconocer su voz en sus propias mentes o a través de las palabras de los demás (y, por supuesto, por medio de las Escrituras).

REANUDACIÓN

Justus: "Bueno, ciertamente sería difícil decir que Jesús no quiere que Addie pase más tiempo con Él en 'su jardín'".

Hal: "¿Alguien ve alguna razón para cuestionar si esto es el Señor hablándole a Addie? (Silencio). ¿Podemos concluir que Addie ha escuchado al Señor?"

Todos asientan con sus cabezas.

Hal: "Addie, asumamos que es el Señor. ¿Estás dispuesta a hablar con Él en respuesta a lo que te dijo?" (Nota: el moderador sigue buscando que el grupo esté consciente de la presencia de Jesús y tenga un diálogo con Él. Cuando el grupo está consciente de que Jesús está presente, y que pudiera estar hablando, no solo aumenta el significado de cada afirmación, sino que influye en el grupo hacia muchas posturas positivas: sensibilidad, cuidado, vigilancia, pensamientos, autenticidad, humildad, honestidad, veracidad, etc.)

Adelyn: "Señor Jesús, creo que Tú me hiciste saber que mi primer paso para seguirte es ir regularmente a 'mi jardín'. Y lo haré".

Silencio.

Hal: "Addie, ¿podrías ser un poco más específica sobre dónde está tu jardín y cuándo irás?"

Adelyn: "Eso estaba pensando, y no lo sé. He hecho muchas promesas y no las he cumplido y quiero ser muy cuidadosa".

Hal: "Eso es muy bueno. ¿Podrías por lo menos comprometerte a hablar con el Señor sobre cuándo y dónde esta semana, y ver si Él te guía?"

Adelyn: "Claro".

Hal: "¿Hay alguien que quiera preguntar, de parte del Espíritu, a Addie antes de seguir adelante? ¿Nada?"

PAUSA

Dejemos la reunión para discutir el siguiente componente de nuestro estudio bíblico.

ANALIZAR

Debemos tener cuidado y ser honestos al comprometernos con Jesús a través de la Biblia. **Debemos** honrar las escrituras que las *analicemos* con excelencia. Si no entendemos las palabras y conceptos, no podemos recibir el mensaje de Dios de forma precisa. Simplemente queremos el mensaje simple del pasaje, nada más y nada menos que lo que está escrito. Sin embargo, no nos atrevemos a conformarnos con solo "descubrir" el significado. Debemos asegurarnos de escuchar las palabras del Autor de las palabras y responder al Autor. Si no, cometemos el error de los líderes religiosos de Juan 5 descritos en el capítulo anterior.

Para escuchar a Jesús hablarnos por medio de la Escritura, es primordial que conozcamos los significados simples de las palabra e ideas. Como grupo podemos *analizar* (si es necesario) cada palabra, cada idea, buscando el significado de conceptos y palabras desconocidas en un diccionario bíblico o regular.[325] Distinguimos cuidadosamente entre el significado del texto y los comentarios que son agregados a la Escritura por los miembros del grupo. Estas adiciones pudieran ser de parte de Espíritu Santo, pero deben ser probadas. Si se presenta alguna pregunta o desacuerdo sobre el significado del texto, el moderador debería sugerir una postergación del problema hasta que termine el estudio o tener una consulta externa con algún líder.

Para esta "edición/revisión" de *Discipulado por Jesús*, he respondido a algunas sugerencias sobre el **orden** de estas tres herramientas. En la primera edición, y con algunos años de práctica, recomiendo el siguiente orden para un dialogo bíblico devocional: analizar, categorizar, personalizar.

En este capítulo, cambié el orden, y me *enfoqué* en personalizar, que siempre ha sido la **meta** del estudio bíblico: escuchar a Jesús hablarme por medio de la Escritura. La personalización es propensa a recibir muy poca atención si se

---

[325] Fué el análisis cuidadoso de CADA palabra lo que permitió que Randy pensara sobre "y", consecuentemente al escuchar del Espíritu Santo que él, Randy, no tenía un "y" en su vida al cual discipular.

empieza por analizar, y luego categorizar. Resultado: poco enfoque en la meta, la cual es personalizar.

Para sus propios propósitos como moderador de un grupo de DPJ, haga lo que parezca mejor o mézclelo de vez en cuando.

Permítame resumir el cambio en el orden.

Ha sido recomendado, y me gusta la recomendación, de que animemos a nuestros grupos a leer la oración o párrafo, con el que estamos trabajando, lenta y cuidadosamente. Después, meditar en el pasaje por un momento, y luego dar al grupo la oportunidad de *personalizar* parte o todo el pasaje. Razón fundamental: entre más rápido como sea posible conectarnos con Jesús *mediante* de su Palabra, y rápidamente entrar en diálogo *con* Él. Esta es la meta y el propósito de este "estudio bíblico".

Si nada significativo parecer suceder, (el moderador nunca presiona a la gente a participar: es voluntariamente) el moderador puede preguntar fácilmente si hay algunas *categorías* en estos pasajes. Cuando se mencione alguna categoría, generalmente es más fácil personalizarlas, e incluso aplicarlas.

Si, a consideración del moderador, existen palabras/ideas importantes o que representan un reto en el pasaje, que hayan sido pasadas por alto, el moderador puede pedirle al grupo que *analice* algunas situaciones problemáticas. O, los miembros del grupo pueden traerlas como preguntas. El moderador debe determinar rápidamente si se debería perseguir las preguntas o solicitar que el autor de la pregunta o el grupo busque la respuesta fuera del grupo. Cuando un miembro del grupo hace una pregunta sobre el significado de cierta palabra o ideas, ya que el facilitador quiere entrenar a los asistentes en qué hacer cuando están teniendo un dialogo bíblico devocional a solas, es bueno pedirle a alguien en el grupo que busque el significado de la palabra en un diccionario bíblico. Ya que estamos practicando para ser guiados por el Espíritu antes de hablar, otra buena herramienta es preguntar si alguien en el grupo piensa que él/ella ha oído, de parte de Dios, la respuesta a la pregunta o problema.

MÁS ALLÁ DE LAS ESCRITURAS

El Espíritu Santo seguido da buenos y más específicos mensajes o aplicaciones. ¡Esto es Jesús discipulándonos! El peligro está en aquel que "escucha" a Jesús hablar por medio del Espíritu, dogmáticamente, incluso arrogantemente, afirmando que la "palabra adicional" proviene de Jesús. En lugar de eso, los discípulos actuales deben ser entrenados a reconocer humildemente y confesar si su "mensaje" o "percepción" que es más de lo que la Biblia dice, *puede* venir de Jesús. Esta es otra razón por la cual es bueno tener este "estudio bíblico" juntos.

REANUDACIÓN

Hal: "Addie, no quiero mantenerte en el foco de atención, pero me preguntaba si sería de ayuda para ti personalizar lo que dijiste, como si el mismo Jesús estuviera hablándote directamente? Solo piensa en Jesús viéndote, diciendo tu nombre y diciendo exactamente lo que dijiste sobre su ejemplo".

Adelyn: "Sé que hemos hecho esto anteriormente, pero siempre estoy un poco nerviosa cuando Jesús me quiere decir algo".

Hal: "Gracias por tu honestidad. En verdad te entendemos. Aun yo me sigo poniendo nervioso en ocasiones. Pero, si no estamos cambiando el significado de la Escritura, y la Escritura es el mismo mensaje que Dios quiere que conozcamos, me ayuda pensar en Jesús diciendo su Palabra directamente a mí. ¿Alguien más estaría dispuesto a personalizar las posibles palabras de Jesús para Addie sobre lo que dijo del ejemplo de Jesús?"

Adelyn: "Yo puedo hacerlo, y lo haré, ya que todos ustedes están para ayudarme si no lo hago bien. 'Addie, soy Jesús. Cuando estabas buscando un ejemplo en Hebreos 5, y reconociste el ejemplo que dí de someterme a mi Padre en el jardín, y tuviste el pensamiento de seguir mi ejemplo al por lo menos ir a tu jardín más seguido para buscar mi voluntad, fue un pensamiento muy bueno, y estoy de acuerdo. Te llamo a que sigas mi ejemplo y vayas a tu jardín más seguido".

Hudson: "Guau, Jesús. La forma en que Addie dijo tus palabras a sí mismo fue muy bueno. Te escuché hablarme directamente por medio de lo que Addie piensa que tú le dijiste a ella. Gracias".

PAUSA

A menudo, como discípulos de Jesús, al igual que Addie, verbalizan la palabra clara de Jesús o la palabra aplicada/práctica de sí mismo al discípulo, el discípulo no llega tan lejos como lo hizo Addie. ¿Porqué? El Espíritu Santo los convence de que el Dios viviente verdaderamente les está hablando, y ellos están abrumados por su presencia y mensaje. Una y otra vez hemos observado a los actuales discípulos romper en llanto cuando reconocen que su Espíritu por medio de su Palabra les ha hablado. Estoy puede y debería ocurrir regularmente en los seguidores creyentes y llenos del Espíritu.

¿Es esto peligroso? ¿Podría esto llevarnos al error? Claro. Sin embargo, este discípulo está sentado en la presencia de un moderador-discipulador maduro, y con un grupo sincero de discípulos, con la Biblia abierta. Aquellos que rodean las "Addies" están ahí para ayudar a proteger a cada uno del error y están siendo constantemente conscientes de la presencia del Dios viviente. Habiendo dirigido miles de estas reuniones, nadie me ha sugerido alguna preocupación sobre "personalizar la Escritura". Pero todos conocemos los abusos del "Dios me dijo".

¿Qué es más peligroso, Addie viniendo a las reuniones de DPJ, o sentarse en su casa a ver televisión que totalmente lavan su cerebro con impiedad?

¿O es esto más peligroso que sentarse un estudio bíblico típico donde los presentes usualmente terminan haciendo conclusiones de todo tipo al igual que Addie o más? Esas conclusiones son sobre Dios, teología, valores, y otros problemas importantes de la vida, y asumen que son verdad. Sin embargo, esas conclusiones se manejan con menor cautela que lo que se da en lo que yo estoy sugiriendo. Muchos factores son de gran ayuda para proteger a los participantes de distorsionar la Palabra de Jesús por medio de la Escritura: 1) la humildad y sensibilidad que viene de una profunda consciencia de estar en la presencia de Jesús 2) honrar de tal manera las Escrituras que no nos atrevamos a agregar o quitar algo de ellas 3) la supervisión cuidadosa de cada persona presente. De regreso al problema en Juan 5, ¿la finalidad de estudiar la Biblia es simplemente asegurar un mayor conocimiento o escuchar a Dios?[326]

¿En qué medida honramos y confiamos en el Espíritu Santo de verdad para guiarnos? ¿Enseñarnos? ¿Recordarnos? ¿Fue realmente mejor para los discípulos que Jesús se fuera para que enviara al Espíritu Santo para estar en nosotros? Anhelo tanto el honor y la comunión con el Espíritu Santo que estoy consciente de Jesús y progresar en lo que Jesús está penando, queriendo, haciendo y diciéndome. Creo que mientras estudio cuidadosamente las Escrituras estando consciente del Espíritu Santo, y la presencia literal de los auténticos discípulos de Jesús, su Cuerpo, tengo mi mejor oportunidad de obedecer las instrucciones de mi padre sobre su hijo: "Escúchenlo".

REANUDACIÓN

Adelyn: "Jesús, al sentarme aquí en tu presencia pensando en Ti en el jardín, estoy abrumado con Tu respuesta al Padre, y tus tantas horas a solas con Él. No necesito esperar más. Estoy seguro que quieres que me comprometa de nuevo a levantarme cada día de la semana a las 5:30 am para tener una hora a solas contigo antes de irme a trabajar. Voy a asumir que me diste el

---

[326] Capítulo 10

presentimiento de que eso es lo mejor. Gracias. Creo que fuiste Tú, y eso realmente me ayuda a comprometerme con gran seriedad".

Hal: "Guau. Esa fue una gran suposición y qué compromiso. Gracias, Addie. Grupo, ¿alguien tiene alguna preocupación? ¿Creen que Addie está comprometiéndose de más?"

Phoebe: "Addie, lo peor que veo que pueda pasar es que intentes despertarte y que sea muy difícil y te rindas, y después sentir que has fallado. Estaré orando para que hagas esto y que sea significativo para ti. ¿Me prometes que nos contarás como te va con eso?"

Adelyn: "Si, y se los agradezco."

PAUSA

Detrás de todo plan de acción existe una causa. Identifique la cause, e identifica su 'discipulador¡ en esa situación. En nuestra reunión, Addie estaba siendo discipulada, por algo o alguien. ¿Estaba siendo discipulada por Jesús? ¿Escuchó la voz de su Pastor? ¿La palabra de Cristo mora en ella que cambió su forma de pensar y comportamiento? Si Jesús le habló (causa), y ella obedeció (acciones), entonces fue Jesús quien la discipuló.

Alguien le está discipulando sin descanso. Por cada una de sus acciones, hay una casa. La causa es tu discipulador. ¿Qué tanto le está discipulando Jesús?

En nuestra reunión para ser discipulados por Jesús, hemos visto su naturaleza, su actividad y hemos escuchado su Palabra. Ahora, esperamos con interés discernir el llamado específico de Jesús para nosotros como sus discípulos.

CAPÍTULO **17**

Amar A Jesús: "¿Verdaderamente Me Amas?"

Cuarta pregunta: Prioridades y equipar para el ministerio

La discusión era difícil de tener en la presencia de otros discípulos, así que después del desayuno, quizás Jesús invitó a Pedro a dar una vuelta. O tal vez Pedro y Jesús tuvieron una intensa conversación de "corazón a corazón" frente a los demás discípulos. No lo sabemos.

Tampoco sabemos cuánto habían hablado Jesús y Pedro desde la resurrección, desde la negación de Pedro a Jesús o desde que Pedro dijo que aunque todos dejaran a Jesús, él jamás lo haría. De hecho, Pedro dijo que iría a prisión por Jesús, incluso moriría por Él.

¿Habló Jesús de cosas pequeñas antes de confrontar el gran problema? Usted pensaría que sí, pero no hay registro de ello.

Lo que sabemos, es lo siguiente: Jesús le hizo una pregunta muy perspicaz, que le abrió el corazón. "Simón, hijo de Juan, ¿realmente me amas más que estos?"[327]

Pedro pudo haber oído a Jesús preguntándole, mientras hacía un gesto hacia los discípulos, "¿Me amas más que estos hombres — tu familia de sangre y tu iglesia?" O, "¿Me amas más que a este pez?" El pez podía representar la ocupación de Pedro o su pasatiempo, o su comida. Familia, iglesia, trabajo, deporte, comida. La mayor parte de la vida de Pedro.

O tal vez Pedro escuchó una pregunta más apremiante:" ¿Me dirías una vez más que estás listo para ir a prisión por mí o que darías tu vida por mí?[328] ¿Que tienes amor desinteresado — agape- por mí?"

Jesús sabía que la respuesta a su pregunta era "sí", porque Jesús conocía a Pedro. El verdadero problema era este, "¿Pedro conocía a Pedro?" ¿Estaba persuadido de que amaba a Jesús? u ¿odiada Pedro sus fracasos pasados que se preguntaba sobre el futuro?

---

[327] Juan 21:15
[328] Juan 13:37

Cientos de veces, tal vez más, Pedro se había estremecido con el aterrador recuerdo de aquellos maldiciendo y negando, "¡No soy uno de sus discípulos!"[329] Su mente pudo irse a otro lugar, pero la mayoría de lo que veía, escuchaba, o soñaba, lo traía de regreso a la horrenda noche de negación seguida de gran dolor. Él odiaba lo que había hecho: se odiaba a sí mismo por haberlo hecho. Ahora Jesús debía recordárselo, o tal vez así lo sintió Pedro.

"Sí, Señor," él dijo, "sabes lo mucho que te honro y te amo".[330] Pedro no estaba listo para prometer nuevamente el tipo de amor — agape — que prometía rendir su vida, el voto que no pudo cumplir antes de negarlo. Sólo podía decir que Jesús era un buen amigo por quien nadaría para estar con él — fileo.

En su reciente dolor, confusión y drama, incluyendo la resurrección, no sería exagerado suponer que Pedro había olvidado las palabras de Jesús hacia él. "Tú eres Pedro y sobre esta roca edificaré mi Iglesia."[331] O peor aún, tal vez no lo había olvidado, sino que asumió que había manchado su supuesta "dignidad" que llevó a Jesús a hacer el pronunciamiento original. Pero Jesús no lo había olvidado ni había cambiado de opinión. "Alimenta mis ovejas".[332]

Jesús le preguntó dos veces más si lo amaba. Note que Jesús no pidió un amor maduro para alimentar a sus ovejas o preocuparse por ellas. Él comisionó a Pedro, basado en su confesión de "amor fraternal". "Claro que me gusta estar contigo, Señor, y hacer cosas contigo." No se le pidió que tuviera un amor agape, desinteresado — "Iré a prisión por ti o incluso moriría por ti, Jesús, sin importar lo que ahí me espere". Tampoco fue necesario que Pedro asistiera a un seminario bíblico para preocuparse y alimentar a las ovejas. Haber estado con Jesús era suficiente para ser comisionado.[333]

Puedo imaginar a Jesús decirle a Pedro algo así, "Hace algunos días no podía confiar en ti. Estabas lleno de ti mismo. Dos veces en una misma noche discutiste conmigo. Pensabas que eras mejor que mis otros discípulos. Estabas tan lleno de ti mismo que le darías a mis ovejas lo único de lo que estabas lleno... tú mismo.

"Pero después te sentiste mal, negándome a pesar de mis advertencias. Tu orgullo murió. Ahora eres humilde. Ahora crees que no tienes mucho que ofrecer. Bien. Pero no puedes esperar que un bote te lleve para estar conmigo. Nada a la orilla. Tú amas estar conmigo. Esa es la clase de persona que estoy buscando para que se preocupe por y alimente mis ovejas. Tú sabes que tú no

---

[329] Juan 18:15-27
[330] Juan 21:15 ... fileo
[331] Mateo 16:18
[332] Juan 21:15
[333] Hechos 4:13

eres la respuesta y amas estar conmigo porque, entre otras cosas, tú crees que yo soy la respuesta. Es tu humildad y apego a mí que te califican para poder alimentar a mis ovejas, no tu conocimiento o habilidades".

Avancemos rápidamente 2000 años.

La mayoría de nosotros, al igual que Pedro, hemos hecho fuertes promesas a Jesús. "Tú eres mi Señor y Salvador. Confiaré en Ti. Eres mi Pastor. Te seguiré. Moriste por mí; yo viviré por Ti. De hecho, rendiré mi vida por ti. incluso iría a prisión o daría mi vida por Ti".

Jesús escucha nuestras confesiones de amor, se deleita en nuestra respuesta hacia Él, entiende nuestro celo inmaduro y nos llama una asociación con Él.[334]

La mayoría de nosotros, al igual que Pedro, hemos negado nuestra grandiosa profesión, tal vez no con nuestra boca, pero tal vez con nuestra vida. Pedro negó a nuestro Señor públicamente. Nuestras negaciones normalmente no son tan públicas. Pero son un poco obvias para nuestro Señor quien ve el corazón. Al igual que Pedro, lloramos al reconocer que lo hemos negado. Como Pedro, nos preguntamos si somos tan indignos que tal vez hemos perdido la invitación de Jesús para asociarnos con Él en su Reino eterno.

Luego Jesús nos invita a tener una conversación de corazón a corazón, probando, con mucha gracia, los problemas más importantes de nuestra alma. Nos hace la misma pregunta que le hizo a Pedro. "¿Me amas?"[335] ¿Verdaderamente? ¿Más que estos?" ¿Sigues dispuesto a dar tu vida por mí?"

Sin darnos cuenta que Él ve el clamor en nuestro corazón decir, "Sí". Asumimos que su amor es más como el nuestro. Así que, respondemos tímidamente, "Jesús, me he equivocado grandemente. Te prometí que te amo tanto que rendiría mi vida por Ti. Estoy avergonzado al solo hablar de esto. ¿Qué tal si confieso que te amo[336] como a un gran amigo?"

Es como si Jesús no se diera cuenta de nuestras fallas y no tomara nota de nuestros intentos por ser humildes. "Apacienta mis ovejas." "Cuida mis ovejas." Es como si nos dijera, "Conozco lo débil que eras cuando pensabas que eras fuerte, y sé lo fuerte que te puedo hacer ahora que conoces tus debilidades. Cuida a mis ovejas.[337] Trabajare en ti y a través de ti para construir mi iglesia".[338]

---

334 Mateo 11:28-29, 16:24, 28:20, Juan 14:12, 20:21, 1 Corintios 12:27, Efesios 2:10, 4:11-16, etc.
335 agape
336 fileo
337 Mateo 28:18-20
338 Mateo 16:18

"¿Me amas?" Nosotros, sus discípulos actuales, también necesitamos responder honestamente esta pregunta, la cual Jesús le hace a todos sus discípulos. Debemos serlo más honesto posible como lo fue Pedro. El amor oscila — necesito responder la pregunta regularmente.

AMOR INFANTIL

Primero, respondemos, "Señor Jesús, tú sabes que te amo," y lo decimos sinceramente. Pero muchos, sin saberlo, sentirían el amor inocente, inmaduro de un niño. Un niño pequeño de 5 años ama sinceramente a su padre, porque su padre es bueno con él. De hecho, el niño obedece a su padre, haciendo cualquier cosa que su padre le pide hacer, en parte por las consecuencias que hay en no obedecer, pero también porque el quiere complacer a su padre. En pocas palabras, sus razones son muchas y combinadas.

La mayor parte del día el niño se la pasa jugando, montando su bicicleta, viendo videos, generalmente se la pasa entretenido. El pequeño es ajeno a lo que su padre está pensando o haciendo, o las presiones que tiene su padre o lo que sueña. El niño todavía no está en "los negocios de su padre". Está ajeno al trabajo de su padre y las razones por las que su papá trabaja. Y eso es normal. Él debe ser ajeno a todas las cosas con que su padre carga. Tiene 5 años y un niño de su edad no carga con las preocupaciones de su padre en sus hombros o sus pasiones en su corazón.

¿Amará el pequeño a su padre con todo su corazón? Probablemente no. Debido a su nivel de madurez, ¿está amando a su máxima capacidad? Probablemente.

AMOR DIVIDIDO Y TRANSITORIO

Jesús pregunta, "¿*Verdaderamente* me amas más que estos?"

A los nuevos creyentes, cristianos inmaduros no se les pide ni se espera que sean maduros, incluyendo el cuidar y alimentar a las ovejas de Jesús.[339] Sin embargo, un inevitable proceso está en marcha en todos aquellos "nacidos de lo alto". El Espíritu Santo mora en estos creyentes "recién nacidos".

> "...porque Dios ha derramado su amor en nuestro corazón
> por el Espíritu Santo que nos ha dado."[340]

El Espíritu Santo es *amor*. Amor desinteresado. Él mora en los inmaduros recién nacidos. Él llama a no ser egoístas con nuestro cariño, deseos y

---

[339] Jesús comisionó a Pedro a hacer discípulos, no en su primera reunión, sino después de 3 años juntos.
[340] Romanos 5:5

atracciones, y a menos que se haya apaga y entristecido, a influenciar a los inmaduros seguidores hacia la madurez, al amor sincero por Jesús y sus propósitos.

Además, el Espíritu revela a la persona de Jesús implacablemente a todos los creyentes, incluyendo a los inmaduros.[341] Es a través de darnos cuenta quién es Jesús — más y más — y quiénes somos, incluyendo nuestra necesidad de su misericordia, que la bondad y grandeza de Jesús capturan nuestros corazones, ayudándonos a purificarnos de amores menores y secundarios.

Es normal que los cristianos inmaduros (discípulos de Jesús) maduren y se conviertan en seguidores totalmente dependientes y devotos, amándolo con *todo* su corazón, mente y fuerzas. Pero esto no sucede sin una transición — a veces transiciones muy dolorosas — que va de un predominante amor propio a un amor puro por Jesús.

El Espíritu Santo intenta llevar a los cristianos recién nacidos inmaduros de una auto preocupación a amar completamente a Jesús... y después a una madurez completa.[342] El viaje puede ser largo y difícil.

Por ejemplo, millones de personas reciben la Santa Cena cada domingo, algunos entre lágrimas. Por lo menos ellos creen que la muerte de Jesús los ha salvado de la condenación eterna y los ha provisto de un lugar en el cielo. Por lo menos están realmente agradecidos con Jesús por lo que hizo por ellos. ¿Amarán ellos a Jesús? Por lo menos, nadie se atrevería a llamarlos "enemigos de la cruz de Cristo". Pero Jesús, por medio de Pablo, dice que aquellos que su mente está en las cosas terrenales, de hecho, son enemigos de la cruz de Cristo.

> *"Como les he dicho a menudo, y ahora lo repito hasta con lágrimas, muchos se comportan como enemigos de la cruz de Cristo. Su destino es la destrucción, adoran al dios de sus propios deseos y se enorgullecen de lo que es su vergüenza.* **Solo piensan en lo terrenal.**"[343]

Si su mente está en lo terrenal, ¿literalmente es un enemigo de la cruz de Cristo? ¿Sólo en las cosas terrenales? ¿Mayormente en las cosas terrenales? ¿Normalmente en las cosas terrenales? Obviamente tenemos que lidiar con muchas cosas terrenales. Sin embargo, si amamos a Jesús "más que estos",

---

[341] Juan 14-16
[342] Efesios 1:23, 3:19, 4:13, 5:18
[343] Filipenses 3:18-19

crecemos en buscar primero el reino de Dios y su justicia, y en la sensibilidad con respecto a la manera de atender nuestras necesidades terrenales.

- *"Más bien, busquen primeramente el reino de Dios y su justicia, y todas estas cosas les serán añadidas."*[344]

- *"Y todo lo que hagan, de palabra o de obra, háganlo en el nombre del Señor Jesús, dando gracias a Dios el Padre por medio de él."*[345]

- *"Hagan lo que hagan, trabajen de buena gana, como para el Señor y no como para nadie en este mundo."*[346]

Jesús, una vez más por medio de Pablo, más adelante dice que aquellos que permiten obtener la cantidad o calidad de comida que desean para gobernarlos son enemigos de su cruz.

> *"Como les he dicho a menudo, y ahora lo repito hasta con lágrimas, muchos se comportan como enemigos de la cruz de Cristo. Su destino es la destrucción, adoran al* **dios** *de sus propios* **deseos**...*"*[347]

¿En serio? ¿Enemigos de su cruz? ¿Cuántos de los que toman parte en la Santa Cena cada domingo se olvidan de Jesús la mayor parte del tiempo, precisamente porque la mayor parte del tiempo su mente está en cosas terrenales, pensando en qué comerán? ¿Son ellos enemigos de la cruz de Cristo o personas que aman a Jesús?

Una vez más, Jesús pregunta, "*¿**Verdaderamente me amas**?*" Pablo identifica a algunos que verdaderamente son amantes, pero no de Dios.

> *"Ahora bien, ten en cuenta que en los últimos días vendrán tiempos difíciles. La gente estará llena de* **egoísmo** *y* **avaricia***; serán jactanciosos, arrogantes, blasfemos, desobedientes a los padres, ingratos, impíos,* **insensibles***, implacables, calumniadores, libertinos, despiadados,* **enemigos de todo lo bueno***, traicioneros, impetuosos, vanidosos y* **más amigos del placer que de Dios***. Aparentarán ser piadosos, pero su conducta desmentirá el poder de la piedad. ¡Con esa gente ni te metas!"*[348]

---

[344] Mateo 6:33
[345] Colosenses 3:17
[346] Colosenses 3:23
[347] Filipenses 3:18-19
[348] 2 Timoteo 3:1-5

Esta gente eran amantes de sí mismos, avaros, amantes de los deleites. Incluso tenían apariencia de piedad. Probablemente eran personas que asistían a la iglesia y eran respetados en la comunidad. ¿Probablemente grandes diezmadores? Pero se entregaron a lo que muchos "creyentes" contemporáneos se entregan. Son amantes de sí mismos. Aman el dinero. Aman los placeres en lugar de amar a Dios. ¿Cómo podrían ver a Dios y responderían a esta pregunta, "*¿Verdaderamente me amas más que estos?*".

La respuesta a la pregunta de Jesús es complicada. "*¿Verdaderamente me amas más que estos?*" ¿Nuestro amor por Jesús lo hace a Él más importante de lo que nosotros queremos?

Mientras crecemos en conocer a Jesús, crecemos en conocernos a nosotros mismos. El Espíritu Santo amablemente nos ayuda a ver que lo mal que nuestro corazón está dividido. Vemos que nuestra afirmación simplista de que amamos a Jesús con todo nuestro corazón era inexacta. Vemos que lo que decimos, hacemos, lo que pensamos y lo que queremos típicamente se trata más sobre nosotros que de Jesús. *Tal vez veamos que amamos a Jesús, no por quien Él es, pero principalmente por lo que hace por nosotros, que sigue siendo amor por nosotros mismos que rendir nuestra vida a Él*. Vemos que es por nosotros mismos que nos convertimos en sus discípulos. Queremos ser salvos de la ira. Queremos heredar la vida eterna, para nosotros. Queremos experimentar vida abundante, para nosotros.

El Espíritu Santo nos hace conscientes de los múltiples amores en nuestro corazón dividido. Extremada y dolorosamente nos damos cuenta de nuestros motivos egoístas. Algunas cosas que hacemos por y para Jesús; mucho de lo que hacemos es para nosotros mismos. Nuestros hechos y palabras mayormente son para nosotros. Vemos el tiempo como "nuestro" tiempo y el dinero como "nuestro" dinero. Nos damos cuenta que valoramos las cosas y las posiciones más de lo que valoramos a Jesús. La pregunta de Jesús, "¿Verdaderamente me amas más que estos?"[349] implacable y tenazmente expone nuestro dividido corazón. Llegamos a reconocer lo mucho que vivimos para nosotros mismos, incluyendo la seguridad y placeres de esta vida. Nos empezamos a dar cuenta de cómo nuestro egoísmo empieza a anular el vivir para Jesús. Su compasivo celo para "buscar y salvar lo que se había perdido"[350] y discipularlos hasta que obedezcan todo lo que ha mandado[351] tiene un espacio muy pequeño en nuestro corazón o calendario.

---

[349] Juan 21:15, con énfasis adicional
[350] Lucas 19:10
[351] Mateo 28:20

Pero la historia no ha terminado. Como ya lo apuntamos, el Espíritu nos ayuda a ver a Jesús. Verlo atrae nuestros corazones a Él. Mientras creemos en conocer a Jesús, nos damos cuenta quien es Él, cómo vivió y murió, qué es lo que está haciendo y por qué lo hace. Su humildad y gentileza crece en nosotros. Su nobleza y justicia nos cautiva. Nos damos cuenta que su mirada está en todo el mundo, no solo en nosotros. O, en el otro extremo, tal vez nos damos cuenta que no solo estamos perdidos entre la multitud de los millones por los que Él murió, sino que Él es sensible y nos aprecia muy personalmente.

Luego, la comprensión comienza a crecer en nosotros que hay muchas cosas que Él ha determinado no hacer sin nosotros. Esto significa, que Él ha determinado que mucho de lo que Él haga por otros lo hace principalmente por medio de su Cuerpo... nosotros... su Novia... sus discípulos. Nos damos cuenta que tenemos valor y significado para Él y su misión. Somos queridos, amados, incluso necesitados e invitados por el Rey de Reyes.

Por lo menos 3 realidades están en juego: 1) la revelación de la gloria y bondad de Jesús, 2) la invitación de Jesús a una asociación eterna y significativa, y 3) estar conscientes de los múltiples amores en nuestro corazón. El Espíritu Santo usa estas 3 realidades (y otras) para ayudarnos a entera y radicalmente ofrecer todo lo que tenemos y todo lo que somos como un sacrificio vivo a Jesús. Entonces es liberado para santificar lo que nosotros no podemos santificar. Debemos confiar en el que lo hará.

> *"Por lo tanto, hermanos, tomando en cuenta la misericordia de Dios, les ruego que cada uno de ustedes, en adoración espiritual, ofrezca su cuerpo como sacrificio vivo, santo y agradable a Dios."*[352]

¿Por qué alguien "ofrecería su cuerpo en sacrificio vivo"?

- **"Y él murió por todos, para que los que viven ya no vivan para sí, sino para el que murió por ellos y fue resucitado.**"[353]

- **"Nosotros amamos porque él nos amó primero.**"[354]

El Espíritu Santo amablemente ha estado trabajando en purificar nuestros corazones y mantenernos puros. Pero como suele ser el caso, Él no fuerza ni

---

[352] Romanos 12:1
[353] 2 Corintios 5:15
[354] 1 Juan 4:19

coacciona, manipula o domina. Él revela, expone, invita, atrae. Nosotros respondemos al ofrecer, y Él, en respuesta, nos purifica y nos da poder.[355]

AMOR MADURO

Cuando, de hecho, el gran mandamiento de *verdaderamente* amar a Dios con todo nuestro corazón, alma, mente y fuerza cambia de ser solo un concepto teórico a una profunda realidad del corazón, amamos a Jesús, y más y más, amamos sentarnos a sus pies para estar con Él, y encontrar sus deseos para nosotros. Hay muchos cristianos inmaduros con corazones divididos que no están inclinados a buscar proactivamente a Jesús para encontrar y seguir su grandeza cada día. Pero de igual manera, hay muchos que verdaderamente aman a Jesús — con todo su corazón — que devotamente buscan a Jesús para encontrar y seguir su llamado. Han alcanzado un intencional nivel de madurez.[356] la evidencia de este nivel de madurez es la dolorosa tensión que experimentan entre una intención pura y un débil desempeño. Es por Jesús, *por su causa*, que ellos obedientemente cuidan y alimentan sus ovejas. "¿*Verdaderamente* me amas? Cuida *mis* ovejas."[357] "¿Me amas? Alimenta *mis* ovejas."[358]

Un amor maduro por Jesús normalmente toma tiempo. Jesús no le hizo esta pregunta a Pedro en su primera conversación, sino casi al final antes de su ascensión.

Aun el amor menos noble de Pedro por Jesús resultó en Jesús dándole la responsabilidad de cuidar y alimentar a sus ovejas. ¿Cuánto más Jesús comisionará aquellos con un amor puro (agape)? Jesús quiere que sus ovejas sean entrenadas por aquellos que en realidad lo aman. Amarlo verdaderamente, no necesariamente astucia teológica o una madurez moral, es lo que Jesús quiere en aquellos que llama para cuidar a sus ovejas. Sólo para aclarar, la astucia teológica y la madurez moral son de gran ayuda. Sin embargo, no son necesarios para adoptar y criar a las ovejas de Jesús, ya sean perdidas, nuevas para el rebaño o simplemente sin un "entrenador espiritual". ¿Quiénes de nosotros, como padres, fuimos astutos en los conceptos de crianza o incluso maduramos en las habilidades de crianza cuando comenzamos el proceso de crianza? Pero ya que verdaderamente *amamos* a nuestros hijos, la astucia y madurez fueron buscadas y fortalecidas.

Tener amor puro y verdadero por Jesús no significa que somos perfectos en nuestro rendimiento. Significa que detestamos y honestamente, incluso abiertamente, nos arrepentimos de las imperfecciones de nuestro rendimiento.

---

[355] Hechos 1:8, 15:9
[356] Mateo 22:34-40
[357] Juan 21:16
[358] Juan 21:17

Significa que intencionalmente estamos logrando progreso en nuestros rendimientos. Estos son buenos "alimentos espirituales" para las ovejas que cuidamos y alimentamos para observar y absorber en sus sistemas espirituales.

Una evidencia igualmente segura de que **realmente** amamos a Jesús es que somos devotamente sensibles y obedientes a sus mandatos:

- *"»Si ustedes me aman, obedecerán mis mandamientos." Juan 14:15*

- *"¿Quién es es que me ama? El que hace suyos mis mandamientos y los obedece. Y al que me ama, mi Padre lo amará, y yo también lo amaré y me manifestaré a él»." Juan 14:21*

- *"—El que me ama, obedecerá mi palabra, y mi Padre lo amará, y haremos nuestra morada en él." Juan 14:23*

- *"El que no me ama, no obedece mis palabras. Pero estas palabras que ustedes oyen no son mías, sino del Padre, que me envió." Juan 14:24*

- *"Si obedecen mis mandamientos, permanecerán en mi amor, así como yo he obedecido los mandamientos de mi Padre y permanezco en su amor." Juan 15:10*

- *"Ustedes son mis amigos si hacen lo que yo les mando." Juan 15:14*

La distinción entre obediencia de corazón y la habilidad de desempeño siempre deben ser recordadas. (Vea capítulo 10) De igual importancia, la distinción entre un corazón puro e impuro.

MOTIVOS PARA LA OBEDIENCIA

Aquí hay muchas razones para obedecer a Jesús. En esta discusión de transición de niñez a una entera madurez, es benéfico para entender 3 **motivos centrales** para obedecerlo.

- *Miedo de desobedecer al Rey: los discípulos de Jesús están por lo menos dispuesto a obedecer a Jesús porque tememos estar en rebeldía contra El Rey. No le tenemos miedo a Él, sino tememos rebelarnos contra Él. Reconocemos que él es Rey y Dios, y que la rebeldía no sería bienvenida en su reino. Nuestro motivo: nos arriesgamos a un eterno rechazo si no estamos dispuestos a obedecer (muy diferente a ser ignorante o incapaz) el Rey. (Vea capítulo 10)*

- *Beneficios personales: los seguidores de Cristo están dispuestos a obedecer a Jesús, no solo porque Él tiene la autoridad de Rey, pero también porque creemos que es un buen y sabio Rey. Creemos y sabemos que Jesús conoce lo que es mejor para nosotros. Por lo tanto, cualquier cosa que Él demande es para nuestro bien. Nuestro motivo: nos beneficiamos temporal y eternamente cuando obedecemos a Jesús. (vea capítulo 10)*

- *Beneficios de Jesús: los seguidores de Cristo están dispuestos a obedecer a Jesús, porque tememos ser rebeldes contra el Rey, y ciertamente porque sabemos que lo que manda el Rey es lo mejor para nosotros. Pero estamos dispuestos a obedecer a Jesús en el nivel más alto porque amamos a nuestro Rey con todo nuestro corazón. Le amamos porque lo conocemos — por lo menos conocemos lo suficiente sobre Él. Todo lo que conocemos es bueno. Conocemos lo suficiente sobre quién es Él, lo que ha hecho, está haciendo, y lo que hará para amarlo. Sabemos lo suficiente sobre por qué hace lo que hace, y por qué no hace lo que no hace, que lo respetamos, honramos y adoramos. Sabemos lo suficiente sobre su amor y sabiduría para ser capturados por Él. Nuestro motivo: Jesús se beneficia cuando le obedecemos.*

El nivel de nuestra pasión por Jesús revela el nivel en que lo conocemos. Para amarlo más, pasar más tiempo con Él, observarlo, escucharlo, escucharlo y conocerlo.

> *"Fija tus ojos en Cristo, tan llenos de gracia y amor, y lo terrenal sin valor será a la luz del glorioso Señor."*

Al contestar regularmente a las preguntas de Jesús en los 3 previos capítulos, el Espíritu Santo hace posible establecer y mantener un amor sincero por Jesús.

- *"¿Quién dicen ustedes que soy?" nos invita a conectarnos y a declarar quién es Jesús. Conocer y recordar la bondad de Jesús, gracia y gloria puede aturdir y renovar nuestros corazones en amor por Él día a día.*

- *"¿Entienden lo que he hecho por ustedes?" nos ayuda a ver tangiblemente cómo Jesús demuestra su amor por nosotros, no solo hace más de 2,000 años, pero en el último día y horas. Él lava nuestros pies, y luego nuestras mentes, y somos recapturados por su gloria.*

- *"¿Me están escuchando?" nos lleva a conocer a Jesús más profundamente, su naturaleza, sus propósitos y procesos, incluyendo su deseo y deleite de incluirnos como socios en su Reino eterno.*

AMOR PURO Y MADURO

El amor puro y maduro dice, "Jesús, te amo, porque tú me amaste primero. Pero yo no solamente diré que te amo; viviré *intencionalmente* por ti, completamente, sin importar el placer o dolor que me venga. Soy totalmente tuyo. Sé que, si te pierdo de vista, mi amor por ti podría desviarse hacia la tibieza. Pelearé para enfocar mi atención en ti, para mantener a mi primer amor al rojo vivo. Me sentaré a tus pies para conocerte, para estar contigo, y para encontrar y seguir tu grandeza cada momento de la vida que me has dado y que ahora te regreso — completamente — a ti."

Sin este nivel de amor por Jesús, *la vida normalmente aleja a los discípulos bien intencionados de Jesús de una comunión secreta y consistente con Él*, que alimenta la pasión y conduce a la unión y al cuidado y alimentación efectiva de sus otras ovejas. Motivado por un amor puro hacia Jesús, es normal para sus discípulos mantener — a cualquier costo — el tiempo secreto y consistente para ser discipulados por Jesús. Esto alimenta el conocer, creer y mantener un ardiente amor por Jesús, de lo cual fluye el fruto en todos los otros ámbitos de la vida.

Una última cosa sobre la transición de un corazón dividido a un corazón puro. Cada temporada de nuestro caminar con Jesús se trata de crecer en un nivel más profundo de *consciencia* y amor: el amor de Jesús por otros, nuestro amor por Jesús, y nuestro amor por otros.

Al amar a Jesús de esta manera, comenzamos una agresiva conversación con Él, *no sobre lo que queremos, sino sobre lo que Él quiere*. "¿Qué quieres hacer en mí? ¿A través de mí? ¿Cómo te puedo obedecer en este día? ¿Cómo puedo cuidar y alimentar tus ovejas en esta hora? ¿Cuáles? ¿Cuándo? ¿Cómo?"

Supongamos que mi esposa, Debbi y yo estuviéramos juntos y ninguno de los dos nos comprometiéramos a hacer algo. Pensaría o sería descuidado de mi parte, incluso ofensivo, no preguntarle lo que quiere que hagamos. Hacer simplemente lo que yo quiero, esperando que ella siga sin involucrarse en la conversación en cuanto a lo que sería mejor, sería muy indiferente e insensible para ella.

Más de lo sensible que queremos ser con nuestra pareja, lógicamente, quisiéramos comprometernos sensiblemente con Jesús nuestro Señor y Rey. ¿Por qué? Porque a Él lo amamos con todo nuestro corazón. Seguramente nos deleitaremos en pasar tiempo con Él, dándonos cuenta de lo que quiere hacer con y a través de nosotros esta semana, este día, en esta hora, a través de esta palabra, pensamiento. Si Él estuviera aquí físicamente, como lo estaba con

Pedro, felizmente le preguntaríamos sobre lo que quiere hacer y decir. De hecho, Él está aquí en un cuerpo — el tuyo y el mío.

Invitarlo a nuestro corazón para ser Señor de nuestras vidas, seguramente, nunca toleraríamos hacer lo que nosotros queremos independiente y unilateralmente, haciendo que Él nos siga como si no tuviera opción, o peor aún, como si no estuviera presente.

La pregunta de Jesús, "¿Verdaderamente me amas?" ha sido respondida enfáticamente por un joven pastor africano en Zimbabwe. Esta oración escrita fue encontrada entre sus notas, papeles y libros después de ser martirizado.

> *"Soy parte de la comunidad de los que no se avergüenzan. Tengo el poder del Espíritu Santo. Mi suerte ha sido determinada. Yo he cruzado la línea. La decisión ha sido tomada. Soy uno de Sus discípulos. No voy a mirar atrás; o pausar, o detenerme, o devolverme, o quedarme quieto.*

> *Mi pasado ha sido redimido; mi presente tiene sentido y mi futuro está seguro. Ya yo he terminado y no quiero saber nada de vivir a medias, deambular por las aceras; no quiero saber de sueños pequeños, rodillas suaves, visiones tímidas; de hablar mundano, de dar poco y de metas pequeñas.*

> *Ya no necesito prominencia, prosperidad, posición, promoción, aprobación o popularidad. No necesito tener la razón, ser el primero, ser lo máximo, ser reconocido, ser honrado, ser estimado o recompensado. Ahora vivo en Su presencia; confío en la fe; amo con paciencia; soy levantado por la oración y vivo con poder.*

> *Mi rostro ha sido fijado en una dirección; mi caminar es rápido; mi meta es el cielo; mi camino es estrecho; la carretera es rústica; mis compañeros son pocos; mi Guía es confiable y mi misión es clara.*

> *No puedo ser comprado, desacreditado, desviado, seducido, devuelto, diluido o retrasado.*

> *No pestañearé frente al sacrificio; no dudaré en la presencia de la adversidad; no negociaré en la mesa de mis enemigos; ni consideraré la popularidad; ni daré vueltas en medio de la mediocridad.*

No me rendiré; ni callaré; ni pausaré; ni me cansaré hasta que haya predicado, orado; pagado, acumulado para la causa de Cristo.

Soy un discípulo de Jesús. Tengo que seguir hasta que Él venga; dar hasta que me caiga; predicar hasta que todos conozcan y trabajar hasta que Él pare.

Y cuando Él venga a recoger los suyos, Él no tendrá problemas en reconocerme. ¡Mis colores serán claramente visibles!"

La oración de nuestro hermano martirizado de Zimbabwe me ha hecho llorar. También me llevó a escribir con lágrimas la siguiente oración a Jesús. Le invito a leer lo que pasó en respuesta a Jesús hablándome por medio del Espíritu a través de nuestro hermano africano.

"Oh, Jesús, mi amoroso Señor. Tu gracia y misericordia me inundan. Yo, a quien se le ha dado muchos amigos de la iglesia y amigos santos, por no hablar de comida, refugio, trabajos, automóviles y aire acondicionado, debería ya ser mucho más como tú.[359] Sé que tú sabes hasta qué punto te amo, y yo sé que me amas, independientemente de la medida en que he respondido a tu amor. ¿Ayuda el hecho que *pienso* que *quiero* que cada momento de mi vida sea tuyo y para *tu* propósito? A estas alturas, debería haber crecido tanto en ti que nunca te deje fuera de mis procesos de decisión,[360] ni decir palabras sin saber que proviene de ti,[361] o actuar sin consultarte primero.[362] Nunca debería hacer que me sigas mientras camino en la carne en lugar de aplazar y seguir tu Espíritu.[363] "¿*Realmente* te amo?" Tú sabes que quiero, o sea, eso es, lo intento, eso es…"

"Hal, soy Jesús. Es bueno responder a mi pregunta, pero no te enfoques en eso. Fija tus ojos en mí.[364] Mira a tu corazón cuando te pregunte, pero luego mira persistentemente en mi corazón para ti y otros.[365] Fue el verme y escucharme lo que capturo tu corazón inicialmente, y es al poner tus ojos en mí que tu corazón será fortalecido y madurado en amor".

---

[359] 1 Pedro 1:15, Mateo 10:24-25
[360] Juan 5:30
[361] Juan 7:16-18, 12:49-50
[362] Juan 5:19
[363] Romanos 8:5,13-14, Gálatas 5:16-25
[364]
[365]

"Gracias nuevamente, Señor. Estoy completamente de acuerdo. Creo en ti para seguirme ayudando a ser Uno contigo. Intentaré contestar nuevamente tu pregunta, "¿Realmente me amas?" Porque te amo, renuevo mi resolución — mi santa resolución — para aumentar el hecho de estar consciente de tu presencia, para ser discipulado por ti, para escucharte antes de hablar o actuar. Renuevo mi resolución de creer en ti con todo mi corazón, sin apoyarme en mi propia prudencia, sino en todos mis caminos estar de acuerdo contigo, sabiendo que tú diriges mis pasos.[366] No entiendo porque soy tan lento para madurar, pero estoy sumamente agradecido que lo entiendas. Ofrezco mi cuerpo para ser tu Cuerpo, en sacrificio vivo... muerto a mí mismo, pero vivo en ti.[367] Te ofrezco, una vez más, todo lo que conozco para ti y tus propósitos, sin asumir pasivamente que me darás poder, sino tomar responsabilidad activamente para traer todo pensamiento cautivo a ti, para escucharte y seguirte en todo.

"Buscaré administrar la vida que me diste que te he regresado por las prioridades que creo que me has enseñado:

- *Tiempo contigo para ser discipulado por medio de tu Palabra, Espíritu y Cuerpo y para fortalecerme en mi sensible caminar contigo todo el día.*

- *Tiempo con mi familia, para discipularlos al amarlos, escucharlos y guiarlos hacia ti... una y otra vez.*

- *Tiempo con mi iglesia, para discipular a algunos de ellos al amarlos, escucharlos y guiarlos a ti una y otra vez.*

- *Tiempo con algunos amigos perdido y vecinos para discipularlos al amarlos, escucharlos...de la manera correcta y a tiempo... guiarlos a ti y a ser parte de tu familia.*

El siguiente capítulo se enfoca en cómo responder a la comisión de Jesús para aquellos que lo aman. "Cuida mis ovejas. Alimenta mis ovejas". Demuestra maneras en las cuales Jesús ayuda a sus discípulos actuales a vivir el amor por Él a través de las prioridades listadas anteriormente.

---

[366] Proverbios 3:5-6
[367] Romanos 6:11, 12:1-2

CAPÍTULO 18

Modelando DPJ: Cómo Amar Mejor A Jesús

Cuarta pregunta: Equipar para el ministerio

Por favor únase con nosotros una vez más en otra reunión **Discipulado por Jesús.**

Hal: "Este ha sido un tiempo muy significativo escuchando a Jesús hablar a través de Efesios 4:1-3".

Ahora, necesitamos intencionalmente dejar a Jesús hablarnos sobre el futuro que prefiere.[368] Respondamos la siguiente pregunta de Jesús, "¿**Verdaderamente** me amas?" Si amamos a Jesús, necesitamos trabajar en cómo obedecerlo cuidando y alimentando sus ovejas. ¿Creen que Jesús quiera preguntarnos si verdaderamente le amamos?"

Dawson: "Claro. Es muy fácil ser arrastrados para darnos a nosotros mismos a otras cosas".

Hal: "¿Alguien quiere mirar a Jesús a los ojos y responder a su pregunta?

Eden: "Jesús, me sigues mostrando cómo te niegas a ti mismo... momento a momento... para conocer y seguir a tu Padre. Tú eres... bueno, asombroso. Te amo y quiero mejorar en alimentar a tus ovejas".

Hudson: "Señor Jesús, me olvido mucho de Ti. Estoy cansado de eso. Es difícil creer que Tú me sigues amando a pesar de que te fallo. Pero te amo. Intentaré ser sensible a Ti esta semana".

Avila: "¿Puedo hacer una pregunta?"

Hal: "Claro. Amamos las preguntas. Pero, por ahora estamos trabajando en la pregunta de Jesús. ¿Tu pregunta tiene que ver con la pregunta de Jesús?"

Avila: "Mucho".

Hal: "¿Cuál es la pregunta?"

---

[368] Juan 16:13

Avila: "Bueno, siento que la pregunta de Jesús me pone entre la espada y la pared. Si no puedo decir 'que lo amo', eso no es bueno. Pero si digo que lo amo, entonces me dice que trabaje con sus ovejas. Y no siento que estoy listo para trabajar con alguien más. ¿Qué hago con todo esto?"

Hal: "Gracias. Gran observación. Gran honestidad. Creo que Jesús está encantado con tu pregunta. ¿Alguien quiere hacerle una pregunta a Avi para ayudarla a trabajar con esto? O, ¿alguien cree que el Señor le está dando algo que Avi tenga que tomar en consideración?

Adelyn: "Avi, ¿qué piensas o sientes cuando te preguntas si verdaderamente amas a Jesús?

Avila: "No estoy segura. Creo que amo a Jesús... pero no sé si estoy segura para decir que iría a prisión por Él, o que moriría por Él, como lo hizo Pedro. No quiero hacer grandes promesas y no cumplirlas".

Hal: "Excelente pregunta Addie. Avi, ¿qué crees que Jesús piensa sobre tu preocupación?"

Avila: "No estoy acostumbrada a pensar lo que Jesús está pensando. No quiero ser falsa, pero cuando me pongo a pensar en lo que Él piensa, sé que Él sabe que estoy intentando ser auténtica, y creo que probablemente Él se complace con mis intenciones de amarlo genuinamente. Guau. Darme cuenta de eso toca mi corazón y me ayuda a hacerlo mucho mejor. Me doy cuenta que vivo por Él, más de lo que pensaba. Y Él lo sabe".

Hal: "¿Puedes decirle todo esto a Jesús?"

PAUSA

Esta conversación puede seguir y seguir. El punto es este: Avila, con la ayuda del Espíritu Santo y el grupo, ha entrado en una de las mejores conversaciones posibles, y puede suceder cada semana. Algunas personas trazan su vida espiritual a una o dos conversaciones significativos sobre Jesús, o la eternidad, o moralidad. Recuerdan muy bien aquellas conversaciones no muy comunes... alrededor de una fogata o en un caminar doloroso. Pero estas conversaciones no deberían tenerse una o dos veces en la vida. Deben, y pueden, normalizarse en la comunidad cristiana.

REANUDACIÓN

Hal: "Gracias Avi, por hablar con Jesús sobre tu amor por Él. Muchos de nosotros nos identificamos grandemente con lo que dijiste. Podemos pensar en cuidar las ovejas de Jesús. Mientras piensan en la próxima semana, ¿qué creen que Jesús quiera hacer con ustedes y/o a través de ustedes? Recuerden, sus pensamientos pueden provenir de Él. Él ha estado hablándoles directamente desde hace mucho tiempo y ustedes lo experimentan — en muchas maneras — la mente de Cristo".

Justus: "Yo sé que Él quiere que regrese a mis tiempos matutinos a solas con Él. Odio haber hecho un compromiso de pasar tiempo con Él, hacerlo unos días, y después olvidarme de eso".

Hal: "Gracias. Eso fue rápido y directo al punto. ¿Tiene algún momento que funcione mejor para ti?"

Justus: "Creo que a las 5:30 am".

Avila: "Alguna gente pensaría que esa hora muy temprano, pero yo sé que tú y el Señor pueden hacerlo".

Hal: "¿Tienes algún lugar en mente?"

Justus: "Si, en la mesa de la cocina".

Hal: "Eso está muy bien, Justus. ¿Estás dispuesto a hablar enfrente de todos nosotros sobre lo que el Señor quiere hacer contigo?"

Justus: "Claro. Señor Jesús, necesito y quiero ser constante en estar contigo. Quiero ser discipulado por ti mucho más de lo que he sido. Una vez más me comprometo a levantarme y alistarme, para poder reunirme contigo a las 5:30 am de lunes a viernes. Así que necesito que me ayudes. Yo lo pido, creyendo que esta es tu voluntad, y confiando en que juntos podemos hacer esto. Gracias".

Hal: "Gracias Justus. Amigos, ¿cuántos se comprometen a estar orando por Justus esta semana para que sea fiel a su compromiso y para que su tiempo con Jesús sea efectivo?"

Muchos levantaron la mano.

Hudson: "Justus, yo sé lo difícil que es esto. ¿Te gustaría llamarme todas las mañanas a las 5:29 am? Siempre estoy despierto. Si no llamas, te contactaré más tarde para saber qué pasó".

Justus: "Esa es una buena idea. Si, lo haré".

Dawson: "Oye Hud, ¿puedo llamarte a las 5:28 todas las mañanas? Necesito esa clase de apoyo".

Hudson: "Claro. Tendremos 30 segundos".

Hal: "Esto es grandioso. Justus, Huds y Daws... ¿podrían contar la próxima semana como les fue con todo esto?"

Todos están de acuerdo, ayudándose mutuamente para ser responsables en su tiempo de discipulado con Jesús.

PAUSA

Note que si solo una persona en el grupo hace un compromiso para las siguientes semanas, el compromiso específico frente a todo el grupo será usado por el Espíritu Santo para hablarle a cada uno de los presentes. El tiempo rara vez permite que todos podamos compartir lo que el Señor nos está llamando a hacer, o tener la seguridad de por qué, qué, cuándo, dónde, cómo, etc., o para asegurar oración y responsabilidad. Pero solo una persona siendo guiada a través de este proceso será usado por el Espíritu Santo para ayudar a otros en el grupo a fortalecerse o establecerse en sus propios compromisos con respecto a pasar tiempo a solas con Jesús para ser discipulados por Él durante la semana. Esto es igualmente cierto como si un miembro del grupo trabaja a través de ministrar a su familia, iglesia o los perdidos. El Espíritu Santo estará hablándonos a todos sobre su ministerio en casa, en la iglesia y en el mundo al compartir en cualquier de las áreas de ministerio.

REANUDACIÓN

Hal: "Una vez más, gracias, Justus, por identificar tan rápido el llamado de Jesús de venir a Él en maneras específicas. Ahora tomemos tiempo para pensar y hablar sobre lo que Jesús quiere hacer a través de nosotros en nuestras familias. Tal vez Él quiere cambiar algunas cosas que nos hacen daño en la forma en la que nos relacionamos en casa. ¿Alguien?"

Silencio prolongado.

Dawson: "Yo no he salido con mis hijos. Cuando iniciaron las clases, perdimos nuestro tiempo juntos por las tardes por algunas actividades y no lo reemplazamos. Creo que el Señor me está guiando a volver a tener tiempo a solas con mis hijos cada semana".

Hal: "Gracias. Eso es emocionante. Enorme. ¿Tienes una idea de cuándo podrías pasar tiempo con cada uno de ellos?"

Dawson: "Creo que los martes en la noche después de hacer la tarea sería un buen tiempo para Jacob y los miércoles por la noche después del grupo de jóvenes sería bueno para Jonathan".

Hal: "Perfecto. Grupo, ¿creen que esta sea una buena y perfecta idea? ¿Proviene del Señor o es una idea de Dawson?"

Phoebe: "Ciertamente sería de mucha ayuda para lograr el propósito de Dios si todo sale bien. Creo que viene del Señor".

Hal: "Gran forma de comprobarlo. Dawson, ¿crees que tus hijos quieran hacerlo o crees que sería una lucha?"

Dawson: "No, a ellos les gusta y funcionará bien si yo no tiro la toalla".

Hal: ¿Qué harás con ellos?"

Dawson: "Bueno, intentaré hacer buenas preguntas — tengo que decir eso, ¿verdad? — para saber cómo la están pasando. Espero que podamos hacer algunas de las cosas que hacemos en estas reuniones".

David: "Y eso también lo tienes que decir. En verdad, creo que todos estamos entendiendo la idea de que podemos hacer discípulos a nuestros hijos de la forma en que estamos siendo discipulados en estas reuniones".

Hal: "Ojalá hubieran más como tú y lo digo en serio. De hecho, esa es mi oración. Gracias, Daws. Permítanme hacer dos preguntas más: grupo, ¿podrían orar por Dawson, y todos los padres presentes, para que puedan discipular a sus hijos intención y efectivamente esta semana?"

Grupo: "Sí".

Hal: "Segunda pregunta... Daws... ¿nos podrías contar la próxima semana cualquier buena cosa que haya sucedido? Esto no es cualquier cosa y realmente queremos que tengas éxito".

Dawson: "Claro. Ya había planeado hacerlo. Sabía que me lo pedirías".

PAUSA

Efesios 4:11-16 claramente afirma que aquellos que tengan algún puesto en la iglesia están para "equipar a los santos para el trabajo del ministerio". El ministerio de la iglesia es mucho más que práctico. Debe, intencionalmente, crear nuevas maneras para los seguidores de Cristo de *relacionarse* con Jesús como un grupo de ilustrados en estas páginas, incluyendo lo que Jesús está pidiendo de cada uno específicamente. Al crear un espacio durante el tiempo de grupo para que Jesús dirija sus discípulos al ministerio (como lo hizo en Lucas 9) y clarificando a través del diálogo lo que el ministerio debería ser, la Palabra, Espíritu y su Cuerpo trabajan juntos para enviar a los discípulos actuales al mundo para "cuidar y alimentar" a sus ovejas.[369] Esto es "equipar a los santos".

El efecto de este discipulado y equipamiento es poderoso. Los actuales discípulos de Jesús están para ayudarse unos a otros a madurar hasta llegar "a la estatura de la plenitud de Cristo".[370] Todos tienen parte, "hablando la verdad en amor" y creciendo en Jesús, la Cabeza.[371]

> *"Por su acción todo el cuerpo crece y se edifica en amor, sostenido y ajustado por todos los ligamentos, según la actividad propia de cada miembro."[372]*

El amor es el motivo. Amor de Jesús para todos los presentes; amor para Jesús de todos los presentes; amor por cada uno de los presentes; amor de todos los presentes para los que no lo están: familia, iglesia, amigos perdidos y vecinos.

Todos están siendo conectados con Jesús y todos están aprendiendo a responder a Jesús en lo que hablando en amor al resto del grupo. Todos están siendo conectados entre sí por medio de Jesús. Cada parte está haciendo su trabajo. El Cuerpo de Cristo está funcionando. Se le está crecientemente dando la oportunidad a Jesús de hablar al cuerpo y a través del cuerpo.

Note lo que está sucediendo. Toda esta reunión se trata de Jesús (su naturaleza, sus obras, su palabra, su voluntad, sus promesas), y de comprometerse a cuidar y alimentar a otros (familia, iglesia, mundo), en lugar de ser responsables de esos compromisos. Se trata de amar a Dios y amar a la gente. Se trata de crecer de egoísmo a amar a otros. Es ayudar a la gente a parecerse más y más a Jesús.

REANUDACIÓN

Hal: "Esto es excelente. Debemos de apresurar el final de esta reunión. ¿Alguien puede pensar en alguna persona del trabajo o escuela que no está

---

[369] Efesios 4:12
[370] Efesios 4:13
[371] Efesios 4:15
[372] Efesios 4:16

siguiendo a Jesús, y que el Señor quiere que específicamente se preocupe por esa persona?"

Alivia: "Oh sí. Es una persona con quien trabajo. Es una muy buena persona. Algunos de ustedes la conocen. Ella es antagónica de la religión organizada".

Hal: "De tus amigos pre-cristianos, ¿está entre los más lejanos o cercanos de convertirse en una seguidora de Cristo?"

Alivia: "Probablemente 3/4 del camino hacia ser la más alejada".

Madison: "¿Crees que Dios quiera que intentes conectar con ella o con aquellos que están más cerca de convertirse en un discípulo de Jesús?"

Alivia: "No había pensado en eso. Me acabo de dar cuenta que todo el día está a mi lado y necesita ayuda".

Adelyn: "¿Qué clase de ayuda?"

Alivia: "Bueno, estaba pensando en ayuda espiritual, pero ahora que lo mencionas, está teniendo muchos problemas con sus hijos adolescentes".

Madison: "¿Crees que hable sobre el reto con sus hijos si le preguntas sutilmente?"

Alivia: "Claro. Ya lo ha hecho".

Hal: "¿Alguien con buenos pensamientos que vengan de parte de Dios?"

Alivia: "Sí. Creo que Jesús quiere que ore por mi amiga y encuentre formas para escucharla sobre lo que pasa con sus hijos. Necesito ser su amiga".

Hal: "¿Hay algo que podamos hacer nosotros para ayudar? Ciertamente estaremos orando. ¿Verdad que sí, grupo?"

Alivia: "Por el momento, solo eso. Todos ustedes me han ayudado a darme cuenta que el Señor me está llamando a juntarme con mi amiga intencionalmente para cuidarla por simplemente escucharla. Me doy cuenta que el Señor me ayudará si necesito decir o hacer algo más allá".[373]

---

[373] Mateo 10:19-20

Hal: "¿Estamos todos de acuerdo con eso? (Pausa) Alivia, parece como si Jesús te lanzó el balón y tú lo viste y lo atrapaste. Ahora lo único que tienes que hacer es correr".

PAUSA

En el momento en que se realizaba este escrito, la "Tebowmania" estaba en pleno apogeo. Tim Tebow es uno de los más grandes seguidores de Cristo de nuestro tiempo. Y como jugador profesional de fútbol americano, es un tremendo corredor. El problema es que es un quarterback, y ese tipo de jugadores de la NFL se espera que sean grandes pasadores, no corredores.

Durante una reunión, una noche, comparé frívolamente a Jesús y Tim Tebow... como jugadores de fútbol. "Jesús no es como Tim Tebow. Tim ama correr con el balón, pero no es tan bueno lanzando. Jesús es diferente. Claro, Él podría correr con el balón y ¿quién podría detenerlo? Él anotaría todas las veces que quisiera. Y, para estar claros, cuando Él sabe que, en un panorama general, es mejor romper la línea del enemigo, Él lo puede hacer. Pero Él prefiere no correr.

"Jesús se parece más a Peyton Manning. La mayoría de las veces prefiere pasar el balón a uno de sus receptores. Aún mejor que Peyton, Jesús manda un pase perfecto — perfectamente colocado, velocidad perfecta. Ahora, si el receptor está colocado donde debería estarlo, observando, atrapa el pase y corre con él, el equipo logra progresar.

Pero si el receptor es insensible a Jesús, no ve venir el balón, o lo ve pero no lo atrapa, o incluso lo atrapa pero no corre, el equipo no logra el progreso que podría tener; una oportunidad fue perdida, y el equipo está cerca de patear (punting)".

Por supuesto, estaba hablando del Espíritu Santo llamando la jugada en el grupo, por lo tanto, nos dice a donde ir, y nos da lo que necesitamos para realizar la jugada. Estaba buscando dejar claro el importante punto que debemos escuchar (en el grupo), ejecuta el patrón (ve a donde el Espíritu Santo nos dijo que fuéramos y de la manera que nos dijo), busca y atrapa la oportunidad que el Espíritu nos lanza y corre con todo lo que tenemos, con lo que Él nos ha provisto.

Esta reunión es la junta grupal antes de entrar al juego, lo que realmente es una guerra por el corazón de cada persona.

REANUDACIÓN

Hudson: "Al preocuparte por ella, creo que Dios proveerá una forma para que des una buena razón de la esperanza que está en ti, como nos lo dice en 1 Pedro 3:15".

Hal: "Muy bien, Huds. Creo que estamos logrando un buen progreso. Ya es tarde. Pasemos a la quinta pregunta de Jesús, '¿Crees?' Alguien que realmente le cree a Jesús nos ayudará a ser como Él, a orar por cada persona que ha escuchado su llamado al ministerio, incluyendo aquellos de nosotros que no hemos hecho compromiso en "voz alta" con el grupo".

Muchos miembros del grupo oran con fe en Dios para que diera poder para cumplir los compromisos específicos de amar a otros. Reunión aplazada. Buena reunión.

Jesús podría decirnos: "Pedro no era perfecto en su desempeño, ni siquiera perfecto en amor, cuando lo llamé para cuidar y alimentar a mis ovejas. Yo no llamé a los perfectos. Yo perfecciono a los llamados. ¡Vayan! Cuiden y alimenten mis ovejas."

- *"Estoy convencido de esto: el que comenzó tan buena obra en ustedes la irá perfeccionando hasta el día de Cristo Jesús." Filipenses 1:6*

- *"Que Dios mismo, el Dios de paz, los santifique por completo, y conserve todo su ser —espíritu, alma y cuerpo— irreprochable para la venida de nuestro Señor Jesucristo. El que los llama es fiel, y así lo hará." I Tes. 5:23-24*

- *"...Busquen su restauración..." 2 Corintios 13:11*

¿Queremos más personas como Cristo en nuestras iglesias? Necesitaremos equipar a los santos para sentarse a solas con Jesús y ser discipulados por Él. Este grupo de DPJ busca equipar a los discípulos de Jesús para estar mejor con Él.

¿Queremos que nuestras familias experimenten las bendiciones de conocer y seguir juntos a Jesús? ¿Ser más como Dios lo planeó cuando ordenó las familias? Más amor, paz y gozo mientras las familias viven y trabajan juntos, haciendo tareas significativas y simultáneamente siendo entrenados espiritualmente. Después necesitaremos discipular y equipar a los esposos y esposas, padres y madres, para que discipulen sabiamente a sus familias. Esto puede suceder en las reuniones de DPJ como las que se describieron anteriormente.

¿Queremos ver personas no cristianas convertirse en seguidores de Cristo? Entonces tendremos que discipular y equipar a la iglesia para orar, amar, escuchar, y guiar a una, dos, tres o cuatro personas específicas a Jesús. Esto puede suceder en las reuniones de DPJ como aquellas anteriormente.

¿Queremos ver a nuestra iglesia ser discipulada por Jesús y madurar hacia la plenitud de Cristo? Podríamos decidir dar prioridad, cantidad y calidad de tiempo para sentarnos en presencia de Jesús, respondiendo a sus preguntas, como...

- *"¿Quién dices que soy?" — para conocer mejor a Jesús*

- *"¿Entiendes lo que he hecho por ti?" — para ver mejor a Jesús*

- *"¿Me escuchas?" — para escuchar mejor a Jesús*

- *¿Verdaderamente me amas?" Entonces cuida y alimenta a mis ovejas — para amar mejor a Jesús*

- *"¿Me crees?" — para creer mejor en Jesús*

¿Existe una forma de "talla única para todos" para hacer discípulos? Obviamente no. ¿Podemos aprender algunos conceptos y principios, incluso métodos específicos, del Pastor (hacedor de discípulos)? Tiene sentido mirar fuerte, o al menos considerar, sus procesos para hacer discípulos. ¿Está siendo discipulado? ¿Está haciendo discípulos? ¿Están listos para "cuidar" y "alimentar" a las ovejas? Amar a Jesús, incluso de manera imperfecta, es un pre-requisito para la preparación.

CUIDAR Y ALIMENTAR LAS OVEJAS DE JESÚS

Así que, porque verdaderamente amamos a Jesús, y ambos lo sabemos, Jesús nos invita a cuidar y alimentar sus ovejas. ¿Dónde empezamos? ¿Quiénes son sus ovejas en nuestro mundo? ¿Ahí donde vivimos?

Recuerde, casi siempre necesitamos cuidar las ovejas *antes* de poder alimentarlas. A ellas no les importa cuánto sabemos hasta que ellas saben lo mucho que nos importan. Jesús lavó los pies *antes* de lavar sus mentes. Jesús estaba lleno de gracia (primero) y luego de verdad. "¿Dónde están tus acusadores? Ve, y no peques más".[374]

La *primera* de sus ovejas en *mi* mundo es... sorpresa, sorpresa... yo. Esta podría ser, pero no necesariamente, una consideración egoísta. Es el deseo de Jesús que yo sea cuidado y alimentado, precisamente porque Él se preocupa por mí. Cuando veo que Él, Jesús, está discipulándome, porque eso es lo que quiere,

---

[374] Juan 8:1-11

no estoy siendo egoísta, estoy eligiendo hacer lo que *Jesús quiere*.[375] Porque me ama, profundamente *quiere* discipularme... para cuidarme y alimentarme. ¿Por qué? Jesús quiere lo mejor para mí y sabe que al ser discipulado por Él es lo mejor para mí. El conoce mi desesperada necesidad de ser discipulado y desea suplir esa necesidad. Porque me ama, también quiere que reciba los beneficios en la eternidad por cuidar y alimentar a otros, cosa que no puedo hacer si estoy cuidado y alimentado inadecuadamente. Por supuesto, Él se preocupa igual por los demás, y ya que Él quiere que ellos también sean cuidados y alimentados, Él se deleita en preocuparse por mí, sabiendo que me dará el poder y me equipará para servirle mejor a Él y a los que ama.

Gano yo, otros ganan, Él gana. Jesús está completamente consciente de que si no estoy siendo alimentado por Él, cuando esté con mi familia, iglesia o incluso con los perdidos, en lugar de alimentarlos, los buscaré para decirles, "Denme de comer, denme de comer". En la medida que soy cuidado y alimentado por Él, soy de ayuda para cuidar y alimentar a otros. Porque amo a Jesús, elijo lo que Él quiere, lo cual empieza en dejarlo discipularme para sus propósitos.

PRIORIDAD UNO: SER DISCIPULADO POR JESÚS

Porque amo a Jesús, me encargaré de que sus ovejas sean cuidadas y alimentadas. Yo soy una de sus ovejas. De todas las ovejas de Jesús del planeta, soy más responsable de una...yo. Por amor a Jesús, y ser responsable de mis acciones, mi prioridad número uno en servir a Jesús es ponerme a mí mismo en una posición para ser discipulado (ser cuidado y alimentado) por su Palabra, Espíritu y Cuerpo. "Si me amas, haz lo que quiero para ti, que es que te sientes a mis pies, que es lo mejor para ti,[376] permitiéndome discipularte. No sólo será lo mejor para ti, pero en la medida en que te discípulo, podrás hacer mejor lo que quiero para los demás, que es que los cuides y alimentes (discipularlos). Tú me sirves, sirves a otros, y te sirves a ti mismo cuando te encargas de que, como una de mis ovejas, te cuiden y alimenten con mi Palabra, Espíritu y Cuerpo. Acércate a mí".[377] Ven a mí. Aprende de mí. Permítame cuidarte y alimentarte.[378]

Así que, después de que Jesús aclara nuestro amor, normalmente nos pedirá lo siguiente: "Por mi bien, por el tuyo, y por el de todos, ¿cuándo y cómo me permitirás discipularte? ¿Cómo me permitirás que te discipule a través de un

---

[375] Para estar claros, yo gano. Ser discipulado por Jesús es lo mejor para mí, por ahora y eternamente. En este caso, querer lo que Jesús quiere, y lo que es mejor para todos los involucrados, es lógico y tal vez teológicamente la única circunstancia en la que vivir para uno mismo es justa, santa y ordenada por Dios. Jesús quiere que seamos como Él, pero cuando lo que quemos es verdaderamente lo que Él quiere, lo que nosotros queremos probablemente sea santo.
[376] Lucas 10:38-42
[377] Santiago 4:8
[378] Mateo 11:28-29

discipulador maduro o un pequeño grupo de mis seguidores? ¿Cómo me permitirás discipularte — solo tú y yo — esta semana? ¿El día de hoy?"

En presencia de Jesús y algunos de sus discípulos, todos necesitamos regularmente contestar esa pregunta.

PRIORIDAD DOS: DISCIPULAR A MI FAMILIA

"¿Me amas? Cuida y alimenta a tu familia con alimento eterno".

Jesús discipuló a 12 hombres jóvenes al invitarlos a una largo y cercana relación con Él. Vivieron juntos como una familia. No, ellos eran familia. Ellos comieron, viajaron, caminaron y hablaron como una familia. Trabajaron y jugaron como familia. Jesús vió que sus discípulos lo vieron orar, trabajar y relacionarse. Lo escucharon interpretar sus obras y sus palabras.

Lo observaron. Él les dio responsabilidades. Los entrenó. Los corrigió, animó e inspiró. Él hizo todo esto, al igual como los padres sabios lo hacen. Es en los primeros años de vida que ocurre el discipulado más importante. "¿Quién se encargará de que el corazón oscuro de tu hijo, con todas sus ideas y deseos centrados en sí mismo, se identifique y se exponga, y se le dé una alternativa llamada "La Luz del Mundo?" ¿Quién se encargará de que el mayor tiempo formativo — lo años de crecimiento — sean más sobre Jesús que lo que viene de internet, televisión, sus amigos, y sus propias conclusiones? ¿Quién ayudará a los pequeños a venir a Jesús[379] al escuchar que las perspectivas a las que han llegado no son las perspectivas de Jesús, sino que dan forma a cómo interpretar todas las demás perspectivas?

La mayor responsabilidad del "proveedor" de cualquier hogar es proveer **primero**[380] para el bienestar eterno de cada miembro del hogar. O... ¿estamos siendo engañados para creer que no existe un Creador, Salvador o eternidad y que sólo se trata de comer, beber y ser felices?[381] En diez mil años en el futuro, ¿qué le importará al niño de 4 años de hoy?

Cuando Jesús se encuentra con un pequeño grupo de sus seguidores actuales, habiéndonos ayudados a aclarar que lo amamos, después nos llevará a cuidar (primero) y (luego) alimentar un grupo específico de sus ovejas... nuestra familia.[382]

---

[379] Mateo 19:14, Marcos 10:14, Lucas 18:16
[380] Mateo 6:33
[381] Lucas 12:19
[382] Mi libro, "Si Jesús fuera un padre (If Jesus Were A Parent)", describe disciplinar a nuestros hijos lo más posible como Jesús discipuló a sus discípulos, la mayoría de ellos adolescentes.

Jesús manda a sus discípulos a hacer discípulos, lo que significa que sus seguidores están para ayudar a bautizar personas y enseñarles a que obedezcan *todas las cosas* que Él ha mandado.[383] Por muchas razones, ser discipulado para obedecer todas las cosas que Jesús nos ha mandado está ocurriendo en muy pocas iglesias occidentales. Cada seguidor de Cristo debe ser cuidado y alimentado hasta que él o ella haya madurado en obedecer todo lo que Jesús ha mandado. Esto incluye su mandato de hacer discípulos. Cada uno de nosotros como seguidores de Cristo debemos tener la santa determinación de asegurar la ayuda que necesitamos hasta que intencional y estratégicamente estemos cuidando y alimentando algunas de las ovejas de Jesús en nuestra iglesia local. En Juan 21, los amadores de Jesús deben *cuidar* y alimentar las ovejas de Jesús, que significa, discipularlos. En Mateo 28, todas las ovejas de Jesús deben ser discipuladas hasta que estén haciendo discípulos.

Cuando Jesús se encuentra con un pequeño grupo de sus discípulos actuales, habiéndonos ayudado a aclarar que lo amamos, después se encargará de llevarnos a cuidar a sus ovejas. Esto es gracia. Se ve como oraciones, aceptación, valores, encontrar lo bueno, escuchar, servir, dar, etc.

Él nos dirige a cuidar. Uno de los beneficios necesarios de cuidar es que las ovejas de Jesús escucharán a aquellos que se preocupan. Nos ganamos el derecho de ser escuchados, para alimentar con verdad a las ovejas, al cuidar de ellas. Ciertamente la verdad incluye proclamar la misericordia y gracia de Dios, pero también se ve como hacer preguntas sobre los retos y necesidades en seguir a Jesús, sobre la escritura, relaciones, necesidad de cambiar, etc.

Recordatorio: el moderador del grupo DPJ NO debe ser el que determina la dura verdad sobre el cambio o la acción que necesita ser escuchada. El moderador debe guiar a los asistentes a escuchar a Jesús, para escuchar la verdad con respecto a la necesidad de cambio y acción de su palabra y espíritu, o posiblemente otros asistentes.

Mientras los discípulos crecen en cuidar y alimentar a las ovejas informalmente, están siendo preparados para formalmente discipular a otro pequeño grupo específico de sus ovejas... a un grupo de seguidores de Cristo que están dispuestos a ser discipulados y a ser llevados hacia la madurez y convertirse en hacedores de discípulos.[384]

PRIORIDAD CUATRO: DISCIPULAR A UNA PERSONA PERDIDA O MÁS

---

[383] Mateo 28:20

[384] Mi libro, "Walk with Me (Camina conmigo)," tiene 4 capítulos para explicar por qué debemos discipular a la iglesia, y los 9 capítulos restantes son para demostrar cómo puede ser hecho, basado en Mateo 28:18-20

Nadie se preocupa por las ovejas perdidas como Jesús lo hace. Con muy pocas excepciones, cada seguidor de Cristo que está siendo discipulado por el Espíritu, Palabra y Cuerpo será guiado a cuidar y alimentar a las ovejas perdidas de la misma forma en que Jesús lo hacía.

- *"Dios no envió a su Hijo al mundo para condenar al mundo, sino para **salvarlo** por medio de él." Juan 3:17*

- *"Porque el Hijo del hombre vino a buscar y a salvar lo que se había **perdido**." Lucas 19:10*

- *"Pero vayan y aprendan qué significa esto: "Lo que pido de ustedes es misericordia y no sacrificios". Porque no he venido a llamar a justos, sino a **pecadores**." Mateo 9:13*

- *"...y doy mi vida por las ovejas. Tengo **otras** ovejas que no son de este redil, y también a ellas debo traerlas. Así ellas escucharán mi voz, y habrá un solo rebaño y un solo pastor." Juan 10:15-16*

Ser discípulo de Jesús significa ser *amigo de los pecadores*. Significa *preocuparse por y cuidar a* las ovejas perdidas. Significa dejar a las 99 por buscar la una que se ha perdido.[385] Significa escuchar, entender, valorar, honrar las ovejas perdidas como Él lo hace. La sabiduría normalmente "lavar los pies" antes de intentar "lavar la mente".[386] Casi siempre, tenemos que ser los ojos de Jesús, oídos, mente y manos antes de ser su voz. Y debemos ser su voz, de lo contrario, dejaremos a las ovejas perdidas más cómodas, pero aun perdidas, y no tan dispuestos a encontrarlas. Discipular a un perdido significa pescar hombres. "Síganme y los haré pescadores de hombres".[387] ¿Es probable que si no estoy pescando, no estoy siguiéndolo?

- *"—¿Por qué come su maestro con recaudadores de impuestos y con pecadores?" Mateo 9:11*

- *"Vino el Hijo de hombre, que come y bebe, y dicen: 'Este es un glotón y un borracho, amigo de recaudadores de impuestos y de pecadores'". Mateo 11:19*

- *"Sucedió que, estando Jesús a la mesa en casa de Leví, muchos recaudadores de impuestos y pecadores se sentaron con él y sus discípulos, pues ya eran muchos los que lo seguían. Cuando los maestros de la ley que eran*

---

[385] Lucas 15:4-7
[386] Juan 13:12-15
[387] Mateo 4:19

fariseos vieron con quién comía, les preguntaron a sus discípulos: —¿Y este come con recaudadores de impuestos y con pecadores?" Marcos 2:15-16

- *"... de modo que los fariseos y los maestros de la ley se pusieron a murmurar: «Este hombre recibe a los pecadores y come con ellos»." Lucas 15:2*

Cuando Jesús se encuentra con un pequeño grupo de sus discípulos actuales, habiéndonos ayudado a aclarar que lo amamos, nos guiará luego a cuidar y alimentar otro grupo específico de sus ovejas... una o dos amadas, pero muy perdidas ovejas que llamamos vecinos, amigos, asociados... o familia.

DISCIPULADOS A PRACTICAR ESTAS PRIORIDADES

Cuando nos reunimos con Jesús y con algunos de sus seguidores para ser discipulados por Él, nos enfocamos individualmente en cada una de las 4 prioridades antes mencionadas.

- *Esperamos... meditando en Jesús y en lo que conocemos sobre Él... incluso preguntándonos qué piensa o quiere por aquellos por quienes estamos orando. Por ejemplo, meditamos con Jesús en nuestras familias. Pedimos a Jesús que nos muestre lo que quiere hacer a través de nosotros esta semana para cuidar y alimentar las necesidades eternas de cada miembro de la familia. Observamos nuestros pensamientos, recordando que el Espíritu Santo nos puede estar dando los pensamientos de Jesús. Recuerde, no necesitamos ser "electrocutados por un rayo" para escuchar la voz de Dios. El Espíritu Santo, directamente por medio de su Palabra, nos ha estado hablando regularmente, constantemente. Necesitamos simplemente pensar, basados en lo que sabemos sobre Jesús y su Palabra, sobre lo que Él haría por otros. El Espíritu Santo es nuestro ayudador, maestro y guía. Él quiere que nosotros, efectivamente, cuidemos y alimentemos a otros mucho más de lo que ya lo hacemos. Piense en maneras de cuidar, usted posee la mente de Cristo. Puede ser Él.*

- *Cuando alguien comparte algo que ellos creen que Jesús les está llamando a hacer, buscamos ayudarlos a discernir si verdaderamente han oído el Espíritu de Cristo guiándolos a este particular ministerio como Cuerpo de Cristo. Hacemos preguntas para ayudar a aclarar detalles, específico o preocupaciones.*

- Habiendo concluido que el grupo cree que alguien tiene direcciones claras para el ministerio de parte de Dios,[388] oramos por esa persona para enviarla a cuidar y alimentar a las ovejas en esa semana.

- Casi siempre preguntamos si cada persona está dispuesta a decirnos las cosas específicas que Jesús ha logrado hacer a través de ellos en esa semana.[389]

- *"Los apóstoles se reunieron con Jesús y le **contaron** lo que habían hecho y enseñado." Marcos 6:30*

- *"Cuando llegaron, reunieron a la iglesia e **informaron** de todo lo que Dios había hecho por medio de ellos, y de cómo había abierto la puerta de la fe a los gentiles." Hechos 14:27*

- *"Después de saludarlos, Pablo les **relató** detalladamente lo que Dios había hecho entre los gentiles por medio de su ministerio." Hechos 21:19*

Jesús dijo, "Mientras sea de día, **tenemos que** llevar a cabo la **obra** del que me envió."[390] Él invita y quiere que sus discípulos lo amen lo suficiente para asociarse con Él en la misión de revelarlo a todas sus ovejas perdidas y salvas.

---

[388] Mateo 10:5-20, Lucas 9:1-6
[389] Lucas 9:10
[390] Juan 9:4

CAPÍTULO **19**

Creer En Jesús: "¿Me Crees?"

Quinta Pregunta: Intercesión

Una de las amigas especiales de Jesús, Martha, estaba sufriendo la muerte de su hermano Lázaro. Ella creía que Jesús habría sanado a su hermano si hubiera venido antes de que muriera Lázaro. De hecho, ella creía que incluso después de la muerte de Lázaro, su Padre le daría a Jesús lo que le pidiera. Cuando Jesús afirmó que Lázaro se levantaría de nuevo, Marta asumió que Jesús se refería a la resurrección general del último día. La respuesta de Jesús fue impresionante. "Marta, la resurrección no se trata de un tiempo futuro. Se trata de un Dador de Vida, a saber, de mí. Yo soy la Resurrección." Entonces Él le hizo esta pregunta: "¿***Crees*** esto?"[391] El "esto" se refiere a lo que Jesús acababa de decir. Jesús estaba preguntando: "Marta, ¿me ***crees***? No importa qué tan muerta, cuán golpeada, cuán maltratada esté cualquier vida o situación. Soy la Resurrección y la Vida, y soy más que capaz de devolver a la vida cualquier cosa que esté casi o completamente muerta. ¿Me crees?"

En otro día, Jesús caminaba en su viaje. Dos ciegos lo vieron. Ellos gritaron por ayuda. Jesús les hizo una pregunta: "¿***Crees*** que soy capaz de hacer esto?"[392]

Otro día, un padre desesperado le rogó a Jesús: "Si puedes hacer algo, ten piedad de nosotros y ayúdanos." Jesús, tal vez divertido, respondió: "¿Si puedo? Eso no se acerca al problema. Por supuesto que puedo. El problema es el siguiente: "Todo es posible para el que cree. ¿Tú ***crees***?"[393]

Tomás admitió que no podía creer el informe de los discípulos de un Jesús resucitado a menos que él mismo viera a Jesús. Jesús obedeció, y Tomás creyó. Jesús respondió: "...bienaventurados los que no vieron y ***creyeron***".[394] En su respuesta, Jesús resumió el valor eterno e infinito que Dios coloca en nuestra creencia.

¿Creo en Jesús? ¿Usted sí? Jesús le pide a cada uno de sus discípulos contemporáneos, no solo una vez, sino una y otra y otra vez, que responda

---

[391] Juan 11:17-26
[392] Mateo 9:28
[393] Marcos 9:22-23
[394] Juan 20:29, cf. Juan 1:7, 12, 2:23, 3:15, 16, 18, 36, 5:24, 7:38, 12:44-46, Hechos 13:39,16:31.

honestamente a su pregunta: "¿Crees esto?" "¿Me crees?" "No estás meramente diciendo que crees en mí, ¿verdad?"

¿Por qué nos hacemos la pregunta "¿Me crees?" como el último componente de una reunión para ser discipulado por Jesús?

1. *Creer, estar seguros de lo que esperamos, que Jesús nos ayude a alcanzar lo imposible:* **vivir una vida cristiana, bíblica y santa.** *Esto incluye dialogar con Jesús en público (oración continua), ser sensible al Espíritu y guiado por el Espíritu y tener poder del Espíritu, por lo que nuestros pensamientos, palabras y obras son suyas. Por lo tanto, rendimos frutos: gran fe, gran amor... al servir a todos los que nos encontramos con su liderazgo y poder. ¿Por qué? Somos los discípulos de Jesús, y así es como Él vivió.*

2. *Creer que Jesús nos ayudará a lograr un progreso específico en nuestras cuatro prioridades, algunas de las cuales simplemente nos habló sobre el cuidado y la alimentación de corderos y ovejas:*

    a. *tiempo a solas con Jesús, siendo cuidado y alimentado por Él.*

    b. *tiempo con nuestras familias, discipulando intencionalmente a cada uno (cuidando y alimentando sus cuerpos y sus almas).*

    c. *tiempo con nuestra familia de la iglesia, discipulando intencionalmente a uno o más (cuidando y alimentando sus cuerpos y almas).*

    d. *tiempo con amigos perdidos, discipulando intencionalmente a uno o más (cuidando y alimentando sus cuerpos y almas).*

3. *Creer que Jesús satisfará nuestras necesidades temporales, tanto o más, que si hubiéramos pasado toda la reunión orando pidiendo ayuda con nuestras necesidades temporales, porque pasamos toda la reunión buscando el primer Reino. Jesús prometió que si buscáramos primero su reino, nuestras necesidades temporales serían atendidas. Mateo 6:25-33*

Queremos dejar la reunión experimentando una gran fe, esperanza, paz y alegría... y un gran amor y un gran propósito, incluso una pasión. ¡Con certeza de lo que esperamos![395]

Ser efectivo en la oración incluye creer, pero hay mucho más. Para ser efectivos en la oración, nosotros, como discípulos de Jesús, debemos recordar y recordarnos cuatro condiciones principales para la oración contestada. Tenemos

---

[395] Hebreos 11:1

razones para creer sin temor alguno que Jesús nos está ayudando seriamente *si estamos cumpliendo con estas cuatro condiciones clave*.

A través de Santiago, Jesús nos dice esto:

"La oración eficaz del justo puede mucho."[396]

Algunas oraciones son ineficaces. ¿Por qué? Están arraigados en la injusticia.

Cuatro requisitos principales para oraciones efectivas serán identificados aquí. La sensibilidad a estos requisitos conduce a oraciones poderosas y efectivas.

PRIMERO

Para maximizar la efectividad en la oración, la persona (o grupo) que ora no debe *abrigar el pecado* en el corazón.

> *"Si en mi corazón hubiera yo abrigado maldad, el Señor no*
> *me habría escuchado; pero Dios sí me ha escuchado, ha*
> *atendido a la voz de mi plegaria." Salmo 66:18-19*

¿Cuándo estoy abrigando el pecado en mi corazón? Cuando el Espíritu Santo me ha iluminado acerca de algo que estoy haciendo que no es su voluntad, o algo que no estoy haciendo es su voluntad para que lo haga,[397] y soy *indiferente* a su luz. La indiferencia parece aferrarse a lo que pienso o quiero en lugar de abrazar lo que el Espíritu Santo de Jesús está diciendo. Esto es *abrigar* el pecado en mi corazón.

Cuando sé lo que quiere mi Señor, y estoy *tratando* de obedecerlo, pero tropezando porque soy débil, no estoy abrigando el pecado en mi corazón. Pero cuando sé lo que Dios quiere y no estoy buscando obedecer, estoy resistiendo a mi Rey al valorar mi voluntad sobre la de Él.

Jesús esencialmente dice: "Mira, porque te amo a ti y a los demás, te he hablado de algo en tu vida que necesita cambiar. Pero me estás ignorando. No sería bueno para ti *recompensar* tu *ignorancia* de mí y mi voluntad al darte lo que estás pidiendo. Cuando tomes en serio lo que ya te he hablado de amor, responderé a lo que estás planteando conmigo en oración."

A la inversa, si "*nuestros corazones no nos condenan*", es decir, si no somos conscientes de cualquier área de indiferencia hacia Jesús, entonces tenemos razones para confiar en la oración. Debido a que estamos resueltos a obedecer

---

[396] Santiago 5:16, RV
[397]

lo que nuestro Rey ha ordenado, y porque estamos resueltos a complacerlo, el que ve nuestro corazón resuelto está listo para responder a lo que le pedimos.

> "Queridos hermanos, si el corazón no nos condena, tenemos confianza delante de Dios, y recibimos todo lo que le hemos pedido porque obedecemos sus mandamientos y hacemos lo que le agrada." I Juan 3:21-22

SEGUNDO

Para ser eficaz en la oración, la persona (o grupo) que ora debe tener cuidado con los motivos *egoístas*.

Un corazón arrepentido aún no puede ser un corazón maduro, ya que pueden permanecer altos niveles de egocentrismo, autosuficiencia y búsqueda de uno mismo que aún no han sido expuestos o vencidos. Pero un corazón arrepentido es un corazón que está bien con Dios, porque toda la impiedad que ha sido expuesta ha sido enfrentada, confesada y reemplazada por una verdadera *determinación* de creer y caminar en la Luz.

Esto incluye lo que Jesús quiere cambiar en nosotros en el centro mismo: nuestros motivos. Él quiere que seamos como Él:

> "Yo no puedo hacer nada por mi propia cuenta; juzgo sólo según lo que oigo, y mi juicio es justo, pues no busco hacer mi propia voluntad sino cumplir la voluntad del que me envió."
> Juan 5:30

> "El que me envió está conmigo; no me ha dejado solo, porque siempre hago lo que le agrada." Juan 8:29

Como todos nosotros, Jesús estuvo severamente tentado a dejarse llevar a complacerse a sí mismo, ¡pero Él no lo haría! Su único motivo era complacer a su Padre.[398]

Pero a menudo acudimos a Jesús orando ingenuamente con motivos egoístas. No nos damos cuenta de que su gran amor por nosotros requiere que Él haga lo que es mejor para nosotros, que *no sea para reforzar el egocentrismo*, los motivos egoístas, de los cuales Dios quiere librarnos. Él murió para destruir nuestro egoísmo independiente. Prefiere exponer y limpiar el egoísmo que dar

---

[398] Hebreos 4:15

un refuerzo positivo a nuestras peticiones de oración egoístas y erróneamente motivadas.

> *"No tienen, porque no piden. Y cuando piden, no reciben porque piden con* **malas intenciones**, *para satisfacer sus propias pasiones." Santiago 4:2-3*

Nuestro Rey bueno y sabio retiene la respuesta a la oración para ayudarnos a preguntar: "¿Por qué?". Entonces, motivado por su sabio amor por nosotros, nos ayuda a ver nuestros motivos egoístas y a convertir nuestras peticiones de oración del egoísmo para amar a Dios y otros.

TERCERO

Para ser eficaz en la oración, la persona (o grupo) que ora debe orar en el *nombre de Jesús* y pedir *de acuerdo con su voluntad*.

La mayoría de las oraciones cristianas concluyen con las palabras: "En el nombre de Jesús oramos. Amén." Desafortunadamente, demasiadas de esas oraciones no fueron consideradas ni diseñadas cuidadosamente para ser verdaderamente "en el nombre de Jesús". Al poner la frase "en el nombre de Jesús" al final de nuestras oraciones, de ninguna manera garantiza que la oración es, de hecho, en el nombre de Jesús.

Note cuántas veces Jesús se conecta orando "en su nombre" con la respuesta a la oración:

- *"Cualquier cosa que ustedes pidan* **en mi nombre**, *yo la haré; así será glorificado el Padre en el Hijo." Juan 14:13*

- *"Así el Padre les dará todo lo que le pidan* **en mi nombre**. *" Juan 15:16*

- *"Ciertamente les aseguro que mi Padre les dará todo lo que le pidan* **en mi nombre**. *Hasta ahora no han pedido nada* **en mi nombre**. *Pidan y recibirán, para que su alegría sea completa... En aquel día pedirán* **en mi nombre**. *" Juan 16:23-24, 26*

¿Qué significa preguntar en el nombre de Jesús? Simplemente esto: Jesús es el Rey de su Reino. Estamos invitados y esperamos ser embajadores o representantes de nuestro Rey dondequiera que estemos. Como sus representantes, debemos representarlo nuevamente. Somos su Cuerpo para siempre volver a presentar quién es Él y lo que Él quiere para los demás.

Esto incluye representarlo en oración. Pedir en su nombre, es decir, como su representante, requiere que sepamos lo que Él mismo preguntaría si Él mismo estuviera orando. Por lo tanto, debemos escucharlo y conocerlo tan bien que podamos preguntarle qué pediría, como si Él mismo estuviera aquí y estuviera pidiendo. Es esta oración, pedida "en su nombre", la que promete responder.

Su oferta para que pidamos cualquier cosa, siempre que sea lo que Él pediría, es una de sus formas de hacer lo que es mejor para nosotros. ¿Por qué? Preguntar qué pediría Él requiere que lo conozcamos, lo que es lo mejor para nosotros. Él usa la promesa de responder nuestras oraciones para que lo conozcamos, al exigirnos que estemos de acuerdo con Él en nuestras peticiones.

Al escribir a través de Juan, Jesús hace la misma promesa de responder a la oración si oramos de acuerdo con su voluntad.

> *"Esta es la confianza que tenemos al acercarnos a Dios: que, si pedimos* **conforme a su voluntad***, él nos oye. Y, si sabemos que Dios oye todas nuestras oraciones, podemos estar seguros de que ya tenemos lo que le hemos pedido." I Juan 5:14-15*

Orar en el nombre de Jesús y preguntar de acuerdo a su voluntad son lo mismo. Preguntar "en el nombre de Jesús" es descubrir y saber lo que Él quiere. Orar "en el nombre de Jesús" es orar de acuerdo con su voluntad. Ellos son lo mismo.

¿Por qué Jesús nos ha hecho estas dramáticas promesas de tener lo que pedimos si oramos, "en su nombre" y de acuerdo con "su voluntad"?

- *Primero, porque Jesús nos ama, quiere lo mejor para nosotros y lo mejor es conocerlo, es decir, ser uno con Él. Para orar "en su nombre" se requiere que lo conozcamos. No podemos orar "en su nombre" y de acuerdo con "su voluntad" sin conocerlo lo suficiente como para saber lo que Él está pensando y deseando sobre lo que estamos orando. Debemos conocer a Jesús tan bien que sepamos qué es lo que Él preguntaría y, por lo tanto, qué es lo que Él quiere preguntar a través de nosotros, su Cuerpo continuo en el planeta. Este es el ser Uno de los dos. Esta es una oración efectiva.*

- *Segundo, debido a que Jesús ama a todas las personas en la planeta, Él quiere que se haga su voluntad en la tierra, así como en el Cielo.[399] Él comisiona a sus discípulos para que sean sus vice-regentes y embajadores (re-presentadores) para establecer su Reino en la tierra. ¿Cómo? Antes de*

---

[399] Mateo 6:10

marchar hacia su batalla para servir con nuestras manos y voces, caemos de rodillas para liberar su poder al orar en su nombre, que es orar de acuerdo con su voluntad. Entonces, **en su nombre**, Él nos envía para recibir a los niños,[400] a reunirnos,[401] a hacer milagros,[402] a dar vasos de agua fría,[403] a expulsar demonios,[404] a ser instrumentos escogidos,[405] hasta a sufrir.[406] Pero antes de marchar, nos arrodillamos.[407]

CUARTO

Para ser eficaz en la oración, la persona (o grupo) debe creer verdaderamente que Jesús responderá a la oración.

- *"Si ustedes **creen**, recibirán todo lo que pidan en oración." Mateo 21:22*

- *"Por eso les digo: **Crean** que ya han recibido todo lo que estén pidiendo en oración, y lo obtendrán." Marcos 11:24*

- *"Unos hombres le llevaron un paralítico, acostado en una camilla. Al ver Jesús la **fe** de ellos, le dijo al paralítico: —¡Ánimo, hijo; tus pecados quedan perdonados!" Mateo 9:2*

- *"—Porque me has visto, has creído —le dijo Jesús—; dichosos los que no han visto y sin embargo **creen**." Juan 20:29*

- *"Luego Jesús le dijo al centurión: —¡Ve! Todo se hará tal como **creíste**. —Y en esa misma hora aquel siervo quedó sano." Mateo 8:13*

- *"—¿Cómo que si puedo? Para el que **cree**, todo es posible." Marcos 9:23*

Jesús nos mira a los ojos y nos pregunta: "¿Me crees?" Él entiende lo fácil que es para nosotros decir que creemos sin siquiera reconocer nuestra incredulidad.[408] Si el miedo, la preocupación, la ansiedad, la culpa, la vergüenza, la envidia, los celos o las decenas de otras enfermedades del alma basadas en la incredulidad nos gobiernan, somos engañados acerca de nuestro nivel de fe.

---

[400] Mateo 18:5, Lucas 9:48
[401] Mateo 18:20
[402] Marcos 9:39
[403] Marcos 9:41
[404] Marcos 16:17
[405] Hechos 9:15
[406] Hechos 21:13
[407] 2 Crónicas 7:14, 20:18
[408] Marcos 9:24

"... todo lo que no se hace por convicción es pecado." Roma-nos 14:23

La esencia del pecado es ignorar o dejar fuera a Dios. Cuando incluimos una comprensión suficientemente precisa de Dios en nuestros cálculos, creer en Él es el resultado.

Debido a que Él nos ama tanto, y porque creerle a Él es muy bueno para nosotros en cada cuenta, Jesús experimentó algo de su mayor frustración con la incredulidad.

"—¡Ah, generación incrédula! — respondió Jesús—. ¿Hasta cuándo tendré que estar con ustedes? ¿Hasta cuándo tendré que soportarlos? Tráiganme al muchacho." Marcos 9:19

Las historias bíblicas de la victoria a través de creer en nuestro Rey inundan las Escrituras. Las promesas para creer capturan la esperanza y la imaginación de cualquier lector. Los requisitos para creer y las advertencias contra la incredulidad envían escalofríos aterradores hacia arriba y hacia abajo de la columna vertebral.

"¡Cree!" "¡Ten fe!" "¡Confía!" A cualquier costo, esta eternidad y la respuesta temporal a la revelación de la vida llamada "créeme" deben establecerse y nutrirse.

Nota práctica: las preguntas centrales de esta reunión de los discípulos contemporáneos de Jesús para ser discipulados por Él están diseñadas estratégicamente para guiar a cada uno... una y otra y otra vez... a creer genuinamente a Jesús... confiar en Él... tener fe y confianza audaz en Él.

¿CÓMO?

Las preguntas que se hacen en la reunión tienen que ver con conocer a Jesús: quién es Él, qué ha hecho, qué está diciendo y qué quiere hacer. Cada pregunta atrae a aquellos que responden y escuchan respuestas para crecer al conocer a Jesús. La fe y el amor vienen por **conocer**, **ver** y **escuchar** a Jesús. La discusión acerca de Jesús conduce a una mayor fe y un amor más profundo por Él. La fe y el amor son los componentes clave para responder a la oración.

"¿QUIÉN DICES QUE SOY?"

Esta pregunta se centra en quién es Jesús. En otras palabras, "¿Me conoces?" La discusión subsiguiente sobre Jesús crea fe y creencia en Él. El tiempo dedicado a "sentarse a sus pies", respondiendo su pregunta directamente a Él, crea y fortalece la creencia en Él como pocas experiencias devocionales. La fe viene por el oído. Además, cuanto mejor conocemos a Jesús, más lo amamos y amar a Jesús nos lleva a desear, descubrir y hacer su voluntad. Esto equivale a vivir "en su nombre", como su embajador y representante. La oración de los que viven "en su nombre" es altamente efectiva.

"¿ENTIENDES LO QUE HE HECHO POR TI?"

Esta pregunta se centra en lo que hace Jesús y por qué. En otras palabras, "¿Ves mi actividad y conoces mi motivo?" Al responder a la pregunta de Jesús, al mirar hacia atrás, todas las cosas buenas que Él ha hecho por nosotros y por los demás, y lo que nos ha dicho en nuestros tiempos privados y públicos con Él, y todo lo que Él ha hecho a través de nosotros por los demás, estamos emocionados, a menudo conmocionados por el deleite. Lo "*vemos*" sirviendo, lavando los pies, incluido el nuestro. Él lava las mentes. Él nos guía, y lo vemos fortaleciéndonos mientras servimos, lavando los pies de otros y, tarde o temprano, sus mentes. Si una imagen vale más que mil palabras, y si la fe viene por escuchar, entonces ver lo que Jesús está haciendo crea mil veces más incrementos en nuestra fe. Ya que la fe viene al escuchar, ¿cuánto más la fe viene al mirar?[409] Además, mientras "observamos" el servicio de Jesús mirando todo lo bueno que Él está haciendo, nuestro amor por Él crece exponencialmente (mil veces) motivándonos a vivir para Él, cumpliendo así las condiciones para una oración efectiva como se dijo anteriormente.

"¿ME ESCUCHAS?"

Esta pregunta se centra en lo que Jesús dice. Jesús ahora nos habla directamente a través de la Escritura. Si escuchamos bien, sin agregar ni torcer ni pasar por alto el texto, ahora escuchamos a Jesús en sus propias palabras que nos hablan directamente. Esta es la base fundamental para la creencia. La fe viene al escuchar, y la fe es una condición necesaria para una oración efectiva.

"¿VERDADERAMENTE ME AMAS?"

Esta pregunta se centra en lo que Jesús quiere. Jesús, sabiendo que lo amamos (en diferentes niveles para estar seguro), ahora nos guía para seguirlo en nuestro futuro compartido. Basado en lo que sabemos sobre Él y su Palabra, Él nos ayuda a discernir cómo debemos re-presentarlo, es decir, conocer y hacer su voluntad específica para nuestros actos, palabras y pensamientos. Él nos llama a un ministerio específico en nuestras cuatro prioridades: ser discipulado por Él, discipular a nuestras familias, discipular a unos pocos en nuestra iglesia y discipular a unos pocos vecinos perdidos. Porque buscamos ser

---

[409] Juan 20:29

verdaderamente santos como Él es santo, y porque buscamos encontrar su voluntad, y porque sabemos que Él responde a las oraciones que son de acuerdo con su voluntad,[410] nuestra fe en Él para responder a nuestras oraciones para hacer su voluntad se multiplica. La oración de una persona justa es poderosa y efectiva.[411]

"¿ME CREES?"

Esta última pregunta se enfoca en la bondad y el poder de Jesús para lograr lo que Él sabe que es mejor. Lo más importante es que plantea la cuestión de nuestro verdadero conocimiento de Jesús y nuestra certeza de que su futuro preferido se actualizará.

- *Miramos quién es Jesús; creímos de nuevo.*

- *Miramos lo que Jesús ha hecho; la fe crece.*

- *Escuchamos lo que Jesús está diciendo; la confianza aumenta.*

- *Discernimos cuidadosamente lo que Jesús quiere, sabiendo que Él responde a la oración de acuerdo con su voluntad, y se establece la seguridad.*

Entonces, debemos responder: "¿Me crees?"

Respuesta: "Sí, Señor. Investigamos nuestros propios corazones y nos damos cuenta de que realmente te creemos, confiamos en Ti. Tenemos fe y confianza en Ti para hacer tu voluntad por tu bien."

Jesús podría decir: "Por supuesto que sí. Has estado conmigo y dejándome discipularte. Ahora... entra con la fuerza y el poder de mi nombre."

Las pequeñas bandas de creyentes de Jesús que se reúnen son para ayudarse mutuamente, a un gran costo si es necesario, a "creer en Él que el Padre ha enviado". Dios obra y nosotros trabajamos para solidificar y fortalecer nuestro conocimiento de Jesús que nos guía a creerle auténticamente.

> *"—Ésta es la* **obra** *de Dios: que* **crean** *en aquél a quien Él envió —les respondió Jesús." Juan 6:29*

Pablo no solo trabaja para tener fe, sino que identifica que la fe es incluso una lucha.

---

[410] 1 Juan 5:13-14
[411] Santiago 5:16

*"**Pelea** la buena batalla de la fe."* 1 Timoteo 6:12

*"He peleado la buena **batalla**, he terminado la carrera, me he mantenido en la fe. 2 Timoteo 4:7*

En nuestra reunión, trabajamos mucho para creer, y peleamos duro por la fe para la vida y la piedad del Reino.[412]

CREER EN DIOS PARA LO IMPOSIBLE — SEMEJANZA A CRISTO

Todo lo que ha sucedido para fortalecer nuestra fe en Jesús ahora se puede aplicar a la oración de intercesión por nosotros, los discípulos de Jesús, para caminar como Él caminó,[413] para ser santos como Jesús es santo.[414] Ahora estamos preparados para pedir audazmente y creer grandemente por nuestra propia justicia, y también por el crecimiento en la relación con Jesús y la justicia para nuestras familias, nuestra familia de la iglesia y nuestros amigos y vecinos perdidos. Estos son la voluntad de Dios y la necesidad más grande de todos. Donde este magnífico ministerio de intercesión se modela y se multiplica en todo el mundo, el Reino de Jesús ha venido en gran medida a la tierra. Donde la iglesia no intercede, ocurre mucha actividad, pero ocurre poco avance del Reino.

La intercesión es nuestra asociación en la oración con Jesús por su mejor y más grande para nuestra familia, la iglesia y los amigos perdidos.[415] Debe ser un componente fundamental de nuestro discipulado intencional de los demás. Está permitiendo que la influencia de Jesús se libere en la vida de todos los que oramos. Al igual que la fuerza aérea que prepara el camino para las tropas terrestres armadas, nuestra intercesión libera el poder del Espíritu Santo que luego prepara el camino para nuestro ministerio de escuchar, amar y dirigir. Debemos escuchar y amar, pero primero debemos interceder. Al interceder primero, nuestro escuchar y nuestro amor abrirán las puertas para que podamos involucrar a otros en conversaciones en curso sobre Jesús y su victoria para ellos.[416] Todo comienza con la intercesión, que es mucho más eficaz al procesar todas estas 5 preguntas.

La fe es estar seguro de recibir aquello que esperamos. Donde existe la fe, estamos tan seguros de recibir lo que creemos como lo somos de lo que ya tenemos. Por lo tanto, podemos y lo celebramos antes de recibir tan alegre y

---

[412] 2 Pedro 1:3
[413] 1 Juan 2:6
[414] 1 Pedro 1:15
[415] Hebreos 7:25
[416] Somos guiados y equipados para este ministerio al responder a la cuarta pregunta de Jesús anteriormente en la reunión.

vigorosamente como lo celebramos cuando tenemos la respuesta en nuestra experiencia.

Proceda a observar a nuestra pequeña banda de discípulos siendo entrenados y guiados por la Palabra, el Espíritu y el Cuerpo de Jesús mientras se ayudan a "creer".

CAPÍTULO **20**

Modelando DPJ: Cómo Creer Mejor En Jesús

Quinta pregunta: Intercesión

Unámonos a otro grupo de Discipulado por Jesús al acercarse a la conclusión de su reunión. Únase a nosotros para responder a la última pregunta de Jesús: "¿Me crees?"

QUINTA PREGUNTA (CONTINUADO)

Hal: "Me encanta tratar de imaginar lo complacido que está Jesús al escucharte decirle otra vez de tu amor y cómo escuchas su guía para cuidar mejor a sus ovejas. Queremos recordarles que estamos en una batalla horrible y que nos resistirán cuando tratemos de hacer avances específicos e intencionales del Reino. Avancemos hacia la culminación de todo nuestro encuentro al responder la última pregunta de Jesús: "¿Me crees?". Él promete que nos capacitará para hacer lo que Él nos ha llamado a hacer.[417] La mayoría de ustedes se han comprometido específicamente a estar con Jesús, como - como Él - nunca guíen, sino que siempre sigan su Espíritu, incluyendo "lavar los pies y las mentes de otros" esta semana. ¿Creen que Jesús les dará poder?"

Dawson: "Mi patrón de reaccionar negativamente a mi hijo es profundo y largo. Debo tener el poder de Jesús si realmente quiero escuchar sin interrumpir o decirle lo que tiene que hacer".

Hal: "Entonces... ¿crees que Jesús te dará poder?"

Dawson: "Supongo que si soy honesto me cuesta mucho creer".

Elle: "Jesús ama tu honestidad. Yo creo que Jesús te va a ayudar. Oraré por ti. ¿Qué noche dijiste que estarías con tu hijo?"

Dawson: "Espero que podamos salir después de su juego el jueves por la noche".

Elle: "Estaré orando por ti este jueves por la noche".

---

[417] 1 Tesalonicenses 5:24

Hal: "Elle, ¿orarás ahora?"

Elle: "Por supuesto. Señor Jesús, Dawson no está tratando de hacer esto por su cuenta. Él y todos te esperamos para buscar Tu voluntad sobre cómo podría cuidar mejor de su hijo esta semana. Estuvimos de acuerdo con la sensación de Dawson de que lo guiaste a pedirle a su hijo que saliera después de su juego, para que solo trabajara en valorarlo y escucharlo. Realmente creo... SÉ... que le recordarás a Dawson que escuche mucho y tenga cuidado con lo que dice.[418] Te agradezco... Te alabo por capacitar a Daws. Creo que le darás una gracia especial para hacer este buen trabajo.[419] Obviamente quieres lo que él está buscando hacer, y sabemos que, dado que Tú eres para nosotros, podemos más que vencer.[420] Veo a Daws siendo victorioso en esta reunión. La victoria será amar y valorar y cuidar y escuchar a su hijo. Gracias por esta victoria".

PAUSA

El tiempo siempre se sentirá como "el enemigo" cuando se encuentren para ser discipulados por Jesús. Incluso en un grupo muy pequeño de 4 o 5, cualquiera de las cinco preguntas podría expandirse fácilmente en 90 minutos muy significativos. El objetivo no puede ser responder a las 5 preguntas. El objetivo es reconocer y responder a la *presencia* de Jesús. Si todo lo que se logra es interactuar y responder a su pregunta: "¿Crees?"... y si varios pasan de la incertidumbre a la creencia, ¿sería una reunión poderosa? Por supuesto.

¿Sería maravilloso tener 90 minutos para simplemente interceder por las necesidades eternas y temporales representadas en el grupo? Absolutamente.[421] En la reunión de la cual acabamos de tomar un descanso, la oración de fe de Elle liberó al Espíritu Santo para trabajar con fuerza en Dawson y su hijo. ¡Trabajo del reino! También sirvió para al menos alentar a Dawson, y probablemente fortaleció su fe para la victoria. ¡Trabajo del reino! No tiene precio.

Cada una de estas cinco preguntas confrontó a los primeros discípulos de Jesús. Cada uno es muy importante, casi esencial, para crecer como discípulo suyo. ¿A qué pregunta no necesitamos responder? ¿No cerrar los ojos con Jesús cuando respondemos quién es Él y lo adoramos? ¿No reconocer y regocijarse por lo que Él ha hecho la semana pasada, sentir su amor y darle gracias? ¿No escuchar lo que está diciendo, y responder? ¿No evaluar nuestro amor por Él o saber lo que Él quiere hacer a través de nosotros, y estar preparado para su ministerio a través de nosotros como una expresión de nuestro amor

---

[418] James 1:19
[419] 2 Corintios 9:8
[420] Romanos 8:31, 37
[421] Una respuesta a la tensión de "tiempo" para oración se sugiere en Razón 3 a continuación

por Él? ¿No evaluar nuestra creencia en Él o establecer creencias para la victoria en nuestras vidas y en otras?

Teniendo en cuenta el tiempo corto para cada reunión, el objetivo funcional debe ser cubrir bien las cinco preguntas, pero en **muchas** reuniones. A través de esta repetición, los discípulos de Jesús presentes están siendo equipados para practicar responder sus preguntas en privado y luego ayudar a otros con las mismas preguntas. Dados muchos meses o incluso años juntos, podemos trabajar muchas veces en las cinco preguntas. Una vez más, el objetivo de cada reunión **no** es superar las cinco preguntas, sino **tener un encuentro auténtico con el Dios vivo**. Lo que no se hace esta semana se puede trabajar en la próxima semana. Si solo responde a las dos primeras preguntas de la reunión de esta semana, comience con la tercera pregunta la próxima semana. La intención es **entrenar** a todos los discípulos de Jesús presentes para que aprendan a dialogar honestamente con Jesús usando las cinco preguntas. El facilitador debe ver que, a la larga, se le da suficiente tiempo para responder a cada pregunta.

Nota: la mayor pregunta sobre el cambio y el crecimiento es "¿Me amas? Si es así, cuida y alimenta a mis ovejas." El facilitador debe estar muy seguro de que esta pregunta se hace bien y de manera consistente.

REANUDACIÓN

Hal: "Gracias, Elle. Y Dawson, Jesús está aquí y de nuevo está preguntando, '¿Crees que haré posible la victoria en lo que te he llamado a hacer esta semana?'"

Dawson: "La oración de Elle ayudó. Yo sí creo que Jesús en serio me ayudará".

Hal: "¿Alguien más?"

Phoebe: "Estoy tratando de elegir creer, pero todo lo que puedo ver es todo el salón de niños ingobernables e indisciplinados. Así que quiero mantenerme equilibrado y sensible. Y no quiero arruinar mi oportunidad de ayudar realmente a unos pocos explotando delante de todos. ¿Te importa si hablo con Jesús ahora?"

Hal: "Por eso estamos aquí. Adelante".

Phoebe: "Jesús, detesto enojarme tanto. Sé que no "exploto" en apariencia, pero también sé que los niños ven y sienten mi frustración con ellos... y la ira. No estoy segura de si creo que me concederás la gracia suficiente para ser amable y manejar todo el salón de clases. Pensé que tenía fe cuando empecé a hablar contigo, pero ahora mismo me siento casi sin esperanza. Ni siquiera quiero volver al salón el lunes..."

Eden: "¿Phoebe? Perdóname por meterme. Creo que el Espíritu Santo me acaba de susurrar un versículo. ¿Puedo leerlo?"

Phoebe: "Claro".

Eden: "Este versículo ha cambiado mi vida. Solo lo leeré y veré si el Señor te dice algo.

> *"Su divino poder, al darnos el conocimiento de aquel que nos llamó por su propia gloria y potencia, nos ha concedido todas las cosas que necesitamos para vivir como Dios manda. Así Dios nos ha entregado sus preciosas y magníficas promesas para ustedes, luego de escapar de la corrupción que hay en el mundo debido a los malos deseos, lleguen a tener parte en la naturaleza divina."*[422]

Phoebe: "Me encantó la parte de 'todas las cosas que necesitamos para vivir como Dios manda'. Pero siempre regresa a conocer a Jesús y sus promesas."

Eden: "Suena que estás algo desconcertada..."

Phoebe: "Estoy tan cansada. SÉ que necesito más "conocimiento de Jesús y sus promesas". Es muy difícil tener buenos momentos con Él".

Hal: "Addie, ¿orarás para Phoebe ahora mismo?"

Adelyn: "Señor, sé que quieres ayudar a Phoebe. Absolutamente creo que la ayudarás. Todos vemos cómo está progresando bien en el cuidado de estos niños que provienen de hogares tan difíciles. Te agradezco ahora por revelarle a Phoebe tu deleite en su progreso. De hecho, te agradezco por mostrarle cómo te deleitas en ella. Gracias por ayudarla a ver tu sonrisa mientras la miras. Creo que quieres hacer esto y lo harás. Sé que cuando vuelva a ver tu deleite en ella, será renovada y fortalecida. Gracias por bendecirla con un nuevo toque tuyo. Gracias por mostrarle tu corazón por ella. Confío en que la ayudarás a ver tu corazón por ella sin que ella tenga que luchar para verte o conocerte. Gracias por darle todo lo que necesita para ser como tú esta semana porque la estás dando el conocimiento de tu deleite en ella y lo que está en el salón de clases. Gracias por darle tanta paz y alegría que podrá decirnos

---

[422] 2 Pedro 1:3-4

la próxima semana del modo en que contestaste todas nuestras oraciones por ella. Gracias."

Phoebe: (Con lágrimas en sus mejillas.) "Guau. Pienso que creo que Jesús me va a ayudar. Esto es una locura".

David: "¿Amor de locura? ¿Sentiste a Jesús revelando cómo Él se deleita en ti?"

Phoebe: "Sí. Acabo de darme cuenta de ello..."

David: "¿De ello ... o ... de Él?"

Phoebe: "¡Entiendo! Gracias. Jesús, gracias a *Ti* por asegurarme gentilmente, una vez más, que estás conmigo, que realmente te deleitas y que me has ayudado a progresar. Pienso que realmente creo que vamos a hacerlo bien esta semana en el salón de clases".

Grupo: (Aplauso espontáneo)

Hal: "Estamos en tierra santa. Y como siempre, el reloj gira. Dijimos que saldríamos a las 8:30. Tenemos un minuto. ¿Hay alguien aquí que crea que Jesús nos va a ayudar a que todos estemos verdaderamente separados para Él esta semana? ¿Vivir nuestras prioridades? ¿Lavar pies y mentes?"

PAUSA

El reloj no debe ser "señor", pero tenemos que ser sensibles a los horarios. Ocasionalmente, podemos pasar el tiempo acordado para terminar, pero si lo hacemos de manera sistemática, pronto las personas con problemas de cuidado infantil y las alarmas de la madrugada encontrarán cada vez más difícil llegar. Como siempre, ser sensible al Espíritu de Jesús es la clave.

REANUDACIÓN

Debbi: "Oh, Señor Jesús. Creo que estás maravillosamente en el trabajo para capacitarnos a todos para que crezcamos en sensibilidad hacia ti, para que tengamos más tiempo para ser discipulados por ti. Estoy segura de que nos recordarás que sirvamos y honramos a cada uno de los miembros de nuestra familia esta semana. Especialmente quiero agradecerle por ayudar a Huds, ya que se ha comprometido a escribir una carta para buscar la reconciliación con su hermano. Creo que lo ayudarás a escribir las mismas palabras que sabes que serán más efectivas para el Reino. Y creo, realmente lo creo, que nos mantendrás sensibles entre nosotros como grupo y que nos harás ser sal y luz en nuestras escuelas y lugares de trabajo esta semana. Creo que harás más de lo que hemos imaginado y esperamos escuchar sobre ello la próxima semana. Oro todo esto, creyendo sinceramente que está en tu nombre, porque creo que todo está cerca de tu voluntad y por lo que pedirías tú. Nuevamente, gracias por la victoria que es nuestra como somos tuyos esta semana. Amén".

Hal: "La fe es estar seguros de lo que esperamos. Debbi suena segura. ¿Hay alguien más que está seguro? Si ya tuviéramos la respuesta, celebraríamos, aplaudiríamos o gritaríamos o incluso saltaríamos. Si estamos seguros por la fe, ¿podemos celebrar con anticipación? ¿Debemos alegrarnos?" (Grupo aplaude y grita sus alabanzas.)

Tratamos de terminar nuestras reuniones para ser discipulados por Jesús con tres tipos de oraciones.

Primero, todos tenemos el llamado de "imposible con los hombres" para caminar como caminó Jesús, para ser santos como Jesús es santo en todo lo que hacemos, para hacer las obras de Jesús, etc. Buscamos creerle a Dios para progresar en esto.

Segundo, oraciones muy particulares por la semejanza a Cristo. Estas oraciones son para los ministerios *específicos* de esta próxima semana por parte de los miembros del grupo... tiempos y maneras intencionales de escuchar, lo que lleva a servir con amor y/o a conversaciones significativas. Estos discípulos de Jesús acaban de discernir y comprometerse con la voluntad específica de Dios para ellos con respecto a su tiempo con Jesús y al discipulado de sus familias, la iglesia y un par de amigos. Por lo tanto, estas oraciones son para necesidades *eternas*, no para necesidades *temporales* inmediatas.

Tercero, tratamos de concluir proclamando sin temor alguno que confiamos en que Jesús hará tanto o más con respecto a todos nuestros dolores, problemas y desafíos temporales que si hubiéramos pasado toda esta reunión con Jesús (reunión de oración) hablándonos unos a otros y luego orando para nuestras propias necesidades y deseos. *Mateo 6:33* (*Ver abajo*)

Lo que sigue casi seguramente será mal entendido. Incluso cuando se entienda, probablemente estará en gran desacuerdo, con una gran cantidad de versículos bíblicos para apoyar el desacuerdo. Se ofrece como una ayuda sugerida para la reunión, no para iniciar una pelea. Se trata de años de *no tener suficiente tiempo* en reuniones de discipulado para "orar de manera efectiva" para *todas* las necesidades representadas.

¿Qué es *eso* que sigue? Verbalizar nuestra audaz seguridad de que Dios sabe y nos ayudará en nuestros desafíos temporales y dolorosos (físicos, financieros, relacionales, emocionales) tanto o más que si pasáramos la mayor parte de la reunión hablando sobre estos desafíos temporales entre nosotros y con Dios. ¿Por qué? Mateo 6: 25-33. Por favor, sea paciente sin asumir que lo que sigue carece de compasión.

Una de las promesas más importantes de Jesús para todos nosotros se destaca en el pasaje a continuación:

Orar por nuestras necesidades, tanto temporales como eternas, es **esencial** para liberar la gracia especial de Dios en nuestras vidas.

> *"Así que no se preocupen diciendo: "¿Qué comeremos?" o "¿Qué beberemos?" o "¿Con qué nos vestiremos?" Porque los paganos andan tras todas estas cosas, y el Padre celestial sabe que ustedes las necesitan. Más bien, busquen primero el reino de Dios y su justicia, y* **todas estas cosas** *les serán añadidas."*[423]

Jesús claramente promete que si primero buscamos su Reino (su voluntad, su reinado, su gobierno) que incluye su justicia (su bondad, su santidad, el ser y hacer lo que es justo en cada parte de nuestras vidas) que Él se encargará de satisfacer nuestras necesidades temporales. Él dice: "Si te dedicas a encontrar y seguir mi voluntad suprema en todos los aspectos de tu vida, me ocuparé de tus necesidades temporales".[424]

Un día un pensamiento vino a la mente. Puedes juzgar si el pensamiento fue mío o del Espíritu Santo. Noté que cuando pudimos reunir a algunos cristianos en un pequeño grupo para dialogar con Jesús, el **diálogo** fue muy difícil. Solo podía hacer que oráramos por nuestros problemas temporales. Por lo tanto, la reunión se dedicaba casi por completo a hablar **primero** sobre nuestros problemas **temporales**... inquietudes reales y dolorosas sobre la pérdida de empleos, batallas físicas, heridas y conflictos relacionales, etc. A menudo, doloroso. El tiempo para reunirse juntos se movería rápidamente. Las personas doloridas contaban su historia dolorosa, o la de alguien más, no podían evitar explicar cada vez más la historia... dejando muy poco tiempo para la oración, si es que la hay. Luego, en **segundo** lugar, otros se hablaban compasivamente, afirmaban y alentaban, lo que, aunque maravillosamente preocupado, alargaba el compartir. **Finalmente**, con el tiempo casi pasado, alguien explicaría el problema a Dios y le pediría ayuda. Muy poca alabanza por quién es Dios, o

---

[423] Mateo 6:31-33

[424] Las necesidades y los deseos no deben ser confundidos. "Necesito el ketchup" es una declaración falsa. Puede que desee y disfrute el ketchup en mi hamburguesa, pero no lo necesito. La cultura occidental y rica a menudo es engañada sobre lo que es una necesidad real.

agradecimiento por los detalles que hizo recientemente, o por asegurar su voluntad para el futuro. Había poco sentido de relación, amor o incluso fe.

La experiencia se repetía semana tras semana, año tras año. Se hicieron muchas cosas para intentar equilibrar el "tiempo de oración". Tratamos de equilibrar las necesidades temporales reales y dolorosas con la oración por el Reino, las necesidades eternas.[425] Aunque rara vez se dijo abiertamente, era obvio que "presionar" por la oración sobre los asuntos eternos, el Reino y la justicia,[426] era algo "desalmado" en contraste con estos problemas inminentes, apremiantes y dolorosos "temporales".

Así que... volviendo a la idea que tuve un día. Era simplemente esto. Ciertamente, Mateo 6:33 se aplica a buscar primero el Reino y la justicia de Dios en todas las actividades de la vida, con la promesa de que nuestro Padre proveerá para nuestras necesidades temporales.

Por lo tanto, la promesa podría, y quizás debería, aplicarse al poco tiempo que dedicamos a la oración. Si durante nuestro tiempo de oración, oramos primero y de manera preeminente sobre el Reino de Dios y su justicia, entonces, aunque no tuviéramos tiempo en la reunión para orar por las preocupaciones temporales de los demás, Jesús ha prometido que "todo los demás nos será añadido".[427]

El punto es este: el las reuniones de oración típicas[428] donde la mayor parte de la oración está dirigida hacia las "otras cosas", sobre todo por lo que se ora son las otras cosas. Incluso nuestra oración de fe trata con las necesidades temporales y omite las necesidades eternas. Solo le damos permiso a Dios para aumentar su influencia en cosas que no son eternas.[429]

Pero cuando en la oración buscamos primero su Reino y su justicia, es decir, luchamos para descubrir la voluntad de Dios con respecto a su reinado y la santidad que se está estableciendo en la vida, y luchamos para realmente creer que Él logrará esto, entonces no solo es Dios "liberado" para trabajar en las dimensiones eternas por las que se ora, pero *Él promete influir en las*

---

[425] Sin duda, curar a los enfermos es un problema y una necesidad del Reino. El problema es disminuir la oración por necesidades temporales si es necesario para aumentar la oración

[426] Esencialmente, ser discipulado y hacer discípulos en nuestra familia, iglesia y mundo.

[427] Mateo 6:33

[428] Debemos proporcionar reuniones de oración altamente visibles para las necesidades temporales.

[429] El principio de intercesión: a la luz de crearnos para una relación amorosa, Dios nos da libre albedrío. Él está dispuesto a influirnos en la medida en que su amor y sabiduría lo permitan sin violar nuestro libre albedrío/persona. Pero Él provee un vehículo para aumentar su influencia: la oración. Cuando le pedimos y creemos que Él trabaje de acuerdo con su voluntad, le damos permiso para aumentar su influencia más allá de los límites que él mismo impone. Este es el privilegio de la intercesión: asociarse con Dios para aumentar la probabilidad de que los individuos libres elijan responder a su Reino y la justicia.

dimensiones temporales tanto o más como si hubiéramos pasado todo nuestro tiempo orando solo por lo temporal.

Por lo tanto, recibimos AMBAS bendiciones eternas y bendiciones temporales, a pesar de que dimos poco o ningún tiempo para orar por lo temporal.

El propósito del tiempo de oración es liberar el poder sanador y creativo de Dios, no ser principalmente un "grupo de apoyo" horizontal para que las personas con dolor se sientan amadas por otras personas. El apoyo del Cuerpo es bueno y requerido. Estamos comprometidos a trabajar duro para facilitarlo.

> *"Ayúdense unos a otros a llevar sus cargas, y así cumplirán la ley de Cristo."[430]*

Pero si debe haber una compensación durante esta reunión DPJ, ¿cuál es mejor: liberar el poder de Dios a las necesidades eternas y temporales o solo a las necesidades temporales?

Le animo a pensar con el Señor (orar) y seguir su dirección. Resulta que creo que la idea antes mencionada resulta en una mejor administración de nuestro poco tiempo para ser discipulados por Jesús. Creo que Mateo 6:33 puede aplicarse a priorizar nuestro tiempo de intercesión para buscar **primero** lo que está en su corazón para su reino y su justicia. Primero oramos por la salvación de los perdidos y la transformación (santificación) de los que han sido encontrados. Cuando primero llevamos esas cosas a su trono en oración, Él agregará "todas estas cosas" (comida, dinero, salud, etc.) a nosotros, incluso si nos quedamos sin tiempo para orar por ellos. Y creo que **debemos** tener grupos de apoyo y reuniones de oración para cuidar de lo que no tomamos el tiempo para hacer en el grupo DPJ.

Por lo tanto, la razón para responder a la pregunta de Jesús, "¿Me crees?" es para liberar el poder de Jesús para llevar a cabo su reinado y justicia, al mismo tiempo que establece una audaz creencia de que las necesidades temporales reales de todos los presentes (y los seres queridos de los presentes) serán abordados por Dios de la misma manera como si estas necesidades temporales hubieran sido el enfoque de la reunión. Esto se basa en la promesa de Mateo 6:33.

Teniendo en cuenta esta perspectiva, a menudo concluyo nuestro tiempo de ser discipulados por Jesús de esta manera: "Señor, te alabamos y honramos por trabajar de manera poderosa en todas las formas que hemos identificado como tu voluntad mientras buscamos ser discipulados por ti toda esta semana,

---

[430] Gálatas 6:2

y mientras buscamos hacer discípulos en casa, en nuestra iglesia y con uno o dos amigos perdidos. Ahora es el momento de irnos y no hemos abordado muchas, muchas necesidades temporales de ayuda física, ayuda financiera y otros desafíos dolorosos. Sin embargo, prometiste que si buscáramos primero tu Reino y la justicia, lo que hemos hecho durante toda esta reunión, también cuidarás de nuestras necesidades temporales. Creo que puedes hacer esto, tanto como si pasáramos toda la noche hablando y orando por nuestras preocupaciones temporales. ¡Gracias! ¡¡¡Te damos gracias y te alabamos!!! Nos vamos desde este lugar, confiando sin temor en ti para cuidar cada parte de nuestras vidas, creyendo que lo harás tanto o más por nuestras necesidades temporales como si pasáramos toda la hora orando pidiendo ayuda en estas áreas. Creemos que estamos de acuerdo contigo y por eso oramos en tu nombre, como tus representantes. ¡Amén!"

Finalmente, deseamos dejar la reunión experimentando amor, gozo y paz junto con la pasión, el propósito y los planes que provienen de creer honestamente a Jesús.

Cuando una pérdida que altera la vida le da a un discípulo de Jesús muchas razones para la tristeza, ese discípulo cree que Jesús está trabajando en todas las cosas para traer bien a quienes lo aman,[431] resultando en gozo,[432] nuestro Señor danza con deleite. Se complace cuando experimentamos pacíficamente su descanso en el ojo de una tormenta, mientras soportamos una tormenta temerosa en el mar de la vida. Cuando el odio y la hostilidad voluntaria penetran nuestras almas, amamos a nuestros enemigos con su amor, Él se regocija de nuestro progreso en Él y de llegar a ser como Él.

Aquí están las buenas nuevas: la verdad sobre el gran amor de nuestro Dios Triuno por nosotros, su sabiduría suprema y su poder infinito puede ser dominantemente clara para nosotros. su gran amor, su sabiduría suprema y su poder infinito pueden ser tan reales para nosotros que caminamos sobre el agua del dolor mental, físico y emocional de la vida.

Este dolor no es irrazonable; es creado por fuerzas muy tangibles en nuestra vida. A pesar de esas fuerzas reales, a través de creer en Jesús, podemos tener una visión clara de una condición superior a lo que nuestros ojos, oídos y cuerpos nos cuentan sobre nuestra experiencia presente o la experiencia de otros. Puede ser tan simple como una profunda conciencia de nuestro buen Pastor, o nuestro Pan de Vida, o nuestro Cordero que quita el pecado del mundo.

---

[431] Romanos 8:28
[432] Juan 17:13, Romanos 15:13

La verdad sobre Jesús y su futuro preferido puede ser tan clara y tan real que lo que vemos por fe es más real para nosotros que lo que nuestros ojos, oídos y recuerdos traen a nuestra mente.

Verdaderamente trabajar para vivir por fe en el Rey Jesús con respecto a "este" dolor nos permite, como discípulos de Jesús, experimentar una victoria *interna* tangible... justicia, paz, alegría, amor mientras esperamos pacientemente la manifestación externa de la victoria de Dios... durante las tormentas de la vida. Otros ven nuestra victoria y preguntan el motivo de nuestra esperanza.[433]

El amor, el gozo y la paz mencionados anteriormente son verdaderamente el fruto de *creer* en Jesús.[434] Mientras la angustia por las circunstancias dolorosas domine la paz, el gozo o el amor, creer que Jesús aún no ha alcanzado su potencial de curación, y probablemente la plena liberación de poder de Dios. Si el temor a las circunstancias difíciles persiste, nuestra fe aún no ha logrado todo lo que Jesús desea que haga. Si persisten el resentimiento, el odio o la falta de perdón, la confianza en el amor y la verdad de Dios aún no están desempeñando su papel óptimo. Si la vergüenza y la culpa de nuestros fracasos pasados nos persiguen, algo en nuestro creer en Jesús nos falta dolorosa e innecesariamente. Si la dependencia en los demás para la aprobación y el valor persiste, Jesús anhela que nosotros sepamos y estemos de acuerdo con lo que Él piensa de nosotros. "¿Me crees?"

Esto no debe interpretarse de una manera que genere culpa, desánimo o actitud defensiva para cualquiera que lucha con tristeza, miedo, falta de perdón o vergüenza, etc. Está pensado como una proclamación llena de esperanza para la Verdad auténtica que conduce a la victoria emocional a través de *creer* plenamente en todo lo que Jesús es y lo que hace. La Verdad nos hace libres.

Esta fe que permite la victoria interna en la tormenta a la vez le otorga a Jesús el permiso que Él requiere para detener la tormenta o permitirnos caminar sobre el agua. Verdaderamente creer permite la victoria interna hasta que Jesús provee una solución externa, o algo mejor. Aquellos que creen soportan la tormenta victoriosamente hasta que su Maestro, a través de su fe, calma o usa la tormenta. La fe de que Él lo hará se convertirá en la seguridad de que lo ha hecho.

Por lo tanto, al creer en Jesús, tenemos el poder de salir de nuestras reuniones con Jesús llenos de la paz, la alegría y el amor que el mundo anhela experimentar. No es "simulado" o falso. Es profundo, auténtico y real. Es lo que Jesús

---

[433] 1 Pedro 3:15
[434] Hechos 16:31-34, Romanos 15;13, Gálatas 5:22, 1 Pedro 1:8

quiere para nosotros: "¿Me crees?" Esta visión interior y el deleite pueden persistir a lo largo del día, a través de cada experiencia, cada relación y cada pensamiento que se oponga a la verdad.

La verdad es que la misma Verdad está de nuestro lado, y si Él está de nuestro lado, ¿quién puede estar en contra de nosotros?[435] El reto es seguir respondiendo a la pregunta vital "¿Me crees?" con la certeza que,

¡Yo puedo hacer muchísimo más que todo lo que puedan imaginar o pedir, por mi poder que obra eficazmente en ustedes![436]

"¿Me crees?"

---

[435] Romanos 8:31
[436] De Efesios 3:20

CAPÍTULO 21

Crear Y Multiplicar Hacedores De Discípulos

Cada discípulo debe ser educado espiritualmente hasta que se convierta en un creador de disciplina. Cada discipulador (padre espiritual) debe criar a sus discípulos para que obedezcan **todo** lo que Jesús ordenó, incluyendo "hacer discípulos". Cada discípulo discipulado por Jesús (discipulador, padre espiritual) es llamado por Jesús para ayudar a cada uno de sus discípulos a convertirse creadores de disciplinas. ¿Por qué? Sus discípulos deben "obedecer todo lo que Jesús mandó", y Jesús, reclamando toda autoridad, ordenó a los discípulos que hicieran discípulos. Lo que sigue es una pista para seguir obedeciendo a Jesús.

PASO 1: ESTAR ATENTO A HACEDORES DE DISCÍPULOS POTENCIALES

Desde el **primer inicio** de hacer discípulos en un grupo (utilizando el proceso DPJ), usted (Hacedor de discípulos A) **observa** de manera intencional e inmediata a alguien que está progresando seriamente como un **hacedor** específico de la Palabra de Jesús. Siga mirando. Observe desde el principio a alguien que esté progresando en su sensibilidad hacia el Espíritu Santo y que se comprometa constantemente con las formas específicas de cuidar y alimentar a los 4 grupos de corderos y ovejas (prioridades de la pregunta 4 enumeradas a continuación) e informa constantemente el progreso (pregunta 2) en estas prioridades.

1. *Prioridad 1: Amar a Jesús, incluyendo la resolución santa a crecer en oración, que quiere decir, siendo discipulado por Jesús (su Espíritu, Palabra, Cuerpo).*

    a. *Relacionarse con Jesús en oración privada — practicando su presencia, usando 5 preguntas. (Jesús también paso mucho tiempo a solas con el Padre, así que estamos madurando como su discípulo, comprometidos al hacer lo que Él hizo)*

    b. *Relacionarse con Jesús en oración pública — madurando en ser guiado por el Espíritu de Jesús (no en la propia carne), caminando por la fe (no meramente la vista), humildad (no el orgullo), continuamente dependiente (no independiente)... resuelto a ser Uno con Jesús en hecho, palabra, pensamiento (Jesús siempre fue guiado por el Espíritu, nunca gobernado por su carne, Él no juzgó, no habló ni hizo nada aparte de su Padre, por lo tanto estamos creciendo como su discípulo, comprometidos a hacer lo que Él hizo)*

2. *Prioridad 2: Amar a los prójimos más cercanos, la familia, incluyendo la resolución santa de crecer en cuidar de y dar de comer a la familia (discipular).*

   a. *Informalmente...* **cuidar** - *eliminando lo que es indiferente, avanzando en lo que es cuidar, hasta avanzar en* **alimentación** *informal (influenciar, discipular)*

   b. *Formalmente... desear y estar comprometido a facilitar que cada miembro de la familia sea discipulado por Jesús, tan pronto como sea posible (**alimentar**); dispuesto a discipular formalmente, incluso si aún no es capaz*

3. *Prioridad 3: Amar a los prójimos cristianos, incluyendo la santa resolución de crecer en cuidar y alimentar (discipular) a uno o más en la familia de la iglesia local.*

   a. *Informalmente... con intención, específicamente cuidando a los menos maduros que asisten a la iglesia*

   b. *Formalmente... deseo y disponibilidad para ser formalmente entrenado para hacer discípulos en la iglesia*

4. *Prioridad 4: Amar a los prójimos perdidos, incluyendo la santa resolución de crecer en cuidarlos (discipular). Compromiso y responsabilidad por los tiempos programados regularmente de cuidado informal, incluso de alimentación; construyendo relaciones hacia una relación con Jesús.*

Podemos establecer fácilmente en la Biblia que todos los cristianos deben comprometerse y crecer para amar a Jesús y amar a sus vecinos. Supongamos que Discípulo Bill (a quien llamaremos B en adelante) demuestra compromiso (incluyendo la responsabilidad) de cuidar a los 4 grupos de ovejas. Por lo tanto, la vida del Discípulo B (que crece en 4 prioridades de amor) es un ejemplo de lo que se ve en la Biblia, el *Cristianismo Normal*. La iglesia entera necesita desesperadamente ejemplos de esta *Cristianismo Normal*. Estamos buscando mover a todos en nuestro grupo(s) DPJ desde el egoísmo hacia el desinterés de amar a Dios y a los vecinos como un estilo de vida tangible. Por lo tanto, el discipulador (facilitador de grupo) debe ser un ejemplo obvio de compromiso para amar a Dios y amar a las personas. Cuando un discípulo en crecimiento está progresando en estas 4 prioridades relacionales, él/ella está en el buen camino para ser invitado a orar sobre el ser entrenado para formalmente ser un hacedor de discípulos.

PASO 2: INVITAR A HACEDORES DE DISCÍPULOS POTENCIALES A ORAR SOBRE SER ENTRENADOS PARA SER HACEDORES DE DISCÍPULOS

Cuando haya identificado **con oración** a un creador de disciplina potencial según lo recomendado anteriormente, invítelo a orar sobre un proceso **más allá de** o **en lugar de** asistir a su grupo DPJ. Usted (A) selecciona su hacedor de discípulos aprendiz (B) de su grupo DPJ:

1. *Explique por qué y cómo B podría ser un hacedor de discípulos.*

    a. *¿Por qué B? Se espera que usted (A), bajo la dirección de Jesús, ayude a los discípulos a convertirse en hacedores de discípulos. Explique que debe encontrar a alguien para que usted lo capacite para convertirse en un hacedor de discípulos, o de lo contrario no está obedeciendo a Jesús, ya que Él le ordenó que discipule a sus discípulos para hacer discípulos. Explique que B está comprometido y creciendo en las áreas que cree que son esenciales como discípulo (comprometido y creciendo en la comunicación con el Espíritu y las cuatro prioridades) y, por lo tanto, está altamente calificado para convertirse en un hacedor de discípulos. ¿Por qué? Al estar profundamente comprometido a vivir la vida a la que queremos que se comprometan todos los discípulos, B ya es un ejemplo de lo que estamos llamados a multiplicar intencionalmente.*

    b. *¿Cómo?* **Explique** *el proceso:*

        i. *B cambiará de razón por la cual viene a su grupo DPJ. Originalmente B vino a ser entrenado a ser discípulo de Jesús. Ahora que B entiende y está comprometido a los esenciales de amar a Dios, ser guiado por el Espíritu y amar a sus ovejas, B vendrá para* **observar como** *usted (A) crea discípulos en el grupo.*

        ii. *Luego, B se reunirá con usted (A) in privado para practicar cómo discipularle a usted (actuación, usando 5 preguntas).*

        iii. *Después, A ayudará a B a reunir a uno o unos más para facilitar DPJ mientras A observa a B facilitar al grupo pequeño de discípulos de B.*

      iv. *Entonces, B se gradúa de la supervisión semanal bajo A y hace discípulos solo.*

      v. *Finalmente, A le pregunta a B si está dispuesto a orar sobre convertirse en un hacedor de discípulos aprendiz. ¡B ora!*

2. *Si B se siente dirigido a responder para convertirse en un hacedor de discípulos aprendiz, continúe con el paso 3.*

PASO 3: B OBSERVA (A) FACILITAR UN GRUPO DPJ

1. *B hace el primer cambio en ser entrenado para convertirse en un creador de disciplinas: B pasa de ser un discípulo en el grupo de DPJ de A a ser un discipulador en entrenamiento (en lo sucesivo, DEE),* **pero B todavía asiste al grupo de DPJ de A**. *A explica que en lugar de asistir a la reunión como discípulo, B asiste a la reunión del DPJ como DEE para observar lo que usted (A, el discipulador) hace para facilitar el proceso de Discipulado por Jesús. B se queda en el grupo DPJ de A.*

2. *En esta fase, B no solo mira a A facilitar, sino que a A y B dialogan tanto como sea necesario sobre lo que sucedió en la reunión del grupo DPJ y por qué.*

3. *Además, a B se le podría/debería pedir que leyera cuidadosamente* **Discipulado por Jesús**. *Razón: crecer teológicamente y metodológicamente para comprender por qué y cómo hacer discípulos, y para dialogar sobre los problemas con A.*

4. *De gran importancia si es posible: A invierte tiempo informal con B, estando juntos en el ministerio, compartiendo comidas y actividades juntos, viviendo la vida juntos si es posible.*

PASO 4: A OBSERVA A B FACILITAR EL PROCESO DPJ (2 REUNIONES POR SEMANA)

1. *Luego, DEE (B)* **casi siempre** *necesita practicar facilitar con A supervisar y entrenar B, utilizando el proceso DPJ.*

2. *El mejor proceso es si usted (A) puede agregar una reunión más por semana para reunirse en privado con B. Suponiendo que puede agregar esta reunión, B debe determinar si tiene suficiente tiempo para agregar otra reunión semanal. Si B está dispuesto a agregar otra reunión por semana, B puede permanecer en el grupo DPJ de A mientras agrega una reunión*

privada con A. Si no, B deja el grupo Discipulado por Jesús de A para re-unirse con usted (A) en privado. **De cualquier manera, B y A necesitan re-unirse en privado para que B practique el discipulado (A).** *Hay varios beneficios importantes para B al convertirse en un creador de disciplinas para practicar la facilitación de una reunión DPJ en la que (A) es el* **único** *otro participante del grupo:*

a. *Primero, B está siendo entrenado y practicando con una sola persona (usted - A). Esto es mucho más simple que un Discipulador en Entrenamiento (B) tratando de aprender con la presencia de varios miembros del grupo.*

b. *Segundo, cuando solo es usted y B (y Jesús, en serio) es mucho más fácil y menos incómodo para B tomar "pausas" para hablar sobre lo que acaba de suceder, para entrenar, para intentarlo de nuevo, etc.*

c. *Más adelante, cuando se invite a otros al grupo de B, él será el único "padre" del grupo, en lugar de participar como "padrastro" de un grupo que alguien más (en este caso, usted - A) comenzó.*

d. *Cuando deje que el DEE lo capacite y practique el discipulado solo con usted, puede ser simplemente usted mismo o puede ser un juego de roles como un nuevo o un pre-seguidor. Use todos los tiempos de descanso necesarios para enseñar y entrenar. Después de los tiempos de espera para hablar sobre lo que sucedió, normalmente se debería pedir a B que vuelva a ejecutar el evento que creó el tiempo de espera.*

PASO 5: USTED (A) ES SOCIO DE B EN LA PLANIFICACIÓN DE UN GRUPO DPJ ASEGURANDO A LOS ASISTENTES DEL GRUPO (2 REUNIONES POR SEMANA)

Luego, cuando considera que B ha "practicado" en usted lo suficiente como para tener una idea básica de por qué y cómo hacer que los discípulos utilicen el proceso del DPJ, usted (A) recibe ayuda de B para reunir a otros discípulos, y los discípulos de B *son observados por usted*, al discipular a este pequeño grupo de discípulos utilizando el proceso del DPJ. Esto ocurre si usted (A) puede hacer tiempo para su propia reunión semanal para hacer discípulos y otra reunión semanal para hacer discipuladores. En este escenario, se toma tiempo para supervisar su DEE (B) cuando él/ella planta un grupo de DPJ para discípulos, mientras continúa facilitando su propio grupo de DPJ.

PASO 4 ALTERNATIVO: 1 REUNIÓN POR SEMANA

Si usted (A) no tiene tiempo para agregar una segunda reunión (la primera es una reunión para hacer discípulos y la segunda es una reunión para hacedores de discípulos), entonces use su grupo DPJ como campo de entrenamiento tanto para hacer discípulos como para hacer discipuladores.

1. *El hacedor de discípulos A inicie el grupo DPJ igual que en los pasos 1 anteriores*

2. *El hacedor de discípulos A invita al DEE prospectivo a orar acerca de ser entrenado para hacer discípulos. (Igual que el paso 2 arriba)*

3. *DEE le observa (A) facilita el Grupo DPJ (igual que en el Paso 3 anterior)*

4. *Paso 4: Esto ahora es diferente del Paso 4 anterior. Ahora, gradualmente, le pide a B que dirija más y más a su grupo DPJ, en última instancia practicando las 5 preguntas.*

    a. *Esto requiere hacer una pausa frente a los demás y entrenar a B (no es tan bueno por algunas razones obvias, pero es bueno porque el proceso de entrenamiento recuerda repetidamente a cada persona del grupo que todos deben ser capacitados para convertirse en hacedores de discípulos; consulte la sección a continuación titulada* **Habilidades importantes para entrenar a DEE en los pasos 4 y 5***). Para empezar, esto es mucho más lento, pero a todos los demás del grupo también se les ayuda a convertirse en hacedores de discípulos a medida que entrena a su DEE. Los siguientes tres métodos (b-d a continuación) anulan los beneficios grupales de este párrafo.*

    b. *O, tome buenas notas y diálogos con B después del grupo DPJ.*

    c. *O, dialoguen justo antes del próximo grupo DPJ.*

    d. *O, por correo electrónico o por teléfono entre reuniones. (Si A y B hacen tiempo para "pasar el rato" entre las reuniones, también pueden hacer la reunión 1 con 1 descrita anteriormente).*

PASO 5 ALTERNATIVO: 1 REUNIÓN POR SEMANA

Cuando B ha progresado lo suficiente, B abandona su grupo y comienza su propio grupo, o permanece como discipulador de su grupo y usted comienza un nuevo grupo, o B toma parte de su grupo para plantar un nuevo grupo DPJ. Asegúrese de seguir los pasos 6-8 a continuación.

HABILIDADES IMPORTANTES PARA ENTRENAR A SU DEE: PASOS 4 Y 5

A continuación hay algunas habilidades que (A) busca inculcar en B al observar y entrenar a B para que haga discípulos usando el proceso DPJ:

- **Enfoque en la presencia de Jesús.** *B debe desarrollar comprensión y habilidades en el grupo de entrenamiento para relacionarse con Jesús, una y otra vez, ayudar al grupo a visualizar la presencia de Jesús, hablar con autenticidad a Jesús,* **trabajar en relacionarse con Jesús,** *incluyendo la identificación de lo que Jesús podría estar pensando, sintiendo, queriendo, incluso diciendo ... probando escuchar la voz de Jesús. B debe crecer al demostrar habilidad para convertir o mantener las 5 preguntas centrales en diálogo con Jesús, especialmente al escuchar a Jesús. Mantener la reunión* **vertical y vertizontal.**

- **Asegurar los compromisos específicos del ministerio, la fe y los informes.** *B (DEE) debe ayudar a los discípulos a crecer en seguir a Jesús todo el día, todos los días en áreas específicas de las 4 prioridades (comprensión de la importancia de las preguntas 4, 5 y la próxima semana, pregunta 2) Piensa en el Pequeño Rey Voluntad y en Jesús. ¿Su DEE es gentilmente persistente, incluso firme, en asegurar compromisos de ministerio* **Específicos,** *probar las ideas buenas y perfectas, asegurar el apoyo en la oración, enviar discípulos a cuidar y alimentar a todas las ovejas y asegurar un informe del bien observable? ¿El DEE pregunta con sensibilidad lo que los discípulos piensan específicamente que sería un progreso* **en las cuatro relaciones priorizadas?**

- **Hacer preguntas, no enseñar...** *DEE debe mostrar compromiso y crecimiento en las habilidades de hacer preguntas (en lugar de enseñar). Esto incluye sondear para influenciar y guiar a los discípulos nuevos y maduros para pasar de su nivel de madurez existente a comprometerse y progresar en la vida según las cuatro prioridades de un discípulo (n.° 1 arriba). La reunión DPJ no es un tiempo para enseñar; es un momento para* **entrenarse** *en relación con Jesús y otros (comunicación vertical repetitiva, compromisos, responsabilidad) y para* **probar** *el crecimiento en relación con Jesús al hacer preguntas. Esto incluye preguntar qué hizo* **específicamente** *el Espíritu Santo en el "bien" que se informó. La respuesta casi universal es: "Dio la idea buena y perfecta (lanzó la pelota) y la motivación para actuar en base a la idea". Debe ser señalada y celebrada con gran agradecimiento.*

- **Jesús es el maestro, no el discipulador en entrenamiento.**

- DEE debe demostrar **confianza** en que el Espíritu de Jesús está presente y dispuesto a hablar, así que no intenta responder a las preguntas de los miembros del grupo, ni a los consejos basados en los comentarios o las necesidades de los miembros del grupo, sino que pide al miembro del grupo que haga preguntas de Jesús o que hable con Jesús sobre sus pensamientos o impresiones.

- Luego, espere a que Jesús, por su Espíritu, el Consejero, responda.

- Si alguien cree que el Espíritu Santo respondió, el DEE debe guiar al grupo para que realice una prueba cuidadosa (1 Tes. 5: 19-21). Más de lo que nos damos cuenta, si aprendemos a incluir al Espíritu Santo, sabremos lo que Él quiere cuando hagamos pruebas sobre los grandes problemas: la santidad, la justicia, la verdad bíblica para creer y obedecer. No siempre.

- El gran objetivo es practicar la **inclusión** del Espíritu Santo, creer que Él está presente y que realmente desea ayudarnos.

- La humildad es enorme si queremos avanzar. La humildad incluye la incertidumbre hasta que el grupo esté suficientemente convencido de que el Espíritu Santo ha hablado, y el grupo ha escuchado con precisión.

- El grupo luego acuerda orar y obedecer, caminando con fe en que el grupo ha escuchado al Señor.

- La guía primaria, si no única, del Espíritu que estamos buscando es que podamos 1) sentir cómo Jesús puede responder a nuestra alabanza, o cualquier parte de la reunión, 2) identificar cuál fue la parte observada del Espíritu Santo en los regalos buenos y perfectos, 3) declarar con precisión las palabras de Jesús a través de las Escrituras, 4) identificar con precisión la guía de Jesús para cuidar y alimentar mejor a sus ovejas, y 5) aplicar con precisión la voluntad de Jesús con respecto a sus promesas. Mucho más allá de eso está más allá de la intención del proceso DPJ. Estamos siendo entrenados para **practicar la presencia de jesús para mejor ser más sensibles a ella todo el día.** El DEE debe entender esto y no ser presionado para ir mucho más allá.

PASO 6: CONVICCIÓN A HACER DISCIPULADORES.

Por pura obediencia a Jesús, además de hacer un progreso significativo en el Reino, B debe ser conducido hacia un compromiso tipo pacto para hacer *discipuladores*, discipular a sus asistentes de grupo para que se conviertan en hacedores de discípulos, *justo como él/ella lo fue* (pasos 1-9 arriba y a continuación). Una prueba crucial del hacedor de discípulos como Cristo es que él/ella discipula a su DEE para no solo hacer discípulos, sino también para hacer discipuladores.

Los modelos anteriores le permiten a cualquier pastor o laico que dará solo una reunión por semana para hacer discípulos y discipuladores o dos reuniones por semana (una para hacer discípulos y una segunda para hacer discipuladores) para multiplicar los creadores de disciplinas y avanzar en el cumplimiento del "todo" de la gran comisión. Estas reuniones pueden sustituir a cualquiera de los horarios más tradicionales, como la Escuela Dominical, el domingo a la tarde, el miércoles a la tarde, pero por lo general ocurren en lugares desconocidos e inusuales. Para estar seguros, el proceso exige que todos los discípulos formen "reuniones" o tiempos para 1) ser discipulados por Jesús en privado, 2) estar con miembros de la familia en privado y como grupo, e intencionalmente, sistemáticamente estar con personas perdidas, más las reuniones de la iglesia para ser discipulado, para hacer discípulos y para hacer discipuladores. El proceso presiona a los aspirantes a discípulos para que examinen sus valores y prioridades y, normalmente, los lleva a santificarse por completo o alejarse de ser discipulados por la iglesia de Jesús. Y, oh sí, casi cualquier persona que se entregará a este proceso durante 10 años tendrá más impacto en el Reino que la mayoría de los clérigos profesionales durante toda su vida.

PASO 7: EXAMEN FINAL

Cada facilitador de las reuniones de DPJ (discipulador), es llamado por Jesús para enseñar y discipular a sus discípulos a crecer hasta que cada uno haga discípulos, ya que deben ser discipulados hasta que estén obedeciendo todo lo que Jesús ordenó, que incluye "hacer discípulos". Lo que sigue está destinado a ayudarlo a hacer preguntas (pruebas) y determinar cuándo se puede graduar a su discipulado en entrenamiento para *no* ser dependiente de las reuniones semanales con usted.

ALGUNAS PREGUNTAS DE EXAMEN FINAL

1. ¿Cuál es su compromiso y práctica actual con respecto a nuestras cuatro prioridades: cuatro grupos de ovejas? *(¿Continúa[437] su discipulador en entrenamiento a demostrar la resolución santa de ser un discípulo en crecimiento de Jesús, comprometido con 4 prioridades como se describe en el*

---

[437] La santa decisión de vivir de acuerdo con estas 4 prioridades es una base clave para adoptar inicialmente a un discípulo para que se convierta en un discipulador en entrenamiento.

PASO 1 anterior para ser seleccionado para ser capacitado como hacedor de discípulos?)

2. **Por favor explique la importancia del Capítulo ____ de los primeros 10 capítulos de DPJ.** *(¿Su discipulador en entrenamiento demuestra una comprensión de los problemas teológicos identificados en los capítulos 1-10 de* **Discipulado por Jesús***? ¿Necesita asignar un estudio y examinar oralmente a su discipulador en cualquiera o todos estos capítulos?*

3. **¿Qué piensa acerca de buscar involucrar a su grupo en conversaciones con Jesús? ¿Cuál es su compromiso para hacer esto? ¿Por qué?** *(¿Su discipulador en entrenamiento demuestra un corazón y las habilidades necesarias para preguntar a los discípulos si los discípulos creen que saben lo que Jesús piensa o quiere con respecto a cualquier circunstancia? Si no, ¿consideraría pedirle a Jesús que guíe al discípulo hacia la verdad, directamente o a través de la Escritura o el Cuerpo?)*

4. **¿Cómo puede ayudar a su grupo (discípulos) a crecer y hablar y reconocer la voz de Jesús?** *(¿Su discipulador en entrenamiento entrena la presencia de Jesús al...*

   a. *pedir al grupo que imagine a Jesús escuchando y hablando directamente a Jesús en lugar de al grupo?*

   b. *pedir al grupo de forma sistemática que considere lo que Jesús podría pensar, querer o incluso decir en este momento?*

   c. *preguntar al grupo si está evaluando los pensamientos al traer a Jesús para ver si proviene de su Espíritu?*

   d. *preguntar a las personas si están probando que es Jesús antes de hablar?*

   e. *preguntar al grupo si está escuchando para el bien, para probar si podría ser del Espíritu Santo?*

   f. *preguntar a las personas si el llamado al ministerio, "cuidar a las ovejas" (P4), es del Espíritu Santo? ¿Prueba?*

   g. *Vea el* **Paso** *5 arriba, y también la lista de "Preguntas que hacemos - ejemplos de preguntas que llevan a la sensibilidad al Espíritu Santo" en el apéndice)*

5. **¿Por qué hacemos principalmente preguntas y por qué no enseñamos o aconsejamos durante nuestros grupos DPJ?** *(¿Su discipulador en entrenamiento entiende que él/ella **no** es el consejero o maestro, como se demuestra al preguntar a los participantes del grupo qué creen que Jesús piensa o quiere en lugar de tratar de resolver preguntas personales o bíblicas aconsejando o enseñando?)*

6. **Explique el objetivo previsto de cada una de las 5 preguntas principales y cómo busca alcanzar el objetivo.** *¿Su discipulador en entrenamiento demuestra que comprende por qué se hacen cada una de las 5 preguntas centrales y las habilidades para establecer estos propósitos?*

   a. *¿Quién dices que soy? ¿Qué tan bien su discipulador en entrenamiento ...*

      i. *facilita que el grupo mejor **conozca a Jesús** pidiéndoles a los discípulos que amplíen el significado de las palabras y las ideas que se le dijeron a Jesús y que deben ser más amplias o más profundas?*

      ii. *pregunta a los discípulos si están hablando con una Persona real o simplemente diciendo ideas de lo que saben sobre esa Persona.*

      iii. *pregunta al grupo lo que Jesús podría estar pensando o incluso desea decirle a un individuo o grupo en respuesta a lo que se le dice a Él?*

   b. *¿Entiendes lo que he hecho? ¿Qué tan bien su discipulador en entrenamiento ...*

      i. *ayuda al grupo **ver a Jesús** pidiéndoles a los discípulos que informen lo que hizo a través de sus **buenas y perfectas palabras y hechos** en 4 prioridades?*

      ii. *pide a los discípulos que escuchen el bien que otros comparten e identifiquen **específicamente cómo** trabajó el Espíritu Santo para permitir el bien? (La mayoría de las veces Él habló, ¡y eso es enorme!)*

      iii. *le pide a alguien que le dé las gracias sinceras a Jesús por lo que Él ha hecho?*

iv. *celebra tanto a Jesús que inició el bien como al miembro del grupo que respondió? (Jesús lanza la pelota, la iglesia atrapa y corre)*

v. *redirige a los miembros del grupo que dan demasiados detalles, no hablan bien o hablan de sus propios problemas?*

vi. *sabe cuándo y por qué compartir tu propia historia de la actividad de Jesús?*

vii. *comprende cuándo redirigir los informes o salir del tema?*

c. *¿Me estás escuchando? ¿Qué tan bien su discipulador en entrenamiento ...*

i. *ayuda al grupo a* **escuchar a Jesús** *pidiéndoles a los miembros del grupo que personalicen el versículo o el pasaje de la Biblia con el cual Jesús le habla a los miembros a través de las Escrituras?*

ii. *ayuda a los miembros del grupo a responderle a Jesús sobre lo que les ha hablado a través de las Escrituras?*

iii. *reenfoca o redirige o detiene a los miembros del grupo que (aunque bien intencionados) enseñan, dominan el tiempo, hablan sobre lo que han aprendido de otros lugares, etc.*

iv. *no enseña? ¿Entiende por qué no enseñar, pero preguntar?*

v. *busca respuestas si nadie sabe; les pide a todos que estudien esta semana para obtener una respuesta segura a las preguntas sin respuesta.*

d. *¿En verdad me amas? Si es así, cuida y alimenta a mis ovejas. ¿Qué tan bien su discipulador en entrenamiento...*

i. *ayuda a los miembros del grupo a expresar el nivel de amor a Jesús?*

ii. *entiende cuánto hablar el uno al otro sobre el amor por Jesús antes de hablar directamente con Jesús del amor por Él?*

iii. *ayuda al grupo a* **Amar** *mejor a* **Jesús** *haciendo compromisos* **específicos** *para cuidar y alimentar a las ovejas de Jesús?*

iv. *entiende por qué y cómo asegurar compromisos específicos para un progreso/cambio real y medible en cada área de prioridad?* **(esta es una de las áreas más necesitadas y más difíciles para ser efectiva.** *Es posible que necesite la mayor parte del "entrenamiento".)*

v. *entiende por qué probar todo lo que los sentidos de grupo llaman hacer? ¿Por qué hacer compromisos específicos? ¿Por qué llamar al grupo a orar? ¿Por qué asegurar el compromiso de informar lo que hizo el Señor?*

e. *¿Crees? ¿Qué tan bien su discipulador en entrenamiento...*

i. *ayuda a los miembros del grupo a* **creer en Jesús** *para que le brinde su ayuda para lograr lo que Él nos ha llamado específicamente a cambiar o hacer en cada una de nuestras cuatro prioridades?*

ii. *entiende por qué y cómo* **establecer y caminar por fe** *para progresar en algo que nosotros (por nuestra cuenta) no podemos hacer: ser como Jesús, hacer lo que la Biblia nos pide que hagamos (viviendo como Jesús vivió, siendo santo, diciendo las palabras de Jesús. ¿En definitiva, ser discípulos de Jesús)?*

iii. *entiende por qué y cómo establecer y caminar por fe para las necesidades temporales porque busca primero el Reino - Mateo 6:33?*

7. **¿Está comprometido con la relación continua, el entrenamiento?** *¿Y la* **educación bíblica y teológica más formal?** **¿Qué necesita de mí?**

8. **¿Cuál es su compromiso y estrategia no solo para hacer discípulos, sino también para hacer disciplinadores de manera intencional y formal?** *(¿Su discipulador en entrenamiento demuestra una resolución santa no solo para hacer discípulos (generalmente en un grupo DPJ), sino también para su vida para adoptar y entrenar, generalmente uno a la vez, discipuladores en entrenamiento tal como él/ella fue adoptado y entrenado por usted? ¿Entonces les ayuda a hacer lo mismo por los suyos?)*

Si no es así, tanto usted como su discipulador perderán el paso críticamente necesario de multiplicar los hacedores de discípulos, por lo que técnicamente no obedecerán el mandato de Jesús de enseñar a sus discípulos a obedecer todo lo que Él ordenó, que, en última instancia, se conviertan en hacedores de discípulos. Por lo tanto, una multiplicación de la calidad, que dará como resultado, no una "mera" suma de cantidad, sino un crecimiento exponencial en cantidad.

PASO 8: RELACIÓN FUTURA ENTRE A Y B

Relación informal pero intencional: Usted (Discipulador A) ya no se reúne de manera formal y sistemática (normalmente cada semana), pero ahora vigila y se conecta con B como se considera mejor. A debe estar seguro de que B sabe hasta qué punto A está disponible para trabajar a través de desafíos personales, desafíos teológicos, desafíos de discipulado. Los hacedores de discípulos que han llegado hasta aquí merecen toda la atención que necesitan.

PASO 9: SEMINARIO LOCAL DE LAICOS

A y B deben estar de acuerdo con el tipo de desarrollo bíblico y teológico que B necesita, y cómo A ayudará a asegurar esta experiencia de "seminario laico". Es mejor para A asignar tareas (algún tipo de proceso curricular sistemático como el Plan Maestro o la Multiplicación de Liderazgo), y para A luego dar exámenes orales a B sobre el estudio asignado, ya sea individualmente o en un grupo lo suficientemente pequeño para que B tenga que responder preguntas sobre el contenido asignado. (No invierto en este "seminario laico teológico" hasta que los discípulos hayan demostrado que están dispuestos no solo a amar a los demás, sino a trabajar en el discipulado de los demás como se describe anteriormente. Razón: muchos, muchos quieren "ir a la escuela" (estudio) pero nunca se sienten preparados o dispuestos a hacer discípulos intencionalmente. Por lo tanto, busco formar discipuladores que se reúnan y trabajen con otros como un requisito previo para ser invitados al "seminario laico local".)

Cuando B se gradúa para ser un hacedor de discípulos, y C es un hacedor de discípulos, y así sucesivamente, A puede querer organizar una manera de tener una clase real: curso bíblico y teológico para hacedores de discípulos laicos. Si A es un pastor o miembro del personal, el tiempo está disponible al reorganizar las prioridades en el ministerio profesional. Si A es un laico, él/ella puede entregar sus hacedores de discípulos a un miembro del personal profesional para proporcionar la experiencia de "seminario laico" en una aula.

Para que los pastores obedezcan a Jesús, debemos establecer, desde el centro de una congregación hacia afuera, que es *normal* que cada cristiano sea un discípulo de Jesús, y es *normal* que cada discípulo de Jesús madure para ser discipulado continuamente por Jesús, y es *normal* que cada discípulo de Jesús que está madurando sea entrenado para hacer discípulos de Jesús, y es *normal* que cada hacedor de discípulos haga un hacedor de discípulos.

Cada uno de nosotros debe determinar en oración la calidad del trabajo que queremos entregarnos (1 Corintios 3: 6-15). Hay una gran tensión entre la cantidad y la calidad en la iglesia, por no hablar del desarrollo de la calidad de los hacedores de discípulos y la cantidad de hacedores de discípulos. *El estándar que utilizamos con nuestros hacedores de discípulos es generalmente el estándar más alto que tendrán nuestros propios hacedores de discípulos al hacer sus hacedores de discípulos.*

Conclusión

Jesús vino y fue discipulado sin descanso por su Padre, en privado y en público. Fue discipulado más de lo que cualquier persona haya sido discipulado por nadie... ni siquiera cerca. De hecho, fue su ser discipulado, siempre, lo que lo dejó sin pecado. Nunca ignoró a su Padre, tratándolo como si estuviera ausente, o su presencia no importaba. Honró y se sometió a su Padre en todo, sin hacer nada, sin decir nada, sin juzgar nada independientemente de su Padre. Esa impresionante sensibilidad, creo, fue el fruto.

¿La raíz? Pasó mucho tiempo solo en diálogo con su Padre. Esta calidad y cantidad de tiempo enfocada con su Padre le dio poder a Jesús para depender de su Padre siempre, caminando por fe, nunca siendo independiente, ni orgulloso, ni gobernado por la carne. Fue sin duda la persona más discipulada de la historia.

Entonces, si quieres conocer y describir a Jesús, puedes hacerlo en dos palabras: Él oró. Él oró en privado, en tiempos formales pero continuamente mientras no hacía juicios independientemente de su Padre. Entonces, oró en público. Continuamente. Porque no hizo nada, ni dijo nada, ni juzgó nada sin incluir a su Padre. Todas sus palabras y obras de amor, verdad y poder fueron el fruto de su comunicación con su Padre. Oración. La oración privada más la oración pública son iguales a la oración constante.

Entonces, Jesús invitó a 12 jóvenes a pasar tiempo y cantidad de manera similar con Él. Su forma de vida es cómo los discipuló. Vengan a mi. Aprendan de mí. Síganme.

Finalmente, ordenó que propagaran, primero, su estilo de vida descrito anteriormente y segundo, su misión transformadora del mundo al hacer por los demás lo que Él había hecho por ellos, es decir, en medio de todas sus otras responsabilidades, que también adopten algunas para gastar cantidad y tiempo de calidad con ellos, discipulándolos hasta que sus discípulos obedecieran todo lo que Jesús ordenó. Esto incluiría el gran mandato de comisión de Jesús: "Hagan discípulos". Por lo tanto, cada persona bautizada debe ser discipulada hasta que esté obedeciendo todo lo que Jesús ordenó, incluso haciendo discípulos.

Lo que sigue es el mayor resumen de la cuestión que no debe perderse al vivir como discípulos de Jesús y hacer discípulos semejantes a Cristo: la promesa de Jesús de estar continuamente presente con sus discípulos, a través del pronto derramamiento de su Espíritu Santo. Debido a que Jesús está continuamente **presente** a sus discípulos contemporáneos por medio de su Espíritu, guiando, enseñando, recordando, convenciendo, etc., uno de los componentes esenciales de discipular a sus conversos ahora es discipularlos y capacitarlos para que reconozcan y sigan, guiados por: El Espíritu de Jesús continuamente, por lo tanto, continuamente siguiendo a Jesús como su discípulo.

Si los seguidores de Cristo a lo largo de los siglos hubieran incluido de alguna manera la anterior "multiplicación de creadores de discípulos sensibles al Espíritu y guiados por el Espíritu" desde el centro de su vida eclesial, la iglesia habría multiplicado la semejanza a Cristo en lugar de agregar la nominalidad. La historia mundial hubiera sido dramáticamente diferente.

¡Ánimo! No es demasiado tarde. Lo que se ha escrito no pretende en modo alguno ser otro enfoque simplista "programático" para facilitar los grupos pequeños. Se pretende que sea un proceso de discipulado basado en la Biblia. ¿Para quién? Para aquellos que están siendo discipulados por el Espíritu, la Palabra y el Cuerpo de Jesús para adoptar obedientemente e intencionalmente una o unas pocas personas para discipular. ¿Por cuánto tiempo? Durante el tiempo que sea necesario para que sus discípulos maduren hasta el punto de adoptar su propio conjunto de discípulos. Se basa en esta idea: para que yo sea discípulo de Jesús, debo pasar grandes cantidades y calidad de tiempo con Él, por medio de su Espíritu, a través de su Palabra y Cuerpo...

- *sabiendo quién es Él: "¿Quién dices que soy?"*

- *observando lo que Él está haciendo: "¿Entiendes lo que he hecho por ti?"*

- *escuchando lo que Él está diciendo: "¿Me estás escuchando?"*

- *haciendo lo que Él quiere: "¿Verdaderamente me amas más que a estos? Cuida y da de comer a mis ovejas".*

- *creyendo en lo que Él ha prometido: "¿Me crees?"*

Cuando sé cómo reunirme con Jesús para que Él me discipule (usando cualquier método), entonces puedo invitar a otros a mi tiempo para que sean discipulados por Jesús, y puedo facilitarles que sean igualmente discipulados por Jesús.

Cuando estos están creciendo en conocer, ver, escuchar, amar y creer en Jesús[438] a través de ser discipulado por Él, entonces puedo entrenarlos y ayudarlos a adoptar a algunas otras personas elegidas en oración para que sean discipulados por Jesús, como yo las he ayudado a ser discipuladas por Jesús. Al igual que Jesús, si oro bien y mucho, entonces puedo entrenar a otros para que oren bien y mucho, y luego puedo entrenarlos para que entrenen a otros.

Luego, debido a que está en su ADN como cristianismo normal, ayudarán a aquellos que han adoptado a adoptar a otros para ayudar a ser discipulados por Jesús; oren bien y mucho. Y una y otra vez va la multiplicación de discípulos y discipuladores cada vez más semejantes a Cristo (calidad).

¿Por qué hacer esto? ¿Porque es la manera más rápida de ayudar a todo el mundo a ser discipulado? Creo que es así, pero esa no es mi principal motivación.

Debo hacer esto porque un día estaré delante de Jesús, y daré cuenta de mi mayordomía de la vida que Él me dio para manejar con y para Él.

Pensó que las cosas más importantes en su vida aquí eran ser discipuladas por su Padre y hacer discípulos. "Jesús, ¿sabías lo que estabas haciendo?" Estoy dispuesto a arriesgar todo lo que Él arriesgó.

Él ordenó a sus discípulos que hicieran por otros exactamente lo que él hizo por ellos. "Señor Jesús, ¿sabías lo que estabas diciendo?" Estoy dispuesto a arriesgar todo lo que Él arriesgó.

¿Qué es lo que más inhibirá nuestro ser discipulado por Jesús *juntos* y en *privado*?

¿Qué es lo que más inhibirá nuestro ser discipulado por Jesús juntos y en privado?

INFLUENCIA MALVADA

Una de las experiencias más acordadas de los cristianos es que cada vez que hacemos planes para pasar tiempo con Jesús, pasamos por serias luchas para cumplir nuestros compromisos. La conclusión general es que los enemigos demoníacos de nuestras almas luchan más y más duro cuando nos ven buscando a Jesús, juntos o en privado. Cuidado y resistir con la verdad, la fe y la tenacidad.[439]

---

[438] Respondiendo a sus cinco preguntas sobre el diálogo perpetuo con Jesús convirtiéndose en una forma de vida
[439] 1 Pedro 5:8-9

ABURRIMIENTO

La razón más importante por la que nos aburrimos al ser discipulados por Jesús es que olvidamos su promesa: "Estoy contigo". Para evitar el desamor y el aburrimiento, manténgase enfocado en la presencia real de Jesús y que Él no solo escucha, ¡Él habla! ¡Escúchelo a Él!

PRESIÓN DE LA GENTE

La gente no nos entenderá al tomar tiempo de ellos o de sus deseos, ni siquiera nuestro uso de nuestro tiempo de una manera que no esté de acuerdo con sus prioridades. Nos presionarán para que hagamos cosas por ellos o con ellos, o cosas buenas para los demás, o para la iglesia, o incluso para nosotros mismos. Debemos estar claramente convencidos de que Jesús ha dicho: "Ven a mí. Aprende de mí".[440] Debemos priorizar nuestra persuasión y vivir de acuerdo a nuestra prioridad.

TIEMPO — PRIORIDADES PERSONALES REVELAN NUESTRO FE Y AMOR

La batalla final está en nuestras propias mentes y voluntades. ¿Somos lo suficientemente sabios como para darnos cuenta de qué es lo mejor para nosotros y para todos los que influenciamos? ¿Creemos que Jesús nos ha llamado a estar con Él? Si creemos que Él lo ha hecho, ¿creemos en su promesa de que si buscáramos primero su Reino y queramos que Él se encargue de todas las otras cosas que debemos hacer? ¿Lo amamos lo suficiente como para hacer lo que Él quiere, que es discipularnos, incluso si queremos algo que no sea tan eternamente valioso?

Le suplico que ore acerca de vivir el resto de su vida con sus dos primeras prioridades: 1) ser discipulado por Jesús y 2) ayudar a otros (familia, un grupo muy pequeño de cristianos, una o dos personas perdidas) para convertirse en sus discípulos y ser discipulados por Él hasta que los haya entrenado y entrenado de manera efectiva para ayudar a otros a ser discipulados por Jesús. Este estilo de vida le permite 1) ser discipulado por Jesús, 2) hacer discípulos de Jesús y 3) hacer discipuladores, obedeciendo así al Rey Jesús y preparándose bien para escuchar: "Bien hecho, buen siervo y fiel".

Una última pregunta: ¿pensará lo suficientemente claro como para optar por resistir la influencia del mal, las excusas, la presión de la gente e incluso sus propias necesidades y deseos, para pasar tiempo con Jesús? Si así lo desea, no

---

[440] Mateo 11:28-29

solo Jesús le discipulará maravillosamente, sino que le capacitará para ayudar a otros a ser discipulados por Él, tal como lo ha hecho Él con usted.

Se han omitido cerca de 20 páginas de introducción, ayudas prácticas y estrategias adicionales. El lector puede solicitar una copia por correo electrónico a halperkins28@gmail.com.

www.ingramcontent.com/pod-product-compliance
Lightning Source LLC
Chambersburg PA
CBHW071951040426
42447CB00009B/1307